U0726513

高校人力资源管理发展与创新

阳 勇◎著

吉林出版集团股份有限公司

图书在版编目（CIP）数据

高校人力资源管理发展与创新 / 阳勇著. — 长春 ：
吉林出版集团股份有限公司，2023.6
ISBN 978-7-5731-3376-2

Ⅰ．①高… Ⅱ．①阳… Ⅲ.①高等学校－人力资源管
理－研究 Ⅳ. ①G647.23

中国国家版本馆 CIP 数据核字 (2023) 第 101410 号

高校人力资源管理发展与创新

GAOXIAO RENLI ZIYUAN GUANLI FAZHAN YU CHUANGXIN

著　　者	阳　勇
责任编辑	滕　林
封面设计	林　吉
开　　本	787mm×1092mm　　1/16
字　　数	238 千
印　　张	11.25
版　　次	2023 年 6 月第 1 版
印　　次	2024 年 1 月第 1 次印刷

出版发行　吉林出版集团股份有限公司

电　　话　总编办：010-63109269

　　　　　发行部：010-63109269

印　　刷　廊坊市广阳区九洲印刷厂

ISBN 978-7-5731-3376-2　　　　　　　　　定价：78.00 元

前　言

　　新时期下，经济和社会的发展对高素质人才的要求愈加明显。因此，加强高校人力资源管理显得尤为重要。新形势下，高校只有从难点问题着手，加强对人力资源管理特点的认知、管理方式的变革和管理理念的创新，才能实现高校人力资源的合理配置，提高高校综合竞争力。

　　在计划经济体制的影响下，高校人力资源管理长期处于一种静态的、封闭式的人事管理制度。人力资源的行政配置性在高校人事管理观念中根深蒂固，一些高校的人事工作普遍存在着循规蹈矩的情况，在用人上注重教师的学历职称，缺乏对工作的积极性和创造性，注重教师的数量，忽视教师的质量。

　　在知识经济时代，人们对高校的良好发展给予了较大的关注。而高校作为培养社会人才的地方，其自身的人力资源管理显得尤为重要。高校只有具备科学的人力资源管理方式，才能为人才培养创造良好的人力资源基础。由于科学技术的较快发展，高校的人力资源管理工作要不断地进行创新，才能满足时代的进步和高校快速发展的要求。高校人力资源管理的科学发展包含了多个内容，其管理方式应蕴含着科学管理原理和人本思想；把握高校人力资源发展的动态性；不断优化人力资源结构，消除各种阻碍人力资源科学发展的不利因素。在科学发展和创新发展中，使人力资源管理成为高校发展的有力保障。

目 录

第一章 高校人力资源管理的基本理论

第一节　高校人力资源管理概述

一、高校人力资源管理的重要性

人力资源的管理与开发，是当前企业在国际市场竞争中面对的严峻问题。我国的人力资源素质与我国的这个大国所处的地位还是很不相符的。我们应该明白，国际竞争的胜利实际上就是人力资源开发与管理的胜利。一个国家的经济发展，与其人力资源开发与管理的成功有着极大的关系。在知识经济时代，人是创造知识、传播知识、应用知识的主体，是生产力诸要素中最关键的要素，因此，高校的人力资源管理就成为知识经济发展的主力。所以高校要合理进行人才资源管理，这样才能培养出优秀的、合格的、为祖国建设贡献力量的优秀人才。

高校人力资源管理是指高校为了实现其发展目标，运用科学的方法通过对其内部人力资源进行组织、计划、协调和控制以实现全体教职员工的录用、培训、考核、调配直至离职退休的过程。人事管理的效率对高校实现其战略性发展目标有着直接而重要的影响。

高校人力资源管理的目标是调动教职员工的积极性、创造性。科学合理的岗位设置，严格周密的绩效考核，公平公正的竞争机制，有效的激励分配机制，灵活配套的各项措施等既是调动教职员工积极性、创造性的关键，也是深化高校人事制度改革，优化教师队伍结构，提高教育质量、科研水平和办学效益的关键。充分认识高校人力资源和人力资源管理的特征，对发挥高校人力资源的整体优势、形成整体合力、提高高校的竞争水平和综合实力、推进高校可持续发展具有非常重要的意义。

（一）能够为高校创造良好的科研与教学环境，培养和谐的人事关系，激发教职员工的工作积极性和创造性，提升教学与科研水平

人文环境是一种文化，它孕育于高校对学术和教学质量的长期重视当中。良好的人文环境能够使人心情舒畅，在人与人之间增加和谐的因素，更能促使人尽情地发挥自己的才能。

（二）增强高校核心竞争力，助推高校跨越式发展

高校的学术实力源于教职员工的工作质量并直接影响到高校声誉，以至于关系到高校赖以生存和发展的生源。通过对人力资源科学地管理，形成一种人竭其能、人尽其才的教学与科研局面，能够提升师资队伍的整体素质，吸引更多的人才慕名而来。

（三）加强高校人力资源管理对社会经济发展具有重要意义

高校人才队伍是国家知识创新的重要力量和高层次人才队伍的重要组成部分，是实施科教兴国战略和人才强国战略的强大生力军和动力源，在我国全面建设小康社会和加快社会主义现代化建设进程中起着基础性、战略性作用。因此，必须通过加强高校人力资源的开发与管理，建设一支结构合理、素质精良、具有团队意识、富有创新精神的高校人才队伍。唯有如此，高校才能为社会经济的发展，为国家、民族的进步提供强有力的保障。

（四）加强高校人力资源管理是高校战略发展的需要

高校作为培养高素质创造型人才的摇篮与知识创新的重要基地，在国家的社会经济和文化建设中具有举足轻重的地位。它既是人才的培养者，也是人才的使用者，同时还肩负着培养各级各类人才、全面提高劳动者素质的历史使命，因此高校拥有着人才密集的优势。但这只是一个量的优势，要真正发挥质的优势，就要回归到对高校的人力资源进行现代化的开发与管理。因此，在新的形势下，如何真正做到人才的"为我所用"，提高高校教师的积极性、加快培养适合经济需求的人才则是高校人力管理工作者遇到的新课题。

（五）加强高校人力资源管理是高校目前的人事管理现状的需要

我国高校现行的人事制度暴露的种种弊端的确已经束缚了高校的发展，也阻碍我国高等教育的发展。传统的高校管理不是将人力作为资源，而是以"萝卜加大棒"的刚性制度管住教职员工，以职称、工资、津贴来激励士气与积极性，这就否定了教职在高校管理中的主体地位。而在知识经济时代，普遍推崇以人为本的管理理念。为此，有效开发高校的这一资源，实现高校人事管理向人力资源开发管理的转变，以人为本是关键，可以寻求多样的管理模式，如柔性化的人力资源管理，即柔性管理。它是一种围绕如何调动人的主动性、积极性和创造性与促进人的自由全面发展放在首位的管理模式。

（六）加强高校人力资源管理是高校教师自我发展与提升的需要

在高校的发展过程中，学科建设是龙头，教师队伍建设是中心。通过加强高校人

力资源管理与开发,对高校人力资源职业生涯进行规划与指导,积极关注高校人才的需求,为他们营造一个良好的教学、科研氛围,促进他们自身的发展与提升,从而可以更好地保障高校发展战略的实现。与此同时,高校的发展层次与水平的提高又能为高校人力资源的发展提供一个更好、更广阔的平台。因此,必须通过加强高校人力资源管理,促进人才队伍合理、有序的流动,强化教学科研的中心地位,调动教职员工的工作积极性,激发他们的潜能与创造力,以建设一支高素质、高效能的人力资源队伍,从而更好地促进高校的发展与提升。

二、高校人力资源管理的意义

高校作为从事高层次教育活动的组织是人力资源集中的场所,加强高校人力资源管理具有重要的意义。

(一)加强高校人力资源管理有助于提高高校整体的竞争力

教师是高校办学的主体,是高校发展的核心,高校的生存与发展直接取决于该校师资队伍的整体素质。在人才竞争日益激烈的今天,加强高校人力资源管理更是势在必行。高校的每项工作都要靠人去完成,教学、科研、后勤服务等管理工作的协调与发展,取决于高校的教师、研究工作者和行政管理及服务人员的整体素质。所以,高校的管理是建立在人力资源管理的基础之上的。如果高校能更加注重人力资源管理,就会提升高校的核心竞争力,使高校在竞争中立于不败之地。

(二)加强高校人力资源管理有助于形成科学合理的绩效考核机制

绩效考评既是教师管理的重要形式,又是激励教师的重要手段,还是教师职务聘任的基础条件。加强高校人力资源管理,高校就可以建立一套科学、严格的针对不同人员的考核体系,以减少管理的随意性,提高抗干扰力,真正使考核公正公平。同时,也才能真正做到社会所倡导的"多劳多得,按劳分配"的原则,消除高校存在的"论资排辈""平均主义""大锅饭"和"搞平衡"等不良现象。

(三)加强高校人力资源管理有助于建立完善的人才引进机制和人才培养机制

人力资本是积累与增长的结果,需要通过对人力资源进行培训才能形成。高校人才的来源有两种途径,一种是高校自身培养,以便开发和合理利用,这是许多高校在发展初期的主要人才来源;另一种是引进人才,高校在发展过程中应重视人才引进,尤其是高校发展到一定阶段,更应重视人才引进,以便形成更加良好的人才结构。高校在人力资源管理时必须注意人才的两种来源,以便使高校永远有优质的人才资源。为此,高校应加强人力资源规划,以便有计划地将人力资源转化成人才资源。

（四）加强高校人力资源管理有助于建立全员聘用和有效激励的管理机制

高校人力资源管理的一项重要任务就是通过激励机制，吸引、开发和储备人才，激发高校教职员工的工作热情、想象力和创造力。通过建立相应的奖惩制度、晋升制度及福利补贴制度等来激发、调动高校教职员工积极性和主动性，并激发其内在动力。

21世纪的高等教育面临着前所未有的挑战，我们必须意识到高校的人力资源管理是高校管理的第一资源。应该把人力资源管理提高到战略地位，这样才会在竞争中立于不败之地。高校人力资源管理是随着管理理论和人力资本理论的出现、发展而兴起的一个新领域，高校要从传统的注重人事管理向现代的注重人力资源管理转变可能需要一段时间，但是，高校必须重视人力资源管理是大势所趋。我们必须高度重视人力资源管理的重要性，只有这样才能解决目前高校人事管理中存在的问题，激励教职员工的积极性和创造性，增强高校的办学活力、提高办学效益，最终达到提升高校竞争力的目的。

三、高校人力资源对于高校的意义

当今世界的竞争，归根到底是人才的竞争。从这个意义上来讲，高校的发展能力与水平是由人力资源水平决定的。近几年来，各个高校都十分注重引进高层次人才，对人才的学历、学习背景的要求越来越高，这也在一定程度上证明了人力资源对于高校的重要意义。

（一）对高校可持续发展能力的意义

高校可持续发展的能力主要体现在三个方面：一是培养出来的学生质量；二是高校的科学研究能力和水平；三是高校的管理能力和水平。要想培养高质量的学生，增强科研能力，提高管理水平，基础就是人力资源。如果没有一支高素质的教师队伍，就不可能培养出高质量的学生；没有一支高素质的科研队伍，就出不了有水平的研究成果；没有一支高素质的管理队伍，就不能保证教学和科研的顺利开展。因此，高校人力资源状况对于高校的可持续发展能力具有重要意义，决定着高校的发展前景。

（二）对高校整体实力与水平的意义

人力资源影响高校的可持续发展能力，在一定意义上说是通过影响高校的整体实力与水平来表现的。如果一所高校的整体实力与水平不高，要想实现可持续发展是不现实的。高校的实力与水平的硬件体现在经济实力以及由此改进的办学设施，这与人力资源关系并不密切；软件则主要体现在师资队伍、科研能力上，而师资队伍和科研能力，是由人力资源水平来完成的，因此，人力资源水平影响着高校的整体实力与水平。

四、高校管理的核心是人力资源管理

同其他组织一样,高校资源也包括人、财、物、信息等部分,对财、物、信息的管理都是通过人来实现的。高校人力资源管理的目的就是通过"人尽其才"以达到"财尽其力""物尽其用"。高校人力资源是高校的一项重要无形资产,它渗透到高校组织的整体运作系统中,能为高校创造竞争优势。

（一）高校人力资源是最活跃、最积极的生产要素,具有其他财、物、信息等资源无法比拟的重要性质

人是高校中最活跃的因素,对高校的全部活动起着支配作用,是决定高校存亡兴衰的根本因素。人本身就具有丰富的情感和不同的思维,在不同的时间、地点、情景中会有不同的表现。这是人同其他资源最大的区别。正是人的这种特殊性决定了人力资源的特殊性——不可复制性和不可模拟性,并且具有潜力,其潜力的发挥可能是无极限的。高校之间互相模拟的是那些主观性、能动性不强的资源,如物质资源、财务资源和信息资源等,如高校之间建筑物及教学设备的设计、财务管理制度、信息的来源等都可以互相效仿,但唯有人力资源是永远不可模拟的,具有很大的发展潜力。因此,我们在对高校进行管理时,必须充分认识高校人力资源的特殊性,充分发挥其不可复制性及不可模拟性的优势和自身的潜力,以使管理达到最佳效能。

（二）高校人员具有更大的能动性,对其进行管理有利于高校其他管理活动的开展

高校是我国学历水平最高人才的聚集地,其人员的知识结构、能力结构和道德品质结构都发展的比较理想,在教书育人、科学文化创造以及社会精神文明建设中起着重要作用。高校管理人员如具备敏锐的洞察力和先进的经营理念,就能合理有效地利用好高校的人力资源,进而使高校的物质资源、财务资源、信息资源等发挥更大的效益。如高校完善了人力资源管理,就可以建立一套科学、合理、完善的管理体制,包括管理体系、制度建设和管理手段等,这些都是高校高效运作的基础。完善了高校人力资源管理,就可以加强高校的资产管理,合理有效利用高校的资源,同时可以消除高校中存在的各科系间的"贫富分化",使各科系间的资源均衡化。所以,高校人力资源是高校最宝贵的战略资源,是其他各项资源的根本。只有合理使用和开发人力资源,才能给高校带来持续的竞争力。

第二节 高校人力资源管理的现状

一、高校人力资源管理存在一些问题，迫切需要改革

高校的人力资源主要由四部分组成：教学科研人员（含实验辅助人员）、党政管理人员、后勤服务人员及90年代衍生的校办产业人员。

在高校，人力资源涵盖人才资源，而人才资源又是人力资源的主体。目前，高校既是人力资源最丰富的地方，同时也是人才资源最紧缺的地方，其现状是：人力资源配置不当，影响高校各项功能的正常发挥。目前许多高校都存在师生比例失调的情况，有的高校还存在行政领导人才缺乏而一般管理人员过多，高精尖人才缺乏而一般教师过剩，教研人员比例过小而非教研人员比例过大，资深教授闲置而年轻教师负担过重，教学型教师过剩而科研型教师不足，一般性研究人员过多而应用开发型研究人员奇缺的情况；另外，一些新设专业和公共基础课的教职员工人数不足，缺乏优秀人才，教师超负荷运转，形成师资力量与专业调整不相适应等；与此同时，高校人才的自由流动度比较低，在很大程度上限制了人才资源优势的充分发挥。

从实际情况看，当前高校人力资源管理存在的主要问题有以下几个方面。

（一）尚未确立起人力资源是第一资源的观念

一些高校管理者只重视传统的人事工作，对人力资源管理这一新理论缺乏了解，认为高校的发展就是靠投入，资金的短缺是高校发展的瓶颈，没有意识到真正的瓶颈是缺乏一支高素质的科技人才队伍。对通过创造良好的工作和生活环境来吸引人才、集聚人才的重要性还未形成共识。

（二）人才资源管理观念未能与时俱进

教育是计划经济的最后一块堡垒，高校由于其战略地位具有独特作用，受计划经济体制影响更深。人力资本的行政性配置、人事管理的行政性垄断在高校管理中根深蒂固，人事管理的机构设置和任务分担完全照搬教育行政部门的体系。"能进不能出""能上不能下"、工资分配"大锅饭"更是计划经济的直接产物，人事管理在拖沓的事务纠缠中低效运作。这就造成了高校对政府的依赖、对市场的迟钝，习惯于接受政府的考察而不是市场的考验，习惯于按部就班地进行人事管理，管理的自主性和改革的动力渐失，高校人才资源管理的特殊性被淡忘，不能也无法在人才资源管理上有较大的突破。

（三）人力资源管理机制研究不够

旧思维方式的惯性以及体制的内在弊端使得高校人力资源管理滞后。管理者局限于庞杂的事务性管理，忽视了对人力资源管理的研究。职务"终身制"、"能上不能下"的观念很难转变。

（四）人力资源缺乏合理配置

在高校内部人力资源市场中，由于市场机制不健全，人力资源整体性开发不够，没有用科学的、符合高等教育规律的人力资源管理手段来规划、管理，造成高校内部人力资源配置不合理，人才的职务结构、学历结构、学院结构、年龄结构不能适应教学科研工作的需要。

（五）人力资源流动不畅

由于受计划经济观念的影响，人力资源的行政配置性和垄断性在高校人事管理中根深蒂固，再加上社会保障体系和人才市场的人事代理机制尚不健全，造成人力资源流动不畅。一方面，非教学人员缺乏合理流动，而高校聘用临时工则有较大的主动权，进一步加剧了该类人员的隐性过剩；另一方面，长线专业人才由于无法进入市场进行调剂，出现相对过剩现象，而热门专业一哄而上，缺乏规划，为以后市场饱和后的人员过剩留下了隐患。

（六）科技人才资源管理方式与管理特征落后

"事务性"强，战略成分弱；"经验性"强，技术成分弱；"治标性"强，治本成分弱。上述问题的存在，从根本上阻碍了高校改革的进程，严重制约了高校科技人才资源效益的发挥及高校科技人才资源管理创新机制的构建，影响着高校科技事业的可持续发展。

由上可见，高校人力资源改革的迫切性不容忽视。人才是最重要的战略性资源的观念已被普遍接受。

人才是决定国家竞争力的关键因素。综合国力的竞争说到底是经济实力和科技实力的竞争，当代科技革命使人才成为综合国力竞争之本。

高校人力资源改革是一项社会工程、系统工程，因为人力资源的配置是双向的，无论是配置的主体还是客体都是人，都有主观能动性，如果二者的能动性基本正确且基本适应，则将实现人力资源的配置优化，反之则不然。因此，必须通过高校各部门、各层次及全体教职员工的努力，方能做好高校人力资源管理和开发工作，使之有效服务于社会经济，服务于科技进步。

综上所述，合理、科学地进行高校人力资源管理和开发与优化配置刻不容缓。

二、目前高校人力资源管理的现状分析

（一）人力资源管理缺乏科学性

从理论上说，高校已经经历了传统的人事管理、人力资源管理以及战略性人力资源管理三个阶段。实际上，目前高校人力资源管理理念尚未达到战略性人力资源管理的地步，大部分高校的人力资源管理者无论在指导思想还是在工作方法上，仍处在传统的人事管理阶段，承担具体繁重的事务性工作，对人力资源管理观念缺乏了解，管理理念和方式相对落后。由于受传统计划经济观念的影响，人力资源的行政配置性和垄断性在高校人事管理中根深蒂固，部分高校的人事工作存在着循规蹈矩、墨守成规的现象，在用人上注重人力资源的职称学历，忽视人力资源的终身教育；注重人力资源的组织建设，忽视人力资源的个体需求；注重人力资源的一般使用，忽视人力资源的开发管理。

过于重视整体数量，忽视人才质量。无论是引进人才，还是开发人才，许多高校把目标定在数量上，注重人才数量与培养速度，而忽视质量与效益的整合。因此导致部分院校的一些部门，一方面人才开发速度过快，规模扩大；另一方面使已经开发出来的人才资源在实际工作中发挥不出应有的效能，造成人才开发与实际工作脱节，人才供需结构失衡。

过于重视"开发引进"，忽视"对应"。一些院校制定了许多优惠的人才引进政策，而且政策非常宽松，只要是"双高"（高职称、高学历）人员，不管是否能找到专业的舞台、不管能否有展现才能的场所，先引进来再说，忽视了人力资源的对应性。在开发人才方面，有些院校以为是对教师实施培训，或送出去读委培等，至于如何合理地使用培养出来的人才则缺乏配套的机制，不同程度地存在人才学非所用、或用非所长、或大材小用、或小材大用等不合理的现象。

（二）人力资源配置不够平衡

在高校内部人力资源中，由于机制不够健全，人力资源整体性开发不够，没有用科学的、符合高等教育的人力资源管理方法和手段等来合理地、科学地、有效地规划和管理高校的人力资源，造成高校内部人力资源配置不够平衡、结构不够合理，人才的职务结构、学历结构、年龄结构、职称结构等不能适应教学科研工作需要。

职称结构不够合理。如有的高校由于在年龄结构上出现了"断层"现象，一大批年轻教师中，具有助教或讲师职称的占绝大多数；有的学科没有配备一定数量的教授级人员，势必会给教学和科研等带来一定的影响。职务结构呈现扁平的"四棱状"。根据组织行为学理论，组织的管理层次可以划分为高层、中层和基层。现代控制论的研究结果表明，管理幅度一般以一个领导者管理七个下属为宜。而有的院校在组织

结构上，则出现了高层领导人员屈指可数，中层领导人员占绝大多数，基层人员占少数的扁平"四棱状"结构。人力资源配置的不合理和低效率，造成各层次、各岗位人员的调配不合理，从而造成了人力资源的极大浪费，阻碍了高校的深化改革，使其难以适应高校参与国际、国内市场竞争的需要。

（三）人力资源管理机制不够健全

随着传统人事管理向现代人力资源管理的转变，高校人力资源管理虽然取得了显著的成绩，但是，多年来高校的人事制度改革一直是形式多于措施，而措施又多于实施。旧思维方式的惯性以及体制的内在弊端使得高校人力资源管理相对滞后，如职务"终身制""能上不能下""能进不能出"的观念一时很难转变，难以实现人力资源的有效管理。从我国高校目前的情况来看，部分高校没有建立起科学合理的人力资源管理规章制度，无法为高校长期发展提供有力的人才保证。在人才规划设计上缺乏长期战略，人才培养流于形式，人才引进后重使用、轻培养，从而抑制了高校及教职员工自身的可持续发展。

（四）人才流失较重

在高校中，教师相对而言自由度比较大，除了上课之外的其余时间可以自由支配，这在一定程度上为人员流失创造了条件。受就业压力的影响，有很多人感觉到直接参与社会竞争还存在不足，于是努力想通过继续攻读博士、硕士来提高学历层次，以满足日益竞争的就业市场需求。为了给自己找到充足的时间能够学习以应对考试，很多人把目标放在了自由度较高的教师行业，于是这部分人成为高校人才流失比较大的人员。还有一部分人员到高校工作之后，对自己定位比较高，感到自己所从事的工作岗位难以完全发挥自己的优势与特长，或者有"不得志"之感，因而容易对高校产生失望感而最终选择离开所在的高校。

（五）人力资源配置结构不合理

虽然社会主义市场经济体制已经得到完善和发展，但是计划经济体制的烙印并没有完全消除。受计划经济体制的影响，很多高校的行政安排使得一切的现状并无有效改变。由于缺乏对人力资源的全面把握，高校在对人力资源进行配置时，就容易出现问题，突出表现在：行政管理人员过多，而基层工作人员很少；新设专业教师不足，师资力量与专业调整不适合，而一些老专业教师比较多；高级人才缺少而一般人员过剩；不能正确搭配科研型教师与教学型教师的比例，或者难以处理教学与科研的关系等。这就导致人力资源优势不能发挥，在一定程度上造成了人力资源的浪费。

三、加强高校人力资源管理的对策及建议

（一）与时俱进，实现观念转变

现代高校人力资源管理的方向是建立具有中国特色的高校人力资源管理模式，即树立人力资源是第一资源的观念，树立人才强国、人才强校的观念，建立正确的用人机制，充分开发和利用人力资源，使高校的各类人才适其位、用其能、献其智，最大限度地在办学兴校中发挥作用。

（二）以人为本，实施人才战略

高校在办学过程中，应坚持"以人为本"的办学原则，坚持以教学和科研为中心，树立正确的人才观念，建立正确的用人机制，始终把"人才工程"作为第一工程来抓。高校是一个人才相对集中的地方，既是知识分子施展才华的舞台，也是特别需要各种人才的组织。因此，在选拔人才方面，高校应该以求才之渴、识才之眼、举才之德、容才之量和用才之胆去甄拔人才，挑选出高校所需的知识创造型、知识传授型和知识应用开发型等教研人员及具有开拓精神、有能力的管理人才等，使之比例合适、配置优化、素质各具特色，适应于高校功能的发挥，满足高校发展的实际需求。

人力资源理念是人力资源工作的基础，决定着人力资源工作的成效。人力资源理念模糊，其直接会导致人力资源政策的不连续性，从而给人力资源工作带来损失。因此，高校要有良好的人力资源理念，对于人力资源的配置（如规划、招聘、晋升、调配、轮换等）、培训（如政治理论、职业道德、业务能力等）、工资福利、制度建设等要宏观统筹、全盘考虑。在树立良好的人力资源理念中，要认真考虑"需要什么样的人才"怎样更好地吸引人才"如何充分发挥人才的作用"三个关键问题，做到"引进优秀人才，留住优秀人才，用好优秀人才"，这是做好高校人力资源工作的根本。

（三）开发人才，提高整体素质

高校人力资源开发，是指高校组织通过多种有效手段提高教职员工工作能力，提高业务水平和组织业绩的一种有计划、连续性的工作。而培养人才是开发利用人才的重要组成部分，在培养人才方面，高校应该始终贯彻理论联系实际、学以致用、讲求实效的原则，来确定培训内容和目标。对高校教师的培训应该建立在继续教育与终身学习的基础上，除大力加强教师的学历教育培训外，还要加强教师以创新精神、创新意识、创新技能为核心的高新技术和先进技术等方面的培训，培养创造型人才。同时，要加强师资培训的制度化建设，坚持重点培养与整体素质提高相结合的原则，以优化教师梯队为目标，以中青年骨干教师为重点。培养具有较强竞争力的学术带头人和青年骨干教师，不断提高高校的教育教学和科研水平。此外，还要加强高校教职员工的政治思想教育，使其具有良好的职业道德和敬业精神。引进人才是建设人才

队伍的有效途径,高校应该创造良好的条件"筑巢引凤",根据本单位的实际需求,多渠道、多层次、多方式引进各类所需人才,不断壮大人才队伍,提高高校的综合实力。

（四）任人唯贤,建立有效激励机制

用人之道,即取胜之道,是一门很深的学问。稍有不慎,轻则延误时机,重则招致失败。因此,高校在人才应用方面应把握三点:首先,要建立正确的用人机制。高校应本着"以人为本,效率优先,兼顾公平"的原则,广纳贤才、任人唯贤、人尽其才、才尽其用,在选拔、使用、奖励的过程中,做到公开、公平、公正,实施按需设岗、因事设职、按职择人,坚持"用人不疑,疑人不用"的原则,使其有职有权,有的放矢地开展工作,实行大才大用、小才小用、专才专用,尽力发挥各类人才的优势和特点。其次,要建立合理的考核机制。考核既是检验工作情况、工作绩效的一个重要环节,也是聘任、晋升和奖惩等的依据,制定切实可行的绩效考核办法和建立合理的绩效考核机制至关重要。因此,高校必须建立一套科学、公平、公正的考核评估体系,形成公平、理性、有序的竞争,使人才的贡献得到认可,使真正优秀的人才脱颖而出。最后,要实施有效的激励机制。高校应坚持按需设岗、择优聘任、责酬一致的原则,强化岗位管理,把人员待遇与岗位职责、贡献大小紧密结合起来,实行按劳取酬、优劳优酬,改革分配制度,建立重实绩、重贡献,向高层次人才和重点岗位倾斜的分配激励机制。

高校的人力资源可以分为四部分:从事教学的人员;从事科学研究的人员;从事行政管理的人员;从事服务工作的人员。高校要根据实际需求,对人力资源进行合理配置。第一,要对全校的人力资本做到心中有数,对于人力资本的发展需求、兴趣爱好等能够有所了解。第二,要在了解人力资本的基础上,知人善任,合理安排工作岗位,做到人尽其才。第三,要按照公开、公平、公正的原则和革命化、专业化、年轻化的要求选拔干部,不拘一格,使用人才,把真正有实力、有能力的人才选拔出来,形成有利于优秀人才脱颖而出的良性机制。第四,高校教师是宝贵的人力资源,尤其要注意对教师的合理配置、优化组合,根据专业需求和教师教学、科研等各方面的能力合理配置,充分发挥教师的作用。第五,要建立合理的分流制度,对于不能胜任工作岗位的人员及时调整,避免人力资本的浪费和给工作带来损失。

（五）优化配置,建立科学管理机制

随着教育体制改革的不断深化,高校人力资源市场要适应市场经济发展的要求,打破封闭的管理模式,建立以市场为导向的人力资源管理机制,形成高校内部人力资源市场和外部市场统一的人力资源市场体系。一是推行合理的人才流动机制,实现人力资源的优化配置。高校可以在建立相对稳定骨干层的同时,形成出入有序的流动层的教师队伍管理模式,各高校之间可以实行资源共享、互聘教师、建立客座教授制度等,聘请专家、教授来校短期工作,借助专家的业务实力,带出高水平的学术科研队伍；也可向社会招聘教师或返聘高级专家等途径，拓宽教师的来源渠道，促进教师资源的合理配置和有效利用。二是营造良好的工作环境，发展和壮大人才队伍。良好的工作环境不仅包括良好的办公环境，还包括良好的人际关系所创造的工作氛围。面对激烈的人才竞争、市场竞争，高校在人力资源管理过程中应充分体现人性化管理的要求，把人性化管理思想融入高校人力资源管理的各个环节，注重人的差异性、层次性，强调人的不同需求，突出人的主体性和能动性，充分重视高层次人才的合理使用，采取一系列有效措施，对现有的优秀人才在政治上予以信任、在工作上予以重用、在生活上予以关心、在待遇上予以优惠，真正做到"事业留人、待遇留人、环境留人、感情留人"，使他们安心本职工作，不遗余力乐于为高校的发展做贡献。只有这样，才能不断发展和壮大高校的人才队伍，提高高校的整体素质和综合实力，从而实现高校的可持续稳定发展和全面腾飞。

高校作为人才聚集和人才培养的基地，承担着人才培养、知识创新和服务社会的重要任务。高校要想培养出好的人才，首先要有高素质的教师。因此，人力资源水平在一定程度上决定了高校的水平，人力资源开发和管理能力极大程度上影响着高校的发展和前途。总之，以科学人才观为指导，坚持树立以人为本、人才工作先行和量才使用、用人所长的观念；以加强能力建设为核心，以创新人才机制为动力，以培养高层次人才为重点，以优化人才队伍结构为主线，以强化人才激励为突破口，紧紧抓住人才培养、吸引、使用三个环节，积极开发利用国内国际人才资源，集聚各类优秀人才，不断提高高校人才的知识创新能力、教育教学能力和服务社会能力，大力加强高校人力资源开发和管理，建设一支道德高尚、业务精湛、规模合理、结构优化、充满活力的人才队伍，为实现高校跨越式发展提供强有力的人才保证和智力支持。

人才是培养出来的，而且始终处于发展状态。如果不建立相应的人才培养机制，就会扼杀人才的成长。因此，培训对于人力资源开发具有重要意义，可以提高人力资源整体素质，形成整体合力，发挥人力资源的最大效益。对教职员工进行培训是高校提升人力资源质量的有效途径。要按照"政治强、业务精、作风正"的要求，对全校教职员工进行培训，提高教职员工的政治素质、思想素质、业务水平、工作能力。第一，要对人力资源的具体负责部门工作人员进行培训，使人力资源部门的工作人员尤其是负责人具有现代人力资源开发的理念，掌握适应新形势的人力资源开发、管理与优化配置的思路和方法，为做好高校人力资源工作提供人力基础。第二要对教师进行培训，使教师能够掌握现代教育理念，掌握适应教育发展需要的教学理念、教学手段、教学艺术、教学方法，把握学生成长成才的规律，努力实现教学与高校的建设和发展、与学生的成长成才相结合，提高教师的教学水平。第三，要对行政管理人员进行培训，提高行政管理人员的工作水平和业务能力，提高管理效率和管理水平，促进高校管理工作的良性、高效、协调发展。第四，要对后勤服务人员进行培训，强化后勤服务人员的服务意识，服务做到及时、迅速、精品化。第五，要增强全校教职员工的科研意识，要求全校教职员工在不同工作岗位上能够认真思考，不断研究，形成学术研究的良好风气，以此来推动高校工作的开展。这样，就能够发挥全校教职员工的主观能动性和积极性，团结一心，共同服务于高校的发展，使人力资源的作用能够得到充分发挥。

面对高校人力资源的现状，要认识到高校人力资源的开发与配置并不是轻而易举的，而是一项系统的、全方位的工程，单纯依靠高校领导，或者是人力资源管理部门，难以真正实现高校人力资源优化配置的目标，必须依靠全校教职员工齐心协力、团结一致，才能够改变高校人力资源现状，做好高校人力资源工作，发挥高校人力资源的整体优势，形成整体合力，提高高校的竞争水平和综合实力，提升高校的可持续发展能力。

第三节　高校人力资源管理的特点

一、高校人力资源的特点

高校作为一个特殊的组织，其人力资源有不同于一般组织人力资源的一些特点，高校人力资源可能隐含着巨大潜能也可能产生的极大浪费，人力资源管理在高校内部管理中具有极其重要的地位。高校人力资源的数量和质量决定着高校的生存竞争力及发展活力，制约着高校的发展水平。高校人力资源管理的目的是通过科学管理，谋求教职员工之间、师生之间，教职员工与教育事业、社会环境之间的相互协调达到事得其人，人适其事，人尽其才，事尽其功。

（一）高校组织的特殊性

高校组织的特殊性主要表现在两个方面：一是高校是一个特殊的组织，尽管每所高校都有完整的组织结构，但它不同于国家机关，也不同于企业。国家机关自上而下有比较严密的组织管理系统，领导每下达一项任务，下一级必须立即付诸行动，并且这种行动结果容易衡量。在企业，由于经济利益的关系，上下之间的指令与行动也是一气呵成的。但对于高校，一个具有公益性质的组织，其自身的特殊性决定了高校不可以像企业一样时时处处和经济利益挂钩，同时由于高校的学术劳动力本身有很强的独立性和自我意识，很大程度上在时间和意志等方面享受自由，就不能按照企业和行政的做法。二是行政权力和学术权力之争始终是每一所高校面临的突出问题。高校办学很重要的一个方面是学术自由。教师无论是授课，还是研究，或是从事社会活动，都享有一定的学术自由。但学术自由是有边界的，这个边界就是和行政权力的冲突以及和解。如何处理这个矛盾，对高校教师的影响非常大。这是高校人力资源管理不可回避的问题。

（二）高校人力资源管理的目的是服从和服务于高校的学术管理

学术是高校的安身立命之本，那么学术管理也就当然地成为高校各项工作的中心。不容置疑，高校作为一种特殊的社会组织形式自然存在着大量的行政管理，存在着人力资源的开发管理。特别是在高校规模不断扩大、与社会经济的联系日益紧密的情况下，高校人力资源管理更需要向着科学、高效、专业化的方向发展。但是，无论采取何种运行方式和运行机制，都应该保证和服从于高校的学术管理。这就要求高校的领导与管理层的人员要有学术文化和管理文化两种文化背景。

（三）高校人力资源管理的核心是机制创新

高校人力资源管理体系的完善，最终必须通过在用人制度、分配制度、考核评估制度等方面建立起激励、竞争、约束、淘汰的新机制，以机制的创新推动改革的进程。在人才引进、稳定、利用等环节上，在人才能力建设、人才结构调整、人才配置优化的政策设计上要有新思想、新举措。以实现稳定人才、引进人才，建设高素质的师资队伍和管理队伍，激励教职员工的积极性和创造性，多出成果、快出成果，通过转化运行机制，增强高校办学活力，提高办学效益，落实办学方针和理念，实现办学定位和思路。

（四）高校人力资源管理的对象具有多样性

高校传统的人事管理对象是指"三支队伍"，即教师队伍、干部队伍和服务队伍。管理重点是教师（主要是专业教师），而市场观念下的高校人力资源管理对象却要根据整体目标的需要，全面规划人才的类型，拓宽管理范围，使管理的触角伸到各类人员之中。在运作时，应将各类人员进行细分，如将教师队伍分为教学人员、科研人员、教学技术人员和教学辅助人员；将干部队伍分为行政管理干部、党群学工干部；将服务队伍分为一般服务人员、技术服务人员、经营人员和管理人员。此外，应根据高校的需求物色未来的各种层次的人才，充实高校力量，以保持高校的活力。

（五）高校人力资源管理手段的综合性

高校人力资源管理的目的是通过满足丰富多彩的合理需求来调动教职员工的工作积极性，使高校人力资源发挥更强的主观能动性。高校人力资源需求的丰富性决定了高校人力资源管理手段的综合性，不仅要充分利用制度规范和奖惩手段，更要重视校园文化的建设、工作环境的改善，为高校人力资源提供广阔的发展空间。

二、高校人力资源与其他人力资源的不同点

高校人力资源是指高校中从事教学、科研、管理、后勤服务等方面工作的教职员

工总体所具有的劳动能力的总和,是现代高校管理最根本、最核心的资源。作为一个特殊的群体,高校人力资源除了具有一般的人力资源特征之外,还具有其他人力资源所不具备的独特性。

（一）高度重视自我价值的实现

高校人力资源具有高学历,受过系统专业教育,掌握专业知识和技能,视野开阔,知识面广,重视能够促进其发展的具有挑战性、创造性的工作,对知识、个体和事业的成长有着持续不断的追求。他们要求组织给予其自主权,以便能够用更有效的方式工作,并完成交给的任务,渴望通过这一过程充分展现个人才智,注重自我价值的实现。将挑战性工作视为自我价值实现的方式,自我满足的内驱力使高校人力资源产生巨大、持久而稳定的进取精神,尽力追求完美结果。

（二）注重成就激励和精神激励

高校人力资源更渴望看到工作的成果,认为成果的质量才是工作效率和能力的证明。因此,成就本身就是对他们最好的激励,而金钱等传统激励手段相对弱化。不仅如此,由于对自我价值的高度重视,高校人力资源同样格外注重他人、组织及社会的评价,并强烈希望得到社会的认可和尊重。

（三）重视人格独立和自由

高校人力资源,尤其是专业技术人员不仅富于才智,精通专业,科技知识接受度高,而且更重视人格独立和自由,提倡推崇扁平的层级结构,希望组织资讯公开、科技导向、强调绩效,以创新方式解决问题。他们尊重知识、追求真理、崇尚科学。此外,由于他们是知识型人才,掌握着特殊专业知识和技能,可以对上级、同级和下属产生较大影响,因此,传统组织层级中的职位权威对他们往往不具有绝对的控制力和约束力。

（四）学习动机强烈

高校是学习型组织,对"终身学习"理念有着更为广泛和深入的认同。高校的工作主要依赖于知识,为了适应时代发展的要求,提高自身工作能力和水平,他们需要不断地更新和补充知识,才能与专业的发展现状保持一致。因此高校人力资源渴望并乐于参加各种学习、培训,有潜在而巨大的学习动力。

（五）优质性、创造性与难替代性

高校人力资源的优质性体现在其人力资本存量的丰富上,他们的劳动具备智能性、创新性和创造性的特点。在工业经济背景下,一个最有效率的工人比普通工人多生产30% ~ 50%的产品,但在知识经济背景下,劳动价值更多体现在智力劳动和创造性劳动上,技术研发人员能够比普通工人做更多的工作。在工业社会中,同质劳动力具有很强的可替代性,然而在信息时代,很多人才具备特殊才能。在高校也正是因为人才的特殊创意和特殊才华,才造就了一个思想库,这些是难以替代的。

第四节　高校人力资源管理的创新

对高校人力资源管理模式进行创新,一方面,可以充分发挥高校人力资源的优势,建立一个高效、团结、充满凝聚力的高校教师团体;另一方面,可以为教师和学生创造更加充满活力的环境,促使每一位教师都能极尽所能,利用自己的聪明才智,在自己的工作岗位上创造出辉煌的成绩,为知识创新、科学研究、社会服务贡献力量。因此,对高校人力资源管理模式进行创新性的发展,既有利于高校进行教育的改革和发展,也有利于高校适应社会发展,为社会培养更多的优秀人才。

一、高校人力资源管理模式存在的不足

(一)管理理念滞后

目前,我国高校进行了较大的变革,但就当前我国高校人事制度来说,依然存在较大的问题。一是高校人力资源管理理念没有摆脱传统的人事管理的思路,很多现代化的人力资源管理理念还没有被高校真正的采用。二是很多高校依然把一些旧的思想、观念用到当前人力资源管理上,而不是树立以人为本的新的管理理念,没有充分认识到高校人力资源管理模式的重要性和重要意义,只是简单地进行人事管理。很多人以为,影响高校发展的是资金的不足,其实真正影响高校发展的是人力资源的开发与利用。

(二)高校人才选拔制度不合理

我国高校在选用教师的过程中,各级各类高校都按照自己制定的办法执行,很大程度上受到高校领导层的干扰,因此高校教师的选用、聘任等带有很大的随意性和不确定性。这就给高校的人才储备带来了很大的不利。我国多部分高校在选聘教师的时候都优先考虑本校的毕业生,这也一定程度上使得高校人力资源结构比较单一。此外,高校在选拔教师的时候往往注重学历和职称,而对教师的职业道德,科学文化素养,品德、品行等有所忽视,从长远来看,这对高校人力资源的协调发展是不利的。

(三)高校对人力资源开发与培训工作不够重视

高校为了获得长远的发展,要定期或者不定期地对人力资源进行在职培训,深挖

人力资源的潜力，使其具备必要的专业技能，获得良好的工作态度和其他有价值的知识，从而使得人力资源获得能胜任高校教学的能力。然而，目前我国高校在人力资源开发和培训工作中，往往重引进，轻培养；重拥有，轻激活；重使用，轻开发；重专业，轻技能与品德的现象，严重影响了人力资源的利用效率，也加剧了高层次人才的流失。

（四）绩效考核评比工作流于形式

我国高校人力资源管理绩效考核评估制度存在的主要问题：第一，绩效考核标准的问题，在高校教师绩效考核过程中，没有明确的绩效考核标准，同时有很多考核项目也很难通过指标来进行考核，如师德评判的标准。第二，高校在评先树优的时候，不管是管理层干部，还是教学前线的教师，都按照一定的比例分配名额，这样的分配制度，不利于高校评选出优秀的教学能手和管理人才。第三，高校在进行绩效考核的时候，往往存在人情分，甚至出现了请客送礼的现象，这给高校绩效考核带来了困难，也给高校人力资源管理带来困难。第四，很多高校进行考核时，才进行考核评估制度的制定，所以每年的考核评估制度都会发生较大的变化，有些考核甚至根据某些人的条件制定，这就给高校教师的工作积极性以严重的打击。第五，很多高校考评时，注重教师的科研数量、论文数量，但是忽视了质量，使得很多教师为了名誉过分追求数量而忽视质量，从而使得考核的有效性难以保证。

二、对高校教师人力资源管理的探讨

高校人力资源管理，主要研究高校人力资源管理活动的内在联系和客观规律，它包含两层意思：一是高校人力资源管理有独特的管理对象。其管理对象为高校教学活动中的教师以及教师与组织、环境的相互联系。高校人力资源既在开发中提高，又在利用中增值，这种增值与提高，一方面促进人力资源的进一步增值与提高，另一方面又对其他物力资源继续开发起着决定性作用。二是高校人力资源管理有其客观的发展规律。高校人力资源管理的观念、理论、方式和手段是随着时代和社会的发展而发展的。以公共人力资源管理新理念注入高校人力资源管理中，可以使高校人力资源管理获得适应社会发展尤其是高等教育发展的新精神，从而不断完善高校人力资源管理。

（一）确立以教师为中心的管理思想，改变教学科研行政化倾向

传统的高校人力资源管理模式是通过建立管理者与被管理者之间的不同等级的职权关系，运用行政与法律手段，以管理者的权威性加以实现的。行政指令性的管理注重的只是政策的合理性、合法性，而忽视了人的个体因素。表面上管理有序，实质上效率不高，在管理与工作中往往侧重于行政管理而淡化主体——教师的具体精神

价值和潜在价值，致使高校的教学和科研工作有着严重的行政化倾向。具体表现在以下两个方面：

1. 高校行政机构臃肿，人浮于事，行政人员往往以管理者自居

为数不少的高校行政人员多于教师，个别高校的行政人员甚至是教师人数的两倍之多。本来高校行政人员的存在价值在于为教学科研服务，高校各部门对教师队伍的管理，应当以尊重人才为基础，以服务为目的，通过为教师解决工作、生活方面的后顾之忧，创造良好的工作条件。但是有些高校实际上却并非如此，正如北京市教委对驻京高校进行的一次调查所表明的那样："大学缺少尊师重教的氛围，从理论上讲教师是高校的主力军，但实际上，教师在高校里是最没有地位的。"[①] 官僚作风严重，教师在一定程度上成为被管理的对象，服务和被服务的位置被完全颠倒了。必须明确，高校人力资源管理并不只是一般的行政管理，而是要根据高校内在的运行规律，根据办学指导思想和人才培养目标，侧重于教学科研人员学术事务的管理。高校的中心工作是教学、科研工作，工作的主体是教师、学者。高校行政管理部门及其人员在思想上应有充分的认识，在工作中应有充分的体现，在行动上应有强烈的服务意识。因此，在进行高校人力资源管理时，要时时以"理解教师、尊重教师、服务于教师"为宗旨，让他们能多用一些时间，多集中一些精力进行教学和科研工作。尤其在服务方面应是积极主动地为教师搞好服务，而不是被动地服务，更不能让教师服务于行政人员。同时，教师也应该真正地全身心地投入教学科研，提高人才培养的质量。

2. 高校中"官本位"的价值取向严重，官位重于学问，权术重于学术

目前，高校有一种作为体现承认或者挽留学有成就的教师的传统做法，就是安排领导职务，这就有意或无意地助长了"官本位"倾向。在一些高校内部，权力凌驾于知识之上，做学问的不如搞权术的，与所倡导的"尊重知识、尊重人才"的理念完全相悖。高校相对整个社会来讲，始终是人才高地，要吸引人才，稳定教师队伍，最主要的是优化其生存和发展的环境，即高校要不断加强自身环境建设，积极营造一个政策宽松、学风优良、尊重知识、重视人才、科研条件优越、人事关系和谐的"软环境"。尽量把虚伪的、庸俗的人事关系排除在学术环境之外，为高校人力资源开发和管理创造良好氛围和条件。

（二）注重教师的潜能开发，改革教师职称评聘和评价机制

目前，我国衡量高校教师教学水平和学术水准最主要的标志之一就是职称事的高低。多年来，我国教师职称评定的终身制和单一制缺乏激励因子，"能上不能下"，没有风险和危机，使得一些教师当上了教授后便不思进取。尤其是现行教师队伍中大多数教师是在传统教育体制下培养出来的，存在着知识面窄、学派单一、知识老化的现象。而当今世界科技发展日新月异，对本专业新知识不感兴趣，不刻苦钻研，必

---

① 傅冰钢. 高校教师人力资源管理改革初探 [J]. 江苏高教，2003（2）：96-98.

然落伍。事实上，衡量高校教师队伍整体素质的高低不仅与职称、学历等表层结构有关，而且真正起决定性作用的是教师现有的知识、能力等深层结构。另外，目前高等教育承担着培养复合型人才的任务，教学课程体系向综合化发展已成为趋势。而职称评审仍然是只注重单一学科，造成教师对专业之间相互渗透不感兴趣，文理科之间甚至相互排斥，这显然难以适应现代高等教育的需求。因此，高校教师的职称评聘必须打破终身制和单一制，建立根据其实际能力和水平的不同等级、不同层次的多元型评聘制度。

高校教师的职称评聘机制是建立在教师教学科研工作的评价机制上的。目前高校普遍缺少客观、公正的教师评价机制，致使考核流于形式，不能摆正教学与科研的关系，搞科研没有创新精神、团队精神等。一所高校要想上水平，办出自己的特色，必须要建立完善的师资绩效评价体系，抓好三个环节。一是摆正教学与科研的关系。教学与科研之间存在着内在的联系，科研可以充实教学内容，而且科研上颇有建树的教师对学生有更强的感召力。离开科研，教学水平很难上去，专业课的教师不搞科研，教学肯定不会创一流水平；同时，为了保证教学质量，完成本职工作，无论哪一级职称的教师都要潜心搞好教学，边教学边搞科研，教、研结合，相得益彰。高校要支持、鼓励教师承担重大科研项目，这是出人才、出成果的重要途径。二是要突出创新精神。21世纪是一个科技创新的世纪，高校要适应社会发展的需求和特点，就要培养创新人才。而要培养创新型人才，教师必须要具有创新意识，实施创新教育。创新教育是一种对受教育者进行良好心理素质训练和创新能力开发的教育，它认为知识的学习不是目的，高等教育也不是教育的终结，更重要的是掌握科学的方法，为学生以后走上社会接受终身教育打下基础。因此，要引导教师按照这个要求和目标，树立全新的教育观念，优化课程体系，改革教学方式，使学生学会治学之道，从被动接受知识转变为主动建立自己的知识体系和能力体系。为此，要对现有教师进行创新素质和能力测评，对于难以对学生进行创新素质和能力培养的教师要有针对性地进行教育和培训。要不断改善教师待遇，真正提高教师地位，把具有创新意识和能力，并适合从事创新教育的人才吸引到教师队伍中来。三是要强化团队精神。在竞争中合作，在合作中竞争，这是现代社会的显著特征。西方一些学者在研究知识经济社会的竞争特点时也提出了"合作性竞争"的新概念，以期"运用集体的智慧提高应变和创新能力"。[①]21世纪的高校教师不仅要有相当宽的知识面，还要有团结协作精神，只有与不同学科和专业，不同学术观点的人进行广泛的合作交流，联合攻关，才能攻克重大课题。高校教师职业性质决定了教学和科研只有形成结构合理的群体才能发挥作用。学会合作、善于合作已成为21世纪高校教师的基本素质之一。因此，应该把高校教师的团队精神、配合精神、良好的人际关系等内容纳入评价体系。

---

①　张晓东，何攀，朱敏.知识管理模型研究述评[J].科技进步与对策，2011（7）：156-160.

（三）从人力资源开发的战略高度出发，全面规划和落实在职培训

高校教师的教育培训是高校人力资源开发的核心环节和基本内容，它是根据高等教育事业发展的需求，按照不同专业的要求，有计划、有组织地开展的旨在提高教师素质特别是教学水平的过程。

在人力资源管理理论中，组织要获得知识和技能最常用的方法有三种。一是雇用新的成员，在雇用这些新成员时，就要求其已经或基本具备组织所需要的知识和技能。二是采取替代办法，即通过与其他组织的协商来购买或租用所需要的知识和技能。三是立足于现有的成员队伍，通过培训，开发其新的知识和技能。一个组织在决定采用何种方法或者配置几种方法的比例时，无疑总是要综合考虑培养目标的要求和成本等因素。高校教师的教学和科研是一种专业性很强的工作，这就决定了通过在职培训提高教师知识和技能是耗费资源最少和最富有效率的途径。因为教师的职位是相对稳定的，不可能通过频繁地雇用新成员来达到更新知识和技能的目的，而且高校教师的教学经验和学术水平是要通过较长时间的积累而逐步提高的。另外，高校教师教学工作的主要方面，也不可能通过"外包"的方式，去购买社会上的知识和技能。毋庸置疑，高校教师通过在职培训不断更新知识和技能应得到充分的重视，并采取切实、有效的措施和途径来加以实现。

高校教师的教育培训应该是终身性的，因此，要使高校教师群体能够与社会发展保持持续的适应能力，必须把高校的教学组织建设成为"学习型组织"。学习型组织理论是当今最前沿的管理理论。联合国教科文组织在1196年发布的题为《教育——财富蕴藏其中》的研究报告指出：21世纪是强调"把人作为发展的中心"的世纪，教育是社会和经济发展的主要途径，教育是社会和经济发展的首要推动力，教育本身就是社会发展的基本内容和目标；接受教育不仅是为了谋生，而且是为了社会的和谐发展、个人能力的充分发挥。所以，21世纪的高校教师，应该是能系统思考的，不断自我超越、不断改善心智模式的，积极参与组织学习的，能在共同愿望下努力发展的，把学习看作人的天性、看作生命趣味源泉的学习型的人才。

高校本身就是一个学习系统，高校教师不仅是知识和技能的传授者，还是学习者，因此，在职培训就成为高校教师终身教育的极为重要的途径。对高校组织来说，要给教师提供学习的时间、经费和环境等条件，而教师自身则有不断学习的义务；对高校管理者来说，自己通过学习更新知识与技能和组织教师通过学习更新知识与技能，是管理的重要职责。此外，要注意将教师的培训有效地引导到高校需要加强提高的学科方向上来，避免学非所用，造成浪费。总之，从高校人力资源开发的战略高度出发，有的放矢地规划和落实高校教师多学科、多层次、多方式的在职培训，健全继续教育的运行机制，的确是一项紧迫而又重要的工作。

第 二 章　招聘管理

第一节　高校人力资源招聘

高素质人才是高校发展的重要推动力,目前高校的发展不仅取决于先进的仪器设备、高端的校园硬件设备及富足的财政投入,更取决于学科领域有造诣的专家学者的数量。所以人才的吸收引进已成为各大高校的工作重点。浏览各大高校招聘网站,其招聘条件中无不体现对高学历、名校毕业及海外留学背景的热衷,有些高校甚至把海外留学背景作为定级薪资待遇的条件。此种现象与前些年某些企业过分追求高学历与留洋背景相似,但事实证明高学历、留学背景并未推动企业的高速发展。那么以人才密集型为特征的高校是否会重蹈企业覆辙?这是一个值得探讨的问题。

一、"转型"解析

2023 届高校毕业生共计 1158 万人,同比增加 82 万人,高等教育已经进入大众化阶段,并继续向普及化高等教育阶段发展。精英教育的模式发生了变化,学生群体的多元价值观对高等教育和高校教师产生了影响,高等教育、高校和高校的学生呼唤新型教师的出现,并对教师的素质、结构等产生了作用力,教师群体逐渐分化。那些适应者留下来继续在高校发展,不适应者则离开了高校,这是中国高等教育宏观方面的第一个转型。

另一个转型是,随着我国信息化的高速发展,高校教师的角色和功能逐渐发生了重大转变。高校教师传播知识的功能逐渐减弱,道德指引和学习促进的功能逐渐强化。"传道、授业、解惑"的传统师道不仅没有丧失生命力,反而在新的社会转型期焕发出了新的生机,被赋予了新的内涵。"面临着其他信息提供者和社会化机构作用的不断增强,人们期望教师担负起道德指引和教育指引的作用,使学习者能够在大量的信息和不同的价值观中不迷失方向。"[①] 教师逐渐成为学习的促进者和道德的指引者。高校的教师招聘行为也应该顺应这种变化,注重选拔那些能够促进青年学生道德发展和学习能力发展的候选人进入高校,从事教育职业。

---

① 赵中建主译.全球教育发展的历史轨迹 国际教育大会60年建议书 1934—1996[M].北京: 教育科学出版社, 1999.

第三个转型是，教师招聘行为已成为高校实现其战略目标的重要环节。教师招聘作为高校人力资源管理战略的核心，对于高校战略目标的实现，以及人力资本的增加都起着越来越重要的作用，人力资源管理也已由以往的行政支配角色转变为高校的战略伙伴角色。因此，应该持续深化高校人事制度改革，建立真正有效的激励竞争机制，优化教职员工队伍的结构。人事制度改革要有利于教师聘用由身份管理向岗位管理转变，由高校行政管理向法制管理转变，由行政任用关系向平等协商的合同聘用关系转变，由微观的人事管理向宏观微观相结合的人力资源战略管理转变。

要使一流的高校具有一流的教师队伍，首要的和基本的关口是教师招聘环节。教师招聘应该放眼国内，力争引进国内一流的教师和研究生，不要只局限在本省、本自治区或本直辖市范围内，更不能大量留用本校的毕业生（除非经过公开、公正、公平竞争表明本校的毕业生确实更优秀些）。无数事实证明，高校教职员工队伍的学缘多元化是高校活力的源泉。至于招聘对象的毕业高校是否有层次上的要求，如是否必须出自"985工程""211工程"的高校，是否必须出自世界名校，则要根据招聘高校的层次和招聘岗位的具体要求来确定。归根结底，招聘对象的能力和水平才是最终的衡量尺度。虽然有的企业招聘高校毕业生时很刻板，必须是某些名牌高校的毕业生才会纳入其招聘的视野之内。"英雄不问出身"，教师招聘既然是一种人才选拔活动，"血统"、出身不会不考虑，但务实才是最重要的。

二、招聘权的行使

招聘权的行使目前主要有两种模式：一是分权式，由学院等具体用人部门提出人选，由高校决定是否聘用，具体用人部门的意见具有相当的影响力。二是集权式，具体用人部门的权力是虚的，实际的决定权在高校。两种模式都有其弊端。

分权式招聘的后果是，由于害怕新来者的超越和竞争，往往拒绝引进能力水平比自己高的候选人，形成"万马齐喑"或者只愿意引进"拜倒和臣服"在已经形成的学术权威下的候选人。集权式招聘的后果是，由于精力有限，往往不太可能陷入烦琐的招聘事务中，造成细节上的较多漏洞。为此笔者建议，大量的前期工作由专业的服务公司负责操作，高校的招聘委员会只在决策阶段进行参与和最终拍板。招聘委员会的组成人员应该既要有高校内部的专家，也要有高校外部的专家；既要有本学科的专家，也要有教育专家、心理学专家和人力资源管理专家。无论什么模式，招聘人员的专业眼光和道德水准必须是一流的。

三、高校人才招聘现状

（一）注重高学历

某些高校的招聘条件让人望而生畏，我们首先来看一个案例：系招聘保卫处干事

1 名,男性,党员,应届硕士毕业生,学生干部优先,年龄 30 岁以下,专业不限。我们在调研中发现,竟然有 42 名应届硕士生投了简历,最后符合条件并参加面试的有 25 人。当前,随着对教学科研人员要求提高,对教辅人员的要求也有水涨船高之趋势。造成这种现象的原因主要有三个方面:一是由于前些年高校扩招的影响,导致高学历人才供给高于需求,尤其在高校相对密集的各省会城市如北京、上海等热点地区。二是受传统思想的束缚,认为进入高校工作似乎更显高雅,更有保障。三是当前高校测评中把教职员员工整体学历作为重要的考核指标之一,导致高校招聘盲目倾向高学历,忽略了人员结构的梯度问题。

（二）避免"近亲繁殖"

留任制度在西方发达国家已不再盛行,如哈佛大学为保持高校声誉,博采众家之长,明文规定本校应届毕业生不论学历高低、不论优秀与否,一旦毕业必须离校,不予留任。近年来,国内很多高校在人才招聘过程中也引用此种模式,如北京大学、清华大学等名校招聘启事上已明确原则上不留本校毕业生。

（三）注重结构化面试

注重结构化面试是应聘者与用人单位之间面对面近距离交谈的一种方式。面试过程中可以通过观察应聘者对问题的回答,全面考察其知识面、科研水平、思维活跃性及口头表达能力。还可以通过观察其临场表现,了解其应变能力、个人气质及情绪控制力。因此,面试成为各高校人才招聘的重要方法之一。但是,传统面试由于受考官能力、见识、素质、经验及个人喜好等因素限制,使面试缺乏规范,影响面试质量。针对传统面试的不足,高校人力资源管理者要具有现代人才管理知识,运用科学方法和手段,规范程序,对人力资源进行测评。随着结构化面试在企事业单位中的成功运用,近年来,这种面试方式也被借鉴到高校人才招聘中。结构化面试过程中相同职位设立相同的面试题目,并统一制定面试的形式、内容、程序及评分标准。

第二节　高校人力资源的招聘流程

一、招聘的程序

招聘程序和招聘规则应向著名的高校学习,招聘的标准和要求要高,要打破"近亲繁殖"和"任人唯亲"。招聘的程序应该秉承和坚守公正、透明和富有竞争性的原则。

例如,香港科大要招聘一个全职的教员,不管等级如何,都要从最起步的助理教授开始。在香港科大,为了保证招聘过程的公正、透明和富有竞争性,连招聘的广告也须由招聘委员会开会讨论,逐字逐条定出对应聘教员的学术要求,如资历的深浅和研究的方向,而且要讲清楚本校对应聘教员的期待是什么等。因为这牵涉到高校的大门向谁打开,打开多大。此外,招聘广告还须用英文、中文同时刊登,刊登广告的报刊也必须既有地方性的也要有全球性的。这样做的重要性在于,尽量使招聘新教员的过程少受既得利益的干扰,尽可能地把招纳人才的大门开得既透明又广阔。香港科大招聘教员,中文招聘广告须在香港最重要的两家报刊登出,而且规定至少要登几次。英文招聘广告不仅要登在香港的英文报纸上以及北美或欧洲的两到三家对学术界影响大的报刊上,而且还要登在互联网上。

招聘委员会是教师招聘行为的最重要的主体,它以合议为工作方式,决策由集体完成,通过投票决定是否聘用教师,从而防止由于个别成员的因素影响招聘的结果,最大限度地保证了教师招聘的质量。在具体运作上借鉴了企业招聘的外包制,即把大量的人力资源行政性事务,如薪金发放、福利管理、招聘选拔和日常培训,外包给专业服务公司或咨询公司。通过外包这种形式,不仅可以提高人力资源服务的效率,降低成本,而且能将更多的时间、精力投入到人力资源战略的制定、发展和实践上。

二、招聘的标准和要求

招聘的标准和要求应该根据高校的定位、特色和学科布局等来斟酌确定,不可一味拔高。一般可以分为资深教师和资浅教师两类实施招聘行为。在某些特定的情况下,也可以采用其他的标准。尽管这样,高校的教师招聘行为仍然有着许多共同的要求。

(一)共同要求

学历要达标,至少应为硕士学位,这点教育部是有明文规定的。但很多高校在某些紧俏专业上引进不到硕士生以上的人才,只好降格引进本科生充实教师队伍;还有的高校通过调动引进非应届毕业生,他们当中虽然有的职称较高,但学历却较低。这些学历不达标者,表面上来看是"本本"不符合要求,实际上是本学科知识深度与广度、科研素养与能力的不符合要求,因而能否承担对本科生的教育指引任务还是问题。

职业意识、职业道德和教育观也是一项重要要求。教师是一种非常特殊的职业,它的特殊之处在于其工作对象是活生生的人,因而,教师职业不是每个学识和教养达标者都能胜任的。教师职业要求从业者有强烈的职业意识、博大的爱心、对人的深刻理解、坚定的正义公平信念和永不消退的对人及社会的责任感。这一点,无论是资深教师还是资浅教师要求都是一样的。

应该承认,市场经济加速了高校的世俗化和功利性,高校的圣洁、纯粹和唯美的秉性似乎离我们越来越远。"越来越多的人把高校看成是学生获取文凭和教授获得职位的地方,所有的学术性工作与国家最急迫的公民、社会、经济和道德问题似乎都不相干。"[1]在这样的环境中,想招聘到素质较高的能够适应高校工作的教师,往往成本较高。在最近的15年间,高校教师的整体学历不断提高,但是整体素养和教师风范、道德水准、人格力量却逐渐下降。目前,我国对教师职业的准入没有统一、权威的考试制度。虽然有《中华人民共和国教师资格条例(2003年版)》(以下简称《教师资格条例》),但是教师资格并不是从事教师职业的必备条件。

(二)资深教师

资深教师要身正、学高、领导力卓越。1995年,联合国教科文组织在其发表的《关于高等教育的变革与发展的政策性文件》中指出,"涉及学术人员的政策和做法应该坚持明确的学术标准和鲜明的道德标准,在招聘和晋级工作中尤应如此"。

2004年8月,教育部发布了中华人民共和国成立以来的第一部《高校哲学社会科学研究学术规范(试行)》(以下简称《规范》)。《规范》对高校哲学社会科学研究的基本规范、学术引文规范、学术成果规范、学术评价规范和学术批评规范都做了明确的规定。这对明确学术要求、保证学术质量、维护学术尊严、纯化学术环境具有重要作用。既比较全面地涉及了学术规范的各个方面,又具有现实的针对性。例如,《规范》对引文问题做出明确规定:"引文应以原始文献和第一手资料为原则。凡引用他人观点、方案、资料、数据等,无论是否发表,无论是纸质或电子版,均应详加注释。凡转引文献资料,应如实说明。"作为资深教师,首先是治学严谨、遵守学术道德规范的教师,然后是学术水平高、学术成果丰硕的教师。在当代科学技术环境下,资深教师还必须具备领导学术梯队、组织团队开展科学研究和教学改革的领导能力。

(三)资浅教师

资浅教师一般来讲学术成果比较少,学术水平也比较低,高校引进他们主要是为了缓解教师总量偏少的压力,降低生师比例,因此,对这类教师的教学基本功和教学能力的要求要高一些。语言表达能力太差、无法胜任课堂教学的候选人不宜引进。如果他们不太适合教学但学术潜力较大,也可以作为人才加以储备,这要看是否有利于优化高校的学科专业布局和加快战略目标的实现。

为了提高普通高校的办学效益,在教育部的总体部署和安排下,按照"共建、调整、合作、合并"的八字方针,自1992年开始对普通高校进行了新一轮的合并。1999年,国家教育部颁布实施了《面向21世纪教育振兴行动计划》以推动高等教育的发展,随之出现高校合并、共建、合作办学等新的办学模式,特别是高校合并,它一方面实现了强强联合,改变了高校间的竞争结构。另一方面也加剧了高校机构臃肿、人浮于事、

---

[1] (美)欧内斯特·L.博耶(Ernest L.Boyer).关于美国教育改革的演讲1979—1995[M].涂艳国,方彤译.北京:教育科学出版社,2002.

责权不分等问题,严重影响教育资源利用效率。为了进一步转换运行机制,迎接高等教育国际化的挑战。国务院、教育部、人事部等相关部委先后颁布了一系列关于高校人事制度改革的相关文件,包括《关于深化高校人事制度改革的实施意见》《事业单位岗位设置管理试行办法》《〈事业单位岗位设置管理试行办法〉实施意见》《关于高校岗位设置管理的指导意见》《教育部直属高校岗位设置管理暂行办法》等文件。各高校特别是教育部直属高校根据自身实际,制定了以聘任制改革为核心的相应措施。如北京大学以创建世界一流大学为目标提出了教员实行聘任和分级流动制度、学科实行"末位淘汰制"、在招聘和晋升中引入外部竞争机制、对教员实行分类管理等一系列新举措,取得了较好的效果。但受观念、环境以及高校自身原因的制约,从许多高校的探索和实践来看,并未达到实施聘任制的初衷,仍然存在问题。

三、当前高校聘任制改革面临的问题

一是认识上的误区。认为"职务即职称""评上、聘上即终身制",习惯"平均主义""论资排辈"。由于长期以来职称评定带来的弊端,使得重资历、讲年头、轻水平、忽视能力的现象普遍存在,从而不利于青年教师和优秀人才的脱颖而出。二是岗位意识淡薄。多年来,许多教师仍把职称当成"指挥棒"和唯一的奋斗目标,认为够水平就要评职称,不论职务岗位是否需要。这就使得有的学科中的教师职务结构比例严重失调,这既不利于学科的建设和发展,也不利于调动青年教师的积极性和创造性。三是遴选机制缺失。首先,遴选权分配失衡。目前,我国高校中行政权力过于膨胀,学术权力相对弱化。学术组织仅参与遴选过程,而没有最终决定权,决定权在于行政组织,而行政组织最终决定人选不具备专业性。其次,遴选程序不规范。程序未完全公开,过程随意性强,缺乏透明度。最后,高校教师队伍中"近亲繁殖",高校毕业生"自产自销"等现象普遍存在。这既不利于知识创新,也容易引起"门派之争",从而会损害学术的公正性。四是考核体系不健全。许多高校普遍存在考核理念混乱、考核内容简单、考核标准单一、考核导向偏差、考核方法过于简单化、注重短期效益而忽视教师劳动的特点和职业的特性等问题。

四、阻碍高校聘任制改革的原因

(一)观念滞后

1.依赖思想严重

高校主要是由政府出资,国家包办,未真正成为面向社会依法自主办学的法人实体。受计划经济体制下"等、靠、要"思想的影响,高校的办学自主权不强。教职员工很大程度上依赖高校,缺乏竞争压力,工作动力不足,其积极性和主动性得不到充分发挥,高校人力资源严重浪费。

2."官本位"意识普遍存在

"官本位"意识的存在使高校人事管理过分注重"身份管理",导致职务与职责分离,但又与待遇挂钩,造成教职员工过分追求个人身份,在得到了某一级"职称"或"职务"后积极性不足,在其位而不谋其职。

3."平均主义"观念根深蒂固

高校评优"轮流坐庄",收入分配"存量不变,增量按职务增加,增资面前人人有份",这些做法形成新的"平均主义",在收入分配上难以体现水平、贡献和业绩的差别,有违奖优罚劣、奖勤罚懒的原则。

（二）制度缺失

制度性障碍是高校聘任制度改革步履艰难的又一重要原因。

1.社会保障制度不完善

我国企业职工已建立了地方性的社会保障,而事业单位目前还没有一个指导性的意见,更没有明确的方案,医疗保险也只在部分地区试行,且各地区的做法不尽一致。高校没有社会保障体系作后盾,实施聘任制过程中的落聘人员当然不能推向社会,只能在高校内部消化,这既给高校带来了压力,也给社会造成了不稳定因素。

2.专门性法律法规缺位

尽管国家出台的很多法律法规对高校教师聘任做出了相关规定,但近年来,高校人事制度改革并没有很好地建立起"能进能出、能上能下"的良性用人机制。高校劳动关系的"市场化、契约化"仍带有浓厚的行政色彩,真正公平、竞争、平等、自由的用人机制未真正形成。高校人事制度缺乏法律机制的保护,教师与高校之间的聘任合同缺乏法律基础,教师聘任中的纠纷缺少法律解决途径。可能导致的人事争议会越来越多,高校面临的被诉讼的风险也越来越大。这客观地给高校教师实行合同管理带来了一定的难度。另外我国目前还没有统一法定的聘任制实施细则,各高校在实际操作中无章可循,只能根据本校实际情况自行制定相关制度,这样做虽然可以让高校在聘任过程中,能更多考虑本校实际,因地制宜地开展人事工作,但也为一些人钻制度的空子提供了机会,出现暗箱操作、徇私舞弊等不良现象,影响了教师聘任工作的有效实施。如果上述问题不解决好,高校实施聘任制、落实任期制、引入淘汰制只能是空话。

五、高校教师聘任制度改革与创新的基本思路

（一）转变思想观念，加强舆论宣传

淡化高校行政管理意识,落实高校法人地位。高校聘任制改革应以高校的自主

权为基础,要求政府职能实现从"无限"到"有限"的转换,政府与高校之间实行法律保障之下的职权划分,尊重高校的法人地位。另外,政府和各高校应进一步加大对教师聘任制度的宣传力度,切实转变高层管理人员及教师的观念,激发其上进心与竞争意识,树立开放意识和流动意识,破除论资排辈、平均主义等陈旧观念。

(二)完善校内教师职务聘任制

1.实行教师职称评审和职务聘任的"双轨制"

将专业技术职务评聘分离,不受单位专业技术岗位数额限制。高校根据专业技术岗位的需求,自主聘任具备相应任职条件的专业技术人员担任相应的专业技术职务。专业技术人员获得的专业技术职务任职资格不与工作待遇挂钩,但可以作为高校岗位竞聘,进行人才交流,参加学术、技术等活动的依据。聘任专业技术职务后,可享受相应的工资待遇。打破事业单位长期存在的专业技术职务终身制,这样有利于调动广大专业技术人员创业的积极性,真正实现以岗位定称谓,以岗位定待遇的机制,使职称工作逐步朝着评价社会化、用人聘约化的方向发展,最终实现人才资源的优化配置。

2.科学合理设岗,强调"依岗择人"

教师职务聘任制的核心是按需设岗,按岗聘任。高校要根据学科建设需要和教学科研工作任务,按照"精干、优化、高效"的原则,设置相应岗位。科学合理设岗逐渐成为职称改革中的重点和难点。高校岗位设置实质上是对高校人力资源进行配置,因此,高校应紧紧围绕学科发展和队伍建设对人力资源进行配置,按照"因事设岗、依岗择人"的原则,按学科设岗,以学科建设和发展为龙头,突出学科带头人和学术骨干的地位,发挥各种职务教师的作用,以利于促进教师队伍结构趋于合理。

3.完善评聘机制,确保评聘公平公正

一是下放职务审批权,高校分科组建聘任委员会,变"唯上"为"尊下",给高校以充分的职务评聘自主权,高校分科设立非官化的教授委员会。这样一方面能够使高校所有教授(除兼做行政管理人员之外)都有评审权,使学术权力分散,对评聘中可能发生的不公正行为起到制约作用;另一方面官学分离,能够真正做到教授治校,学术独立自治,行政权力退出学术评估体系。二是建立各级"学术道德委员会",完善职务评聘监督体系。"学术道德委员会"是高校学术道德监督机构,其成员应由德才兼备的教师组成,他们的产生须有一定的民主程序,以保证成员的代表性和广泛性。"学术道德委员会"具有独立依法行使监察的权力,不受其他任何行政部门的干预,有权追究在评聘工作中弄虚作假者的法律责任,能够约束和惩治学术不端行为和评聘中的违规违纪行为,以维护学术的严谨性,净化学术环境,同时其自身也应接受上级主管部门和群众的监督。

4.构建科学合理的考核指标体系和方法

考核指标体系科学与否,方法妥当与否,是否有利于教师潜能的发挥,直接关系到聘任制度能否得以积极有效的实施。就其过程而言,聘任工作是一个循环式的过程其考核可以分为聘前考核和聘后考核两种,通过聘前考核可以了解应聘者的能力与水平,为是否聘用提供主要依据;聘后考核是对教师在任期内的过程考核,包括年度考核、中期考核和期满考核。不同时段的考核,其指标是不完全一致的。

（三）完善救济制度，保护教师的合法权利

在推进教师聘任制的过程中,应建立和完善教师权利救济制度。一是完善教师申诉制度。教师申诉制度是最快捷、成本最低廉的一种权利救济手段。教育行政部门可以通过调解的方式进行公正处理,使教师和高校的合法权益得到保障,维护高校的稳定。二是建立行政诉讼制度,依据《中华人民共和国教师法》和《人事争议处理暂行规定》,教师与高校的聘任制合同纠纷可以通过申诉和人事仲裁方式解决。

综上所述,只有深化高校人事制度改革,在人事管理上贯彻执行聘任制或聘任合同制,强化岗位管理,重视考核评估制度,从多方面调动教职员工的积极性和创造性,才能把高校人事工作推向一个新的台阶,进而促进我国高等教育事业的发展。

六、岗位管理和教师聘任制的背景

近年来,各高校根据《关于高校岗位设置管理的指导意见》及地方政府的相关政策,进行了一系列人事改革和收入分配改革,提出了基于岗位管理和教师聘任制度的人力资源管理,基本实现了"能上能下,能进能出",既坚持竞争原则又注意人际关系的和谐性,通过建立岗位管理制度,实现由身份管理向岗位管理的转变,创新管理体制;通过转换用人机制,由固定用人向合同用人转变,调动高校各类教师的积极性和创造性。整合人才资源,凝聚优秀人才,建设精干高效的队伍,对进一步加大"人才强校"战略的实施力度,加快高水平师资队伍建设步伐,有着重要的意义;同时,优化人力资源配置,实现人事管理的科学化、规范化和制度化,对高校实施现代人力资源管理提出了更高的要求。教师和学生始终是高校的两大主体,而教师是高校中不可或缺的重要资源,基于岗位管理和教师聘任制度的高校人力资源管理改革给高校注入了活力,促进了高校人才资源的开发,科学设岗、按岗聘任,能者上,使学术研究"百家争鸣、百花齐放",高校人力资源管理工作正朝着制度化方向发展。

七、实施岗位管理和教师聘任制度使高校迈入人力资源管理新时代

（一）人事管理与人力资源管理的区别

人事管理是以"把事管好"为原则,以事为中心,把精力放在员工的考勤、档案、合

同管理等事务性工作上，被定位为后勤服务部门。人力资源管理则是以"开发人的潜力"为原则，以人为中心。

（二）高校迈入人力资源管理新时代

高校人力资源密集且承担着人力资源培养的任务，高校竞争优势的来源是教师，教师本身凝结了较高的智力和创造性，是高校最重要的人力资源。我国学者把高校人力资源分成三个部分：行政管理教师、教学和科研教师、后勤服务与教辅教师。因此，高校定编定岗复杂，聘任形式多样化。高校人事制度改革的核心是要利用高校有限的办学资源，通过政策导向，促进人与事的有机结合，人与岗位的合理配置。高校实施的岗位管理和教师聘任制度，按照人力资源管理科学的应用与开发，已经区别于人事经验型管理。教师聘任制度使高校教师职业生涯规划更利于优化高校人力资源配置，提高了高校的向心力和凝聚力，实现了高层次激励的作用。大部分高校人事收入分配制度也进行了改革，实行了"九级制""职务＋业绩""职务分等"的综合模式，这是人力资源管理在高校应用中的重要体现。高校实施基于岗位管理和教师聘任制度的人力资源管理还存在一些问题，如观念转变尚未到位、定编政策没有完全配套、部分岗位种类难区分、管理岗位教师相关政策没到位等。

八、基于岗位管理和教师聘任制度的高校人力资源管理

（一）构建科学合理的设岗、聘任、考核评估联动机制

高校在岗位设置和聘任中，应坚持科学设岗、宏观调控的原则，界定与岗位设置管理密切相关的激励因素，如绩效考评激励、薪酬福利激励、晋升激励、培训激励和精神激励。结合高校的办学定位和发展目标，坚持以人为中心，体现以教师为主体，向教学、科研一线和关键岗位、高层次人才倾斜。坚持按岗聘任、合同管理的原则，突出高校学科和专业建设发展的特色，加快高校高水平师资队伍建设步伐。人力资源管理的5P模型前三项正好对应"设岗、聘任、考核评估"，既独立又联系还连续。因此，构建科学合理的设岗、聘任、考核评估联动机制很有必要。

（二）构建合理的人力资源开发体系

高校是人力资源的密集地，更应该合理开发高校教师这一人力资源。在高校人力资源的开发与管理中，要解决如何从长远、整体、系统的角度，有效地优化各种教育资源，建构出具有前瞻性、可操作性、统一性、灵活性、科学高效的开发体系，包括教师的继续教育、激励与考核机制、管理制度、课程体系、行为规范、师资队伍、社会实践、环境应对与政策建设等。一个好的高校人力资源开发战略还应该时刻关注社会发展的趋势与要求，预测未来社会对于人才的需求，主动适应现代产业链、产业群的发展

和激烈的人才竞争。稳定和吸引高层次的管理人才与学科带头人,使高校管理和学科群体与国际接轨,最大限度地提升高校综合办学实力,展示人才的魅力。

（三）构建长效工作机制

高校岗位设置与聘任管理工作,事关高校事业的长远发展,事关人才队伍建设的质量和水平,事关高校教职员工的切身利益,是一项艰巨的任务,也是一项复杂的系统工程,理应构建长效工作机制,随着时间、条件的变化而不断丰富、发展和完善。

第三节 人才测评

21世纪,国际间的竞争集中表现为人才的竞争。作为培养高层次人才摇篮的高校,也必将随着社会的发展卷入激烈的竞争之中。如何招聘到高素质的教师,使高校无论在教学、科研还是管理等领域都立于不败之地,乃是高校发展进程中的重中之重。随着高校扩招,高校的发展进入新的关键时期。高校要成为人才培养的摇篮,其前提是要有一大批高素质的教师人才。因为能否培养出符合社会需求的高校毕业生,在很大程度上依赖于高校教师的素质水平。加强教师队伍建设,是优化教师人员结构、提高教师队伍整体素质的紧迫任务。目前各高校纷纷扩大规模,高校教师的需求量急剧增大,高校教师队伍建设面临新的形式和挑战。如何通过人才测评技术选拔出优秀的高校教师,成了高校教师队伍建设的当务之急。

一、高校教师招聘工作的现状分析

当前许多高校为了谋求长远发展,竞相引进和聘用高层次、高素质人才。但是聘用人才的前提是判别哪些是本校真正需要的人才。然而,要正确了解一个人才的"全面性能"绝非易事。我国许多高校的人力资源部门在教师招聘中,主要根据应聘者的学历、专业、毕业院校、行为表现等来推断其素质情况,几乎普遍遵循着看简历—面试—试用—录用（或辞退）的老套路。这往往是隔靴搔痒,无法触及应聘人员的内在素质。据笔者对北京市多家高校的调查结果显示,超过七成的高校在招聘教师时使用面试的方法。面试的优点是既可以根据应聘者对所提问题的回答,考察他们的知识面广不广,运用专业知识解决问题是否熟练,思维是否敏捷机智,有没有较强的应变能力,口头表达是否流利等。还可以通过观察应聘者的行为和言语表现,考察他们的气质、性格、情绪稳定性、工作态度以及为高校服务的意愿是否强烈等。传统方式的面试是一种对主试人素质依赖性较强的测评方式,主考官的水平、能力、素质高低、经验丰富与否直接影响面试的质量。这种传统方式的面试存在很大的主观随意性,其实质是靠经验办事,很难做到公平、科学和客观。而且通过传统方式的面试也只能简单了解人的外显行为、专业能力和浅层心理，对人的个性特点、素质结构和人的潜能却无法得知，故很难达到人—岗的最佳匹配。甚至容易产生任人唯亲等不正常现象，从而阻碍高校的发展。人力资源是一种具有主观能动性的重要资源，在实践中，只有把合适的人安置在合适的岗位，才能最大限度地发挥人力资源的潜能。高校要解决传统人力资源管理中遇到的这些问题，首先高校的管理者要具有现代管理的思想和意识；其次在人力资源管理中要尽量采用科学的方法和手段。随着现代科技进步、经济和社会迅速发展的需求，人才测评作为人力资源管理的一种有效工具，其重要性日益为人们所认识，人才测评在高校教师招聘中的作用日趋显现。

二、人才测评先进性的具体表现

所谓人才测评，是指综合运用心理学、管理学、测量学、系统论、行为科学和计算机技术等学科的原理和方法，对社会各行各业所需人才的知识水平、能力结构、道德品格、个性特点以及职业倾向和发展潜力等素质进行测量和评价。科学地测评人才是一切人力资源工作的起点。人才测评作为选拔人才的重要手段，越来越受到企事业单位和个人的重视。目前，许多发达国家已经将人才测评作为人力资源管理决策的重要依据。与传统的"识人""用人"方法相比，人才测评的先进性主要表现在以下几个方面。

（一）测评方式客观、公正

传统选材方式多为主观性选择，只凭评价者自身的经验和识才水平，缺少标准化、客观化的方式和工具，使选才主观随意性大，缺乏科学性。这样的选才方式难免出现用人不当等问题。而人才测评技术是一种客观性的选择，它采用的是科学方法。科学方法是指实践证明为准确、全面和方便的测量工具和评价方法。在同类同级岗位任职者的甄选中，人才测评技术运用心理测验的标准化方式，使被测试者均处在相同的测试方法、测试题目、测试环境以及相同的标准下进行测试和评价，因此，这一方式既客观又公正，能真正体现"公开、平等、竞争、择优"的选才原则。

（二）评价结果准确、可靠

传统选才中较常规的做法是看简历和档案，而个人简历和档案的内容多半是高度概括的主观评语，大都无法反映具体情况，也难以考察个人实际的素质能力和水平，即传统的甄选考试也只是单方面考察应试者的某一素质水平。而人才测评技术是针对某一"素质测评目标系"进行判断与衡量的。人的素质是由一系列素质测评目标组成的一个具有多向结构的目标"坐标系"来确定的。任何单方面的判断与衡量，都难以真实地把握其实质。人才测评注重考察人的实际能力、经验与业绩、潜在的智能水平、心理素质、职业倾向等，并注重所测内容的全面性、完整性和多元化，注意从多角度、多侧面去观察和评价一个人，最大限度地减少测评误差。人才测评作为一种科学的评价体系，可以为组织选人提供科学依据，使评价结果能准确地反映被测者的各方面素质水平。因此，运用测评技术不仅能发现优秀人才与奇缺人才，还能提供有关各人之长、短的信息，使用人单位能用人之长，避人之短，取长补短，优化组合。

（三）选才效率高

传统"伯乐相马"式选才仅是对单个人进行，是一种小生产方式。而人才测评技术既可以对单个人进行评价，也可以在较大范围内对一群人同时进行测量与评价。目前，许多人才测评技术已经实现了人机一体化，在进行计算机测量时，许多人可同时进行，和传统的选才方式相比，选才效率大大提高。

三、人才测评在选拔高校教师中应用的理论和实践基础

（一）理论基础

人力资源管理工作的核心是人与岗位的匹配。这种匹配要求把个人素质与岗位的特征有机结合起来，从而获得理想的效果。人员选拔过程中，对选拔方式的选择很大程度上决定了人员选拔结果的好坏。在国内各企业界进行人才招聘与选拔时，大部分都采取人才测评的方式。目前高校也较多地使用人才测评技术。人才测评已经不是新的概念，它正在人力资源管理活动中发挥着越来越重要的作用。为人们耳熟能详的除了"人才测评"这一词语外，还有"人员测评""人员功能测评""人才素质测评""人才评价"等术语，它们与"人才测评"有着相同或相近的含义。本节中选取"人才测评"的概念。所谓人才测评，是通过多种科学、客观的方法，对人才的知识、能力、技能、个性特征、职业倾向、动机等特定素质进行测试与评价，以判定人才与岗位、组织的匹配程度。现代人才测评的主要内容是个人稳定的素质特点，一般包括能力、人格（如兴趣、动机、态度、品德、价值观等）、知识技能，另外心理健康也是人才测评的内容之一。现代人才测评是对人才需求标准的变化而产生的一种新型人才鉴别、评价方法和技术，已逐渐为各企业所积极采纳和应用，在人才选拔、安置、培训、考核等人力资源管理的各个方面发挥着积极作用。现代人才测评的作用，概括起来有三个：第一，择优和汰劣的作用；第二，减少用人失误的作用；第三，自我认识的作用。国际上比较通用的人才测评工具主要有笔试（包括心理测验中的纸笔测验）、面试、情景模拟和评价中心技术以及计算机测评等。美国著名心理学家麦克利兰发表了"测量胜任特征而不是智力"一文，对以往的智力和能力倾向测验进行了批评。他指出，学习成绩不能预测职业成功，智力和能力倾向测验并不能预测人们的职业成功或生活中的其他重要成就，主张用胜任特征评估代替智力、能力倾向测试。麦克利兰将胜任特征描述为代表表层的特征和代表深层的胜任特征，其中代表表层的特征如知识、技能

等,而代表深层的胜任特征如核心能力、社会角色、自我概念、特质和动机等。后者是决定人们的行为及表现的关键因素。在通常的素质评价中,一般比较关注技能和知识。然而,代表深层的胜任特征,则可以从社会角色、自我认知、特质和动机等方面,较好地区分优秀者和表现一般者。在高校教师选拔中,也可采纳胜任特征模型对教师的核心能力、社会角色、自我概念、特质和动机等进行测评。

（二）实践基础

高校教师需求增大,目前招聘到的教师良莠不齐,素质不能保证,这为人才测评技术的应用提供了必要性。目前高校人事部门对于人才测评技术也逐渐熟悉和重视起来。同时,劳动力市场目前大多数行业和岗位供给大于需求,高校教师也是如此。高校教师岗位供大于求的现象为高校教师人才选拔中人才测评技术的实施在被试者方面提供了可能性。

四、目前人才测评在选拔高校教师中应用的现状

尽管高校在选拔教师时,都或多或少进行了人才测评,但不难看出,目前在高校教师选拔过程中,人才测评技术的使用,仍存在着很多的漏洞和局限性。

（一）选拔缺乏程序性

在高校教师选拔活动的程序、选拔结果的形成与公开、教师对选拔结果的反馈等方面均缺乏程序性规定。有些高校的招聘信息与招聘结果均不公开,导致暗箱操作以及"近亲繁殖"的可能性加大。

（二）缺乏工作分析

工作分析是开展所有人力资源管理活动的基础,无论是选、育、用、留,都必须建立在工作分析的基础上。高校教师岗位有其固有的特点,必须要对其进行工作分析。

（三）选拔的维度过于单一

重学历多于重能力。目前所能见到的高校教师招聘启事上,几乎无一例外地对应聘者的学历和毕业院校进行要求,例如要求"硕士以上学历""工程院校""院校"等。有的高校更是只录用名校毕业的博士生。这种过于看重学历及毕业院校的选拔模式太过于武断和单一。

（四）测评形式比较单一

高校教师工作的性质要求对应聘者专业素质、道德素质、能力等维度进行全方位的考核,而目前高校教师招聘中仅采用传统的面试加试讲（情景模拟中的一种）,测评形式比较单一。

（五）心理测验尤其是心理健康测验使用较少

教师作为传道授业解惑的人群，不仅担当着传授给学生以知识的任务，在必要的时候还要充当学生的心灵导师。在当前，社会压力增大，大学生在就业压力大、学业压力大、情感困惑多的情况下，很容易出现心理不适甚至各种心理疾病。因此更要求教师具备良好的心理素质和健康的心理水平。但在目前的高校教师选拔中，除了北京、上海等大城市之外，其他中小城市较少使用心理健康测验。

五、如何加强人才测评在选拔高校教师中的应用

针对高校教师选拔中的各种现象，最好的解决办法是在各高校中逐渐建立健全人才测评系统，加强人才测评技术在选拔高校教师中的运用，使高校教师选拔更为科学、严谨、有效。加强人才测评在选拔高校教师中的应用，需要从以下几个方面做起。

（1）提高人才测评技术的使用频率，使其成为选拔高校教师一个重要的辅助手段。

（2）对工作岗位进行全面分析，确定任职资格。高校只有通过岗位分析，才能确定组织内部不同岗位需要哪些素质特点的人才，才可以判断出哪些人才适合哪些系部的需求，也才能确定招聘与选拔的标准，从而确定不同教师岗位的任职资格。

（3）确定高校教师选拔中的维度，如核心能力、社会角色、自我概念、特质和动机等维度，并选择恰当的测评工具对这些维度进行测评。运用测评工具，力求科学评价后备人才的综合素质。

（4）测评形式多样化。降低对面试的依赖性，将不同的测评手段如评价中心技术、情景模拟、心理测验进行合理搭配、综合运用，以求最大程度地实现测评效果的优化。加大量化测评的力度，提高测评的科学性。

（5）测评程序规范化。研究制定与各专业教师特点相适应的测评操作规范和实施细则，严格按程序进行测评，提高测评的一致性和准确性。

（6）关注高校教师的心理健康水平，增加心理健康测验在人才测评中的使用频率。社会的进步和经济发展水平的不断提高，对高校的期望也随之提高，相应要求对高校教师的管理意识和管理手段与时俱进，这也是符合事物动态的发展规律。我们期待借助科学的管理思想和先进的管理工具，使高校教师队伍建设得越来越好。

六、在高校教师招聘中运用人才测评的意义

高等教育的发展是人才、资源、制度等因素有效作用的结果。但在诸多因素中人是最活跃的因素，也是高校长足发展的直接因素。因此，千方百计吸引高素质人才，按照高校自己的人才标准引进和招聘人才，成为各高校追逐制高点的首要目标。通过对人才进行测评，不仅可以使高校更深入地了解人才素质，确保人才质量；而且对

人才进行测评是适应知识经济发展的客观需求，也是尊重人才、重视人才的具体体现。在高校教师招聘中应用人才测评有着深远的意义。

（一）有助于高校发现真正适合于从事教育的人才

用人贵在"善知"，否则就会鱼目混珠，智愚难分。"善知"必须借助人才测评，才能对不同人的德、智、能、绩的实际水平有较为客观的了解和掌握。在高校教师人员的招聘中，通过表面的而且是部分的、不全面的信息（应聘者的学历、工作经历、职称及简单的面试），高校的招聘往往不是很成功。如果一所高校聘用了太多不合适的或对教育事业兴趣不大的人担任教师，那么即使有完善的计划、合理的组织结构和协调的控制系统，高校的教学、科研能力也不会取得长远的成功。为确保高校的长远发展，必须有能够胜任并喜欢从事教育工作、具有很大发展潜力的人员，这便要依靠人才测评，让优秀的适合于从事教育的人才脱颖而出。借助人才测评，在对应聘者有了准确的把握后，高校便可以在应聘者和招聘（未来）岗位之间进行匹配，从而做出合理的、科学有效的招聘决策。

（二）有助于对高校未来的人才需求做出正确的预测

所谓预测，就是立足于过去和现在，预料和推测事物发展的未来。把人才测评应用在高校教师招聘中，不仅可以使高校选择合适的人到合适的岗位，以做到"人尽其才""才尽其用"，最大程度地发挥人的创造性和能动性，提高决策的科学性。而且有助于高校的人力资源预测和配置。在一个学术梯队中，共同的事业不仅需要每位教师都具备优良的素质，同时更需要人才素质结构的合理组合。通过人才测评能全面了解教师的潜在能力、心理潜能和职业倾向素质等，加深对教师内在发展潜力的认识，预测教师未来的发展情况，从而更好地为教师梯队的配备和建设制定政策，建立起一支高功能、高效率的师资队伍。"世界上不存在完美的人，但可能存在完美的团队。"这是管理学界普遍认同的一个观点，一个完美团队的特点是人尽其才，各司其职，各显其能，全力配合。通过人才测评，预测人的内在潜力可以为组建完美的师资队伍、配备优秀的教师梯队提供可靠依据。

（三）有助于避免经验管理造成的失误

中国有句古语："知人才能善任。"人才测评在人力资源管理中正是解决"知人"的问题。在高校教师招聘中应用人才测评的作用十分明显，大大降低了由于经验管理造成的失误。多少年来，我国在各行各业由于用人失误而造成的损失不计其数，但因其不好明确计算或无法计算而未能引起相关部门足够的重视。从现代管理学观念来看，企事业单位录用单位员工可以看作是在购进特殊的生产资源——人力资源。既然是购进生产资源，就涉及质量检测。人才测评技术正是探测人力资源品质的可靠工具,它可以最大限度地避免由于"用人"的失误而造成的损失,为高校把好"进人关"提供科学依据。

总之,人才测评技术的应用实现了人才识别从依靠经验到依靠科学,从观察表象到内审潜质,从评价现在到预测未来的全方位转变。值得一提的是,目前人才测评在我国还处于"初级阶段"。测试人的综合素质和专业水平有待于进一步提高,测评工具有待于进一步完善。对于高校而言,在使用这个工具的时候要慎重,最好是在专业咨询公司的帮助下,结合本校实际,如职位情况、师资队伍总体情况及高校的发展方向等,科学地使用测评工具。这样才能使其在高校教师的招聘中充分发挥作用,增强高校的竞争实力,实现高校的长足发展。

第四节 招聘中的问题及对策

随着高校扩招速度的加快,我国高等教育已经从精英教育跨入大众教育阶段,高校之间的竞争也越来越激烈,各个高校通过对其师资队伍和结构进行优化,以此来不断适应教育形势的发展要求。如何招聘高素质人才,建立一支高素质师资队伍,进而在教学管理和科研领域处于不败之地,已经成为许多高校发展中的重点内容。

教师是高校最核心的资源,是落实高校人才培养和决定高校发展的关键因素。构建高质量、高素质的师资队伍已经成为各高校工作中的重要任务,也是各高校应对日趋激烈的竞争的必然选择。其中,高校教师招聘工作是师资队伍建设的重要一环,其招聘结果的好坏将直接影响着高校的办学质量的提升和发展目标的实现,甚至会影响到高校功能的发挥和高等教育改革与发展的成败。因此,不断完善当前我国高校教师招聘工作,改进招聘体系,成为各高校师资队伍建设工作的重中之重。对高校而言,教师资源是第一资源,教师资本是第一资本,开发教师资源是第一动力,完善教师招聘是第一工作。制订招聘计划,发布招聘信息,筛选应聘者简历,测试与面试、试讲、公示录取信息和办理入职手续等是我国高校教师招聘工作的一般流程。在我国很多高校教师招聘在形式上基本能够遵循以上流程,只是在实际实施中不够细致和彻底,避繁就简;当然也有不少高校的招聘流程由于过于简单化和随意性而缺少科学性。所以在探索建立规范而又成熟的高校教师招聘模式,构建系统、高效、科学的招聘流程的问题上,还有很多讨论的空间。

一、我国高校教师招聘存在问题分析

虽然各个高校已经充分认识到教师招聘对于师资队伍建设的重要性,并出台了相关人才奖励制度,希望选拔更多的有能力的人才加入到高校中来,但在实际人才招聘过程中,却出现了一些问题,总结起来,这些问题主要有以下四个方面。

(一)教师招聘程序不规范

虽然高校教师招聘和企业人才招聘在侧重点上有所不同,但其在招聘流程方面的规范性是一致的,即招募、甄选、人员录用和评估。在企业领域,人员招聘的流程已经较为规范,但是在高校招聘领域,由于引入人力资源招聘理论时间较晚,在真正进行实践操作的过程中出现了流程不规范的问题。例如,就招聘程序的各个环节衔接问题方面,我国高校教师招聘总体缺少整体性,其主要表现在两个方面。首先,在人员甄选环节方面,根据人力资源招聘理论,其主要分为资格审查、笔试、心理测试、面试以及情景模拟等,而我国高校在进行教师招聘过程中,往往注重资格审查和试讲,对于其他环节,特别是心理测试环节过于忽视。其次,在教师招聘评估方面,教师招聘评估实际上是一个总结过程,其主要是通过对招聘环节存在问题进行总结,吸取相应教训,为下次招聘提供参考。而我国高校在教师招聘的过程中,却容易忽视这一评估环节,造成招聘效率低下等问题。

人力资源规划尚未到位。人力资源规划是人力资源管理的基础,可以促进高校人力资源供求平衡,为高校实现战略目标提供人力资源保障。同时,人力资源规划是高校教师招聘选拔工作的起点,其合理性和完整性对招聘选拔工作有决定性作用。但是,目前很多高校对于人力资源规划还不够重视,这个有一定的历史原因。新升格的高校前身多为中专院校,而中专院校的人事管理权限往往都在上级的教育或者行业主管部门,更不涉及人力资源规划的问题。现在虽升格为高校,仍然没有制定完备的人力资源规划。对于招聘计划的制订,往往还是采取了先部门申报、后人事部门汇总的教师招聘计划的方法,而缺乏系统的人力资源规划。这样的方法缺乏从高校长远发展和学科建设方面的考虑,往往会造成资源的浪费和行为的短视。高校人力资源规划应该是高校战略层次上的规划,它涉及人事、教务、科研以及系部发展等方面,因此需要全校各部门的配合和参与,而不是人事部门的"独角戏"。

存在职权冲突现象。当前高校教师招聘中,人事部门和用人单位在招聘过程中分工不明确。招聘过程中,用人单位负责对应聘者进行相应的考核,将考核结果反馈到高校人事部门,高校人事部门参考其意见,但这些意见在实际过程中对招聘的影响力不够大,招聘、录用的最终决定权仍然在高校人事部门手中。所以,用人单位参与度过低,往往所招之人不是用人单位想要的人,导致人岗不匹配,招聘效率不高。

招聘考核不全面。高校以培养经济和社会发展一线需要的高技能人才为目标,高校的教师不仅需要深厚的理论功底,还需要较强的实践动手能力。

目前,高校教师招聘普遍存在重学历、重职称、轻素质、轻能力,考核不全面、不科学的倾向。高校在教师招聘过程中过多的参考、模仿本科院校,一味追求高学历和高职称,招聘考核着重看其过去主持或参与的国家级、省部级课题有多少项,发表在

SCI、EI 等核心刊物上的论文有多少篇。而对于面试、试讲这些基本环节抓得不紧，对其中的职业道德、敬业精神、团队协作、技能操作等方面更是考核的不够，这给将来师资队伍的可持续协调稳定发展埋下隐患。

（二）招聘渠道较为单一

我国高校教师招聘的主要渠道是通过在校园网站发布招聘信息，很少考虑其他的招聘渠道，而且高校在发布招聘信息以后，很少主动出击，采取守株待兔的方式等待人才主动上门，在时间上造成一种滞后性，造成招聘渠道较为单一。且教师招聘主要是通过内部招聘为主，造成高校教师"近亲繁殖"问题较为严重。

招聘有很多种渠道，每一种渠道都存在着一定的优缺点，每一种渠道都适合招聘不同层次类型的人员。当前高校招聘渠道主要是网络招聘。按照以往工作经验表明，通过网络发布招聘信息，往往投档应聘者多以高校应届毕业生居多，而真正符合招聘条件的人员比较少。当前，在招聘渠道单一的情况下，招聘专业学科带头人，招聘高学历、高技能的"双师"等高层次人才比较困难。

（三）教师选拔标准不科学

目前我国的高校教师招聘过程中，普遍出现一种重视人才的学历和职称，而忽视人才的实际教学、科研能力，其人才考核的标准缺乏科学性和全面性，部分高校为了对人才结构进行优化，规定应聘人员的学历或者是职称越高的话，则其考核的标准越宽松，无论其专业是否对口或者符合招聘要求，只要是高层次人才则一律予以放宽条件，对于那些具有教授职称的应聘者，更是采取直接录用的方式。虽然引进高学历或者高职称人才有利于高校教师结构的优化，但是如果缺少严格考核标准的话，则会直接影响到高校教师的整体素质，从长远来看，甚至会影响到高校的教学、科研水平的提高，对高校学科建设而言未必就是好事。

（四）忽视教师聘后的评估工作

在我国高校招聘工作中普遍存在着招聘成本较高且缺乏成本评估问题。有的高校甚至完全缺乏成本意识，不惜代价引进教授和院士，导致高校存在大量财政赤字，影响高校的良性发展。聘后评估的另外一个重要环节是人员录用的评估，但是这个环节被我国许多高校所忽略，很少有高校对教师录用比、教师录用质量分析、应聘比例、招聘完成率等相关指标进行分析，造成高校招聘成本较高，招聘录用效率低下等问题。

二、我国高校教师招聘的完善对策

（一）根据高校总体发展战略合理招聘教师

高校发展战略是指一所高校在发展过程中，所制订的在一定时期内总体发展目标和发展策略的指导性规划。高校发展战略规划一般而言都是建立在高校发展现状基础之上的前瞻性、开拓性和科学性的文件。战略管理的本质在于制订战略计划并且根据组织内外环境的变化而及时确定相应计划。所以，高校在进行教师招聘的过程中，要能够根据教师总体发展战略，充分考虑高校内外环境和教育发展形势的变化，确定其总体战略规划定位，主要包括高校发展规模、服务方向、办学层次、办学方向、培养规划。高校发展战略规划对于高校教师招聘具有特别重要的作用，高校教师招聘必须要根据总体发展规划来进行，选拔什么学科背景的教师、什么层次的教师、多少教师都是根据这个标准而制定的。

（二）根据高校人力资源现状做好教师需求预测和人力资源总体规划

为做好高校人力资源总体规划，需要对高校现有的人力资源状况进行调查，即现有教师数量、年龄结构、专业分布、工作经历和学历职称层次等，并根据高校总体发展战略，对高校人力资源总体需求进行预测，对两者之间的差距进行分析，并根据这种差距分析，充分考虑人才市场行情变化状况，结合高校具体的专业和学科发展需求，确定高校合理的人才结构，搞好人力资源需求预测，并依此为依据，做好高校人力资源规划。

（三）充分重视高校人才聘后评估

高校在确定人力资源需求以后，可以据此建立一个求职者人才库，通过合理的人才招聘渠道，实施教师招聘工作，并且在进行教师招聘的过程中，为了增加招聘过程的有效性，尽量可以采取多学科、多专业集中招聘的方式，从高校内部和外部统一招聘教师。这样不仅可以增加高校教师招聘的效率，而且可以避免高校教师"近亲繁殖"的问题。在招聘工作结束以后，要加强聘后评估工作，一方面可以通过考察新进人才在实际工作岗位中的工作表现来对高校招聘工作的有效性进行分析；另一方面也可以对招聘的成本收益进行分析来评估高校招聘工作的有效性，其主要评估标准有教师录用比、教师录用质量分析、应聘比例、招聘完成率等相关指标。高校要将这种聘后评估经验充分运用于下次人力资源招聘过程中。

（四）加强对新进教师的上岗培训和做好职业规划

高校在完成教师招聘工作以后，要加强对新进教师的上岗培训，特别是要结合新进教师的职业发展规划来做好培训，这也是高校人力资源管理环节中的一个重要部分。

高校教师招聘应该根据高校现有的发展状况，基于高校总体发展战略目标，结合高校定位、学科特色和分布状况来具体实施。各所高校在进行教师招聘的过程中，要不断规范招聘程序、拓宽招聘渠道、制定科学选拔标准、增加聘后评估，以此不断提高高校教师招聘工作效率,为高校发展提供人才基础。

高校应该根据自身的学科或岗位需求坚持按需设岗、总量控制,根据需求计划考评相应学历、职称结构的应聘人才,而不是一味追求高学历和高职称的人才,这样才能做到职得其才,才得其职,才职匹配,效果最优。

人才招聘的考评体系要包含以下几个要素。

1. 智力与能力的综合考评

《中华人民共和国高等教育法(2018年修订)》《中华人民共和国教师法(1994年修订)》对高校的教师应当具备的基本条件作了明确规定,即要系统地掌握本学科的基础理论,具备相应职务的教育教学能力和科学研究能力,要具有良好的思想品德修养和业务素质,要忠诚于人民的教育事业。因而对高校教师的考评不能仅局限于对其智力的考量,要加强对其思想文化素质与道德品质觉悟的考核,同时,作为教师,对专业基础与语言表达能力的考核,也是非常重要的一个方面。

2. 专业能力和学习潜力的考察

专业能力是指从事社会职业活动所必备的,展现出的知识、技巧与态度。主要包括三个方面,即扎实的理论基础、熟练的专业技能、全面的业务能力。学习潜力是指学习者在日常学习过程中尚未表现出来的潜在的学习能力。构成学习潜力的重要因素,除智力因素外,还包括崇高的理想、求知欲、坚毅的性格等非智力因素。在人才选聘中,对人才专业能力与学习潜力的考核也同样重要。

3. 敬业爱岗的考核

俗称"干一行,爱一行",敬业与爱岗是分不开的,不爱岗的人很难做到敬业,不敬业的人也很难真正地爱岗。目前人才流动机制逐步健全,有相当一部分人才虽具有岗位需要的能力或素质,也能够做到"能岗匹配",但是敬业精神不够或对岗位的兴趣不足,有的仅仅是为了眼下先有个工作,一旦有了更好的工作便跳槽、改行,这样的人才往往给高校造成了人才队伍不稳定、结构不合理等一系列潜在问题,更加严峻的是不负责任的工作态度会在一定程度上影响到学生的就业观,因而加强敬业爱岗的考核就显得尤为必要。

4. 协作的团队精神的考察

团队精神的核心是协同合作,反映的是个人利益和集体利益的统一,进而保证组织的高效运转,它对组织效率的提高是一个不容忽视的因素。部分高职称、高学历人才因个人能力较强、崇尚个性化发展、专业面相对狭窄等原因,不愿与他人合作,在工作中缺乏团队精神,无益于高校利益的推动,甚至会高校组织的发展。

(五)拓宽人才招聘的渠道,创新人才引进机制

高校是智慧聚集之地,在人才招聘过程中要体现文化品位与学术精神。这就要求各高校除了积极"求才、引智",还要在人才招聘的形式和渠道上给予更多的关注与设计。无论从传统的人才招聘会、媒体招聘,到新兴的网络招聘、视频招聘,还是到亲赴高校实地招聘,要勇于拓宽人才招聘的渠道与形式,服从高校人才需求促发展的大局。在网络时代的背景下,运用和善用网络平台以及各类先进技术,借助日趋完善的网络环境、日益先进的远程技术,不断提升招聘工作的效率和品质,同时只要是需要,可以变换采取符合实际情况的招聘方式。

（六）不断优化校园人文环境，继续完善招才引智政策，全力构建人才实现自我价值的平台

根据美国社会心理学家马斯洛提出的需求理论,人的需求分为生理需求、安全需求、社交需求、尊重需求和自我实现需求。马斯洛需求理论中,人们的终极需求是实现自我价值,也是高层次人才的追求。因此在引进人才工作中,帮助人才实现自我价值已逐渐成为人才工作之首。马斯洛需求理论中的前四个层次的需求,可以说,高层次人才已经实现或正在逐步实现,而亟待满足的需求便是自我实现的需求。因此各高校要重视创设爱才、重才、惜才、护才的宽松环境,对引进的人才给予租房、购房、工资、生活、保障、贡献六个方面的优待。为引进人才提供技术创新载体,建设学术科研梯队,疏通科研工作上的软障碍等帮助各类人才在科研领域实现自我价值,吸引更多人才来校工作。

第三章 教师培训与开发

第一节 人力资源培训与开发的理念

随着科技的迅猛发展和科技在社会、经济各个方面作用的增强,人力资源的开发与利用已成为一个国家经济增长和社会发展的关键因素。高校是培养专门人才的重要阵地,其人力资源开发的成效将直接关系到国家的前途和民族的未来。高校人力资源开发体系是十分复杂的,它涉及高校内外部环境、教育价值观、知识技能培养等方面。高校人力资源开发与管理主要包括两个主体:教师和学生,本文主旨在于对高校教学和科研的主要承担者——教师——这一重要的人力资源的开发问题进行阐述,并对信息时代和社会主义市场经济条件下高校教师的发展趋势、培养目标、培养方式等进行了简单的分析,提出了自己的看法与观点。

一、高校人力资源的基本特征与素质要求

高校是一个特殊的管理领域,它不仅仅承担着传播人类历史文化知识、推进社会文明的任务,更承担着进行科学研究、推动社会经济发展的重任。随着社会经济的不断发展,管理学的应用范围也从单纯的企业管理中拓展至社会系统中的每个角落。针对教育的管理虽然作为一种教育现象由来已久,但真正地将科学的、先进的现代管理理论运用到教育领域是在 20 世纪中叶才开始的。一百多年的风风雨雨使得管理理论产生了很大的变革,而亘古不变的是适应时代要求的管理才是好的管理。针对教育的管理更应该是如此。管好高校,校长是中心人物;教好学生,教师是中心人物。高校没有教师,就谈不上传授知识和培养人才;高校没有高质量的教师,就谈不上提高教学质量。因此,在高校人力资源结构体系中,教师是一种关键性的人力资源。较其他组织领域内的人力资源来说,教师应该热爱教育事业、热爱学生;精通自己所教授的学科,有比较渊博的知识;熟悉教育科学,懂得教育规律;有良好的语言表达能力;品德高尚、为人师表;身体健康等等。这些主要是指在不同时代、不同社会制度的教师所应具有的基本特征,而在现代社会,特别是当今这个以知识经济为主体的信息时代里,教师还应该具备以下几个方面的素质要求。

（一）必须树立正确的世界观、人生观和价值观

人类社会的超速发展使科技的发展与人文、社会科学的发展不同步。所以，作为21世纪的优秀人才要成为一名合格的教师，成为国家的脊梁，必须要有崇高的理想境界和无私奉献精神，忠于祖国，热爱人民，只有这样，才能为了正义、和平及社会进步而做出一定的贡献。

（二）必须具有宽厚、扎实的知识基础

"师者，传道授业解惑者也。"作为一名教师的基本职责是传播道理、教授知识和解除疑惑。没有一定的知识储备，根本就无法为人师，无法承担社会所赋予自己的责任。社会在发展，时代在变革，教师的职责与行为方式也要随之发生相应的改变以适应社会变迁所带来的挑战与机遇，所以具备合理的知识结构就成为作为一名教师的最基本要求。

（三）要有高度综合的创造能力

知识创新能力是数字化生存诸要素中最活跃的因素，国力的竞争实质上是知识创新能力的竞争，谁能创造出新的满足社会需求的知识产品，谁就掌握了竞争的优势。而教育则是推动社会进步与发展的催化剂。这不仅是作为人才的重要职责，更是作为一名教师所必备的因素。诚然，在当今社会，对人的要求是多方面的，除此之外，还要有竞争意识、独立意识、团队意识、合作精神、强健的体魄等。

二、高校人力资源的发展方向

高等教育是一种特殊的教育层次，它能够使人在知识层次、技能本领和精神风貌等方面有一个质的飞跃。现代高等教育是一种非义务教育，具有广泛的社会职能，其服务对象和范围也在不断拓展，对社会就业结构具有一定的调节功能。在信息时代里，高校人力资源的开发应该体现在学习目标的树立、教育主题的确立、教育主导功能的认定、教育时空观念的转变、教育内容和方法的选择以及教师观念的变化等方面。

（1）信息时代要求人要面向世界、面向未来，这就要求学生必须树立短期或长期的学习目标，明确自己的学习方向，并不断地朝这个目标和方向努力。这时，教师如何引导学生树立正确的学习目标就成为关键。通过学习目标的树立，学生可以完成对教师的选择，使教与学的互动模式得以实现。不仅如此，教师和学生的角色还可以进行互换，即教师可以求教于学生，做到真正意义上的"师不择于人，有能者为之"。

（2）教师应该明确，教师的一切努力都不可能替代学生对学习的投入程度和掌握科学的学习方法。学习成绩不是教师的恩赐与馈赠，而是学生的自我索取。教师在教学过程中只是起到培养学生的主体意识，提供主体参与的机会和条件，养成学习的能力和习惯。所以，在信息时代，教育主体应该是学习者，而不是教育者。也就是说，教与学的过程中，教育的主体是学生，而不是教师。

（3）信息时代的学生应该能够进行创新性学习，即可以在学习过程当中将现实与未来联系起来并促进时间上的一致性（预见性）和将自身融入学习环境当中去，创造出学习空间的一致性（参与性）。所以，信息时代的教师应该以激发学生进行创新性学习为己任。并且，教师还应当借助电脑技术进行"虚拟教学"的软件开发与应用，为创新性学习在技术条件上提供保障。与此同时，教学工具与教学手段的开发和利用也将是教师的任务之一。虽然这可以由专业人员完成，但教师具有得天独厚的条件，即与学生的接触。与学生接触，可以使教师得到第一手的资料，明确学生需要什么，怎样才可以使学生能够更好地学习，对课本产生更为浓厚的兴趣。

（4）在信息时代，人们接受教育的时间将增加，贯穿人的一生。以在校学习为主要形式的职前教育和以函授、远程教育形式为主的职后教育会形成回归教育。在这种形式下，教师需要不断地进行再教育，充实自己，以便应对现实需求。在教育学问上，高校将是学习者接受教育的基本场所，但不是唯一场所。多媒体、网络化、虚拟性和交互式手段将近距离和远距离教学互通有无、相辅相成，大大改善了教学环境和学习条件。这就要求教师的职业技能要不断提高，不仅要熟练掌握多媒体教学技术，还要熟知网络知识。

（5）以纸张为信息载体的教科书向只读光盘、重复擦写光盘教科书方向发展，使教科书多媒体化，程序控制化、互动化，更便于修订。教学方法、考试方法也将由于电子技术的帮助使教学的情景模拟、教学个别化和交互化成为可能。这样看来，教师不仅将增加做课外功的数量，也要增强做课外功的质量。

在当前我国的现有环境和经济条件下，教师的培养应该着重注意两个方面一是对现有的教师资源进行潜能开发和素质提高；二是加大对师范教育的管理力度，以培养适应信息时代需求的人力资源。对于现有教师资源的潜能开发，应本着全面锻炼提高、缺什么补什么的原则，制订和实施培养计划，切实贯彻"三为主"原则——在职为主、业余为主、自学为主，并以合适的方式加强培养力度。与此同时，还要摈弃"教学是硬任务，教师进修是软任务，远水难救近火"的错误思想，踏踏实实地将教师素质的培养落到实处，而不是高举素质教育的大旗却空喊口号。要从高校发展的中长期规划入手，科学的预测和编制教师培养规划，统筹安排，既要照顾当前教学的急需，又要看到长远的需求。要全面培养、提高教师的综合素质，从实际出发，建立适应现代化教育事业的教师培养体制。

三、高校人力资源的培训与开发

人力资源的开发任务，特别是高校人力资源的开发任务主要应该由高等师范教育承担，要想提高教师的综合素质，就要落实各种政策、制度，将师范教育的管理搞上去。具体来说，应着重抓好以下几点。

（一）拓宽培养锻炼教师的渠道，注重师德师资培养

从培养方针上来看，要坚持邓小平提出的面向现代化、面向世界、面向未来的方针，培养能适应现代化教育发展需求、面向现代化教育实践、适应现代化教学模式的复合型教师。从培养内容上来看，要把提高教师的思想政治觉悟、工作经验和提高专业知识等有机结合起来。无论教书还是育人，教师都在告诉学生怎样做人，教给学生做人的道理，这就要求教师有高尚的品质，更高的思想境界，言行一致，以身作则，成为学生的表率。从培养的层次来看，对不同的对象有不同的要求。教师的水平是参差不齐的，因而在培养时应区别对待。对文化水平较低、教学困难大的教师，要过好教材关，实行教什么、学什么，缺什么、补什么的原则，做到弄通教材，掌握教法；对基本胜任教学的教师，要以教学大纲和教材为中心，学习系统的专业知识，拓宽知识面，进一步提高业务水平和教学能力；对业务熟悉、经验丰富的骨干教师，应鼓励他们总结经验，撰写文章，成为学科带头人；对没有学过教育科学的教师，应组织他们学习教育学、心理学、教育法，逐步掌握教育规律。从培养的形式来看，贯彻"三为主"原则，要把自学、高校教育、境外培训等有机结合起来。从培养的宗旨来看，要坚持围绕教学、服务教学。有的教师脱离教学需求，完全从兴趣出发；或者好高骛远，置教学工作于不顾，一心只在科研上下功夫；又或者忙于兼职工作，三心二意教学、全心全意赚钱……这些都会造成教师素质降低、师资道德沦丧，所以对教师的培养应紧跟时代特点，做到有的放矢，注重师德培养，多方位、多渠道的提高教师素质。

（二）要加大教师培养力度，知人善任，正确使用教师资源

要调动各方面的知识性力量，运用各种培训场所、阵地，多种形式、多种渠道加大教师培养力度，加快教师培养速度。培养能适应教育发展趋势的教师队伍，要把重点放在年轻教师身上。采取以老带新、以新促老的方法，既注重培养青年教师的创新能力、自学能力，使其更快、更好的成为一名优秀教师，也可以促进老教师综合素质的进一步提高。同时，有计划地组织教师参加各种学习，邀请专家、学者作学术报告等形式，合理安排教师的课程，促使教师在原有的基础上循序提高。邓小平曾指出：人才只有大胆地使用，才能培养出来。① 可见选才固然重要，用才更重要。所谓用才是指领导者把所属组织中的每个人作出合理、科学的安排配置，从而使每个人才的潜力都能得到充分的发掘。在教师人才的使用方面，要做到以下几点。

（1）用人风气要正派。它要求用人者本身要德才兼备，要能克服和抵制用人上的不正之风，确立良好的、正确的用人导向，清除用人上的腐败、丑恶现象。

（2）用人方向要正确。用好人才必须坚持党的干部路线和要求，并且配合高校这个特殊的环境，作为培养、考核、任用的指导方向。全面正确的把握德才兼备的原则，

---

① 邓小平.邓小平文选（全3卷第2卷第4分册）[M].北京：线装书局，1995.

防止和克服只重才、不重德，只看文凭，不看水平的错误倾向，要重视解决用人所造成的积极或消极后果及人心得失的问题，要懂得用人具有强烈的导向、示范效应。

（3）用人机制要改革。要通过实际考评和社会公论来评价人才，领导和学生相结合来识别人才，这也是相辅相成、互相联系的两个方面，是选拔任用制度改革的两个基本点。

（4）用人方法要科学。在人才使用上要明确分工，用其所长，各司其职。要按实际需要因事、因时用人，这样易协调能力与职务的关系，做到唯才是举，大才大用，小才小用，通才通用，专才专用，避免出现小才大用和大材小用的情况。

（5）要建立以人为本的管理体系。要建立科学、严谨的教师培训体系、多维交叉的教师激励体系，灵活机动的人与事相互适应的管理策略，从而让教师同高校一起成长，使教师能够分享高校成长所带来的好处，给教师发挥潜能，施展才华提供舞台。在这种高校文化氛围下，教师能够感受到成功的幸福，能体会到人格的受尊重，也才能自觉自愿开拓创新、敬业敬职。

（三）优化教师环境，稳定教师队伍

教师成长始终要受到社会环境的制约。目前我国由于在人力资源开发上还存在一些欠缺，对教师所处的环境重视不够，对教育的投入不足，从而加速了教师的流失。由教师作为一个特殊的职业，在人力资源开发战略中，要从实际出发，一方面，要注重教师的培养、选拔和录用；另一方面，更要注重尊重知识，尊重教师，优化教师环境，稳定教师队伍，为教师队伍的开发创造良好的社会环境、政治环境、竞争环境等，稳定教师队伍。"当今世界政治风云变幻，国际竞争日益激烈，科学技术发展迅速。世界范围的经济竞争、综合国力竞争，实质上是科学技术的竞争和民族素质的竞争。从这个意义上说，谁掌握了21世纪的教育，谁就能在21世纪的国际竞争中处于战略主动地位。"在未来的国际事务中，经济发展始终处于中心地位，经济增长模式将是依靠科学技术的进步和科学管理的水平，掌握现代科学技术和先进的管理水平需要的是人的素质。因此，应将教育摆在战略地位。而教师则是促使教育快速发展的关键。所以我们主要谈一谈高校教师队伍的稳定问题。一要拓宽以国家为负担主体的多层次、多渠道的教育投资。特别是在目前我国教育经费总额不可能大幅度增长的情况下，应努力提高教育经费的使用效率，建立起规模适当、布局合理、层次结构与专业比例合理的教育组织系统，以利于人力、物力、财力的充分利用，避免浪费。从而积累经济实力，为教师提供优厚的工资福利待遇和良好的工作条件，并以此吸引其他高校教师。二要加强高校自身文化建设。在我们所面临的激烈竞争的时代，高校人力资源管理的核心对象将是富有创新精神的、层次较高的教育工作者，在实践中，只有塑造以尊重人、关心人、信任人、培养人为核心的高校文化氛围，才能聚集人才，建立高校自身独特的文化，从而在高校竞争中成为赢家。

第二节　教学人员的培训与开发

随着现代高等教育的发展，新的教育理念、管理理念日益成为各高校关注的焦点，其中人力资源管理已成重中之重。高校要求得生存和发展，必须有大量的、高素质的人才队伍，得到这些人才，一是靠引进，二是立足校本培训。引进是有限的，人才来源的关键应该是立足自我培训。只有通过不断地、有针对性地对教师进行培训与开发，才能提高教师的教育教学能力和实际操作技能，满足高校发展目标的实际需求，同时也是增强竞争力的根本保证。

一、人力资源开发与高校人力资源培训与开发

人力资源开发就是以发掘、培养、发展和利用人力资源为主要内容的一系列有计划的活动过程。它以人力资本投入为前提，包括人力资源的教育、培训、管理以及人才的发现、培养、使用与调剂等环节，通过政策、法律、制度和科学方法的运用，提高人的素质和能力，挖掘人的潜力。力求人尽其才，才尽所能。人力资源开发的基本途径是教育和培训。对高校来说，培训是开发的基础，开发是在培训的基础上进行有针对性的知识的更新或者实践技能的提高。

高校人力资源培训与开发是高校依据教育教学的需求与发展的需要，对教师的潜能与职业发展进行系统设计与规划，向教师提供教育教学所必需的知识与技能的过程。通过培训与开发可以使教师明确自己的教育教学任务、工作职责和目标，提高知识和技能，具备与实现高校发展目标相适应的自身素质和业务能力，在最大限度地实现自身价值的同时为高等教育的发展创造更大的价值。

二、高校人力资源培训与开发的过程分析

高校人力资源培训与开发是一项系统工程，它涉及培训与开发的指导思想、领导决策、培训目的、培训组织、培训方法、成本费用等。因此，要有效的做好这项工作，必须进行培训的过程分析。培训项目的全过程按时间顺序应包含培训需求分析、制定培训计划、实施培训计划、评价培训效果四个部分。

（一）培训需求分析

培训需求分析是整个人力资源培训与开发工作的基础，是通过组织分析（哪些部门需要培训）、工作分析（完成教学任务需要的知识、技能、行为和态度）、人员分析（谁需要培训），了解组织和个人的培训需求，确立目标。即在需求分析的基础上，确立培

训要解决的问题和必须达到的目标。

（二）制订培训计划

培训计划有长期计划和短期计划两种。长期计划是高校人力资源规划的组成部分，是以高校的发展战略规划为基础制订的；短期计划即培训实施计划，以长期培训计划为依据并从现实中的培训需求出发结合实际具体制订，以提高培训的针对性和有效性。培训计划包括：培训内容、培训目标、培训对象、培训时间、培训场所、培训方法、培训所用教材及预算等。

（三）实施培训计划

根据培训计划做好收集培训的相关资料；比较培训目标与现状之间的差距；分析实现目标的培训计划；对培训计划进行检查，发现偏差并进行纠正；公布培训计划，落实培训计划。

（四）评价培训效果

进行培训效果评价的目的是在于了解是否达到了培训目标和要求，肯定成绩，找出差距，吸取教训，以改进以后的培训工作，提高培训工作的水平。评价培训效果主要有：确定培训评价标准、对学习者进行考核、针对标准评价培训结果、评价结果的转移（把培训的效果转移到教学实践中去）。

三、高校人力资源培训与开发的方法

高校人力资源培训与开发的方法是多样化的，为了达到培训目的，其方法应符合现代高等教育发展的要求，这样才能起到应有的效果。

（一）直接传授法

直接传授法是指培训者通过一定途径向培训对象发送培训信息，主要有授课、专题讲座、报告会等形式，注重理论的体系性，强调应知应会，适用于知识类的培训，如高校的高校岗前培训，新知识、热点问题等方面知识的培训。

（二）校企联合法

校企联合法是指高校与社会相关企事业之间的合作关系，是提高教师特别是中青年教师的专业技能和实践能力的一种培训方法，也是高校培养"双师型"教师的有效方法。高校有计划地选派专业课教师到企业深入生产第一线进行顶岗工作或实习锻炼，是专业课教师提高实际操作技能，加快了解自己所从事专业目前的生产、技术、工艺、设备的现状和发展趋势的有效途径。

（三）实践教学法

实践教学法通过加强实践教学环节以提高教师的专业实践技能。专业课教师要积极承担实践教学任务，在指导课程设计、毕业设计和实训教学中，尽量结合实际，真题真做。在建设专业实训中心、教学工厂过程中提高教师的专业实践能力和技术开发能力，是培养"双师型"教师的方法之一。

（四）导师带培法

导师带培法是指为帮助新进教师（从大专院校分配的毕业生及新调入的教师），使他们能够尽快地掌握高等教育教学规律，在教学实践中应用高等教育理念而开展的新老教师之间的传帮带式的一种培训活动。新教师在老教师的指导下，认真听课、备课，积极探索教育教学规律，研究课堂教学艺术；老教师对新教师的指导应尽心竭力、言传身教。导师带培法可以使新教师尽快适应教学工作，提高业务水平。

（五）自我开发式培训

自我开放式培训是指学习者自我决策、自我分析需求、自我规范学习目标、自主决定学习方法，评价其结果的学习过程。对于高校来说，培训以个人自我培训为佳，在这种自我培训中，培训主体和客体以及培训的规划、实施和监督都是教师自身。通过自我开发式培训，学习者的学习不再是直线式、被动式的反应过程，而是自觉参与和主动探究的过程，这种方法主动性、有效性强，效果显著。

（六）网络培训法

网络培训法是通过公共的互联网或私有的内部局域网展示培训内容的一种培训方法。虚拟现实技术、情景模拟技术学习者之间的相互沟通以及实时视听等都能运用到网络培训中。这种培训方式可以随时随地向学习者传送培训内容，节约培训成本，提高培训管理效率。

高校人力资源培训与开发应注意以下几个问题。

（1）培训的长期性。要把培训开发作为一项长期的工作来做，要按时间、层次、项目安排周密、扎实地培训，不能走过场，不能顾此失彼或忽视培训效果的后显性，不能一劳永逸。

（2）注重实践能力的培养。培训与开发应重点放在对"双师型"教师的培训上，这是由高等教育自身的特点所决定的，在进行理论知识培训的同时，更应加强实践动手能力的培训，使高校教师成为既是讲师、教授，又是工程师、高级工程师的"双师型"教师。高校教师应该是既能以扎实的专业理论知识授课，解决教学实践中出现的问题，又能以丰富的实践经验和熟练的技术指导学生实际操作的专门人才。

（3）因材施教。根据高校发展战略目标及教师的自身特点，有的放矢地安排适当的培训计划,以取得培训的最佳效果。

（4）注重培训效果的评估。人力资源培训应为高校实现发展目标服务,与实际工作紧密联系起来,不能为培训而培训或为文凭而培训,应通过一定的方式,对培训效果进行评估,不断改进培训工作,真正发挥人力资源培训与开发的作用。

总之,高校要发展就要培训和造就大量的、符合高校发展特点的优秀教师队伍,加大高校人力资源的培训与开发力度,对教师进行有针对性、科学性的适时的理论知识和实践技能的培训与开发,必将使高校不断增添活力,为高等教育的发展奠定坚实的基础。

四、新建院校教师培训存在的问题

（一）培训体系不健全

首先,缺乏培训规划、培训管理不健全。有些高校未针对本校教师的实际情况拟订科学、统一、规范、可操作性强的培训中长期规划。未建立培训相关制度,或制度规定不明确,或制度条款已不适应现阶段的培训需求。此外,由于新建院校自身的管理制度存在弊端,沿袭了一些传统的思想顽症,使得"论资排辈""重老轻少"的现象在培训中仍然有所体现。领导干部、高职称高学历人员培训机会多,培训待遇高,普通教师、年轻教师培训机会少,培训待遇低。这种极不规范的培训规划和派出制度限制了年轻教师的培训机会和学习热情,对高校的学科建设和发展也是极为不利的。其次,培训目标定位不明确。许多教师参加培训的目的不是为了更新知识结构,提高自己的教学科研能力,而是为了评定职称、提高学历、晋升职务、完成考核要求而被迫学习,甚至把宝贵的半年进修培训计划当作是身心放松的休息度假,草草了事。最后,培训机构课程体系、指导体系不健全。许多高校师资培训机构进行的是普遍培训,未能根据参培教师实际情况有针对性地开设课程和进行培训,培训体系不能适应新形势下的要求,缺乏科学合理的指导体系。而送出教师培训的高校也认为,只要参培教师职称学历上去了,科研任务完成了,培训就是成功的,并不关心实际培训的内容和效果。

（二）培训内容和培训条件有限

新建院校为了提高本校教师的学历结构、职称结构,对教师的培训要求仍以学历提高、职称培训、学术培训为主,而基础能力培训、专业课程进修、外语计算机培训、实践能力培训、教学素质培训、新兴技术知识培训等丰富多样的培训内容和方式却未能受到高校重视。以至于有的教师虽然攻读了博士,成了副教授,但教学效果却不好,动手实践能力也不强。应用型教师的培养成了一句空话。在培训条件上,有的新建院校由于师资队伍紧张,经费不足,能够派出培训的教师人数有限,尚不能满足本校教师特别是中青年教师的培训要求；有的高校培训机构因人力、财力、时间投入有限，使得培训条件不能满足参加培训教师的需求；有的新建院校教师的教学科研任务重，特别是高校紧缺专业的教师和需要行政坐班的教师缺少参加培训的机会和条件。

（三）缺乏科学的评价机制

教师培训需要评价机制来反馈，同时又以评价机制作为培训改进的依据。然而当前的培训缺乏有效的质量监督、考评机制和跟踪管理。任何一个系统，只有通过评估和信息反馈才能实现有效控制，进行完善，从而提高效益，达到预期目标。教师培训作为一个系统，显示出一定的盲目性和自发性。

五、新建院校教师培训与开发的改进措施

（一）建立健全教师培训与开发体系

作为新建院校，应明确教师培训与开发对提升本校师资队伍水平的重要性和迫切性，切勿把教师培训与开发当作一项可有可无、可多可少的人事工作。必须紧密结合高校建设、改革和发展的实际，坚持制度建设与机制创新相结合，细化培训种类，制定培养办法，完善管理制度，明确各种培训的范围、条件、方式、要求、管理实施的相关负责部门，形成以教师培训工作规程、教师继续教育制度为重点的教师队伍建设体系，为高校教师培养、教师队伍整体水平的提高提供科学有力的制度保证。实施教师继续教育登记制度，继续教育对象以紧缺专业教师、重点建设学科教师、发展潜力大的中青年骨干教师为主，并把继续教育、培训工作作为衡量教师职称职务晋升、考核评优的重要参考依据。此外，应逐步建立富有弹性的教师培训学习制度，实行弹性的培训课程体系、学习时间、培训管理等。作为高校教师培训机构，应适应时代的发展和知识的更新，不断加强培训课程体系的灵活性、针对性、实用性，继续开拓高级研修基地、教师实践基地、教师职业发展指导中心等培训基地，丰富培训机构的多样性。

（二）拓宽培训渠道和方式

教师培训与开发应充分利用各种资源，不断丰富培训内容，拓宽培养渠道，力求人力资源开发形式的灵活性、多样性。培训目标应从学历提高、职称职务晋升的定位转化为拓宽教师知识结构、强化教学实践能力和科学研发能力。随着时代发展，教师的学历学术培训需求将趋于稳定，而技能提高、现代教育理论、知识更新的培训将成为教师培训与开发的重点，并作为教师培训的终身需求持之以恒地发展下去。新建院校必须坚持"立足国内，在职为主，加强实践、多种形式并举"的原则，积极开展岗前培训、校本培训、远距离在职培训、研修班、学术专题讲座、单科进修、高校访问学者、高层次学术研讨会等培训方式，努力构建职前与职后教育一体化，学历与非学历教育

沟通、学术性培训与知识性培养结合、人力资源与网络资源相融合的现代教师培养与开发机制。

（三）有重点的启动各类高层次人才培养开发项目

新建院校要想更高层次的提升教师资源质量，除了基础性、保障性的培训之外，还必须有重点的制订各类高层次人才培养计划，启动相关开发项目，每年有重点、有组织、有目的、分层次的开展高层次人才培养开发项目。第一，配合高等教育的改革发展对高水平学科带头人的需求，实施"学科领军人才计划""学术带头人才工程"，通过设立专项基金、启动专项项目等方式，鼓励并支持引进、培养、申报各类高层次人才，以培养和汇聚一批具有国内国际领先水平的学科带头人和杰出学者，形成一支优秀的、有竞争力的青年学术带头人和学术骨干队伍。第二，实施教学名师培养工程。以 3～5 年为一个周期进行教学名师的培养、选拔、评选，并实行动态管理。通过培养造就一批政治业务素质高、师德高尚、教学方法先进、教学效果良好、热爱教育事业的教学名师、优秀主讲教师、教学新秀，提高教育教学质量，激励广大教师积极投身于教学工作，整体提升教师队伍业务水平。利用寒、暑假举办教学名师后备人员培训班，邀请高等教育研究专家介绍高教改革动态，邀请省级教学名师介绍经验，促进教学名师后备人员的专业发展。第三，开展教授培养计划。营造宽松环境，采取政策激励，重点培养教学科研能力强的教师队伍，鼓励其钻研教学科研论文、专著、专业进修、提高、增强外语水平和计算机操作能力，对高质量的科研论文、学术成果予以奖励，对申报职称的教师进行专门辅导和政策指导。第四，实施博士化项目。积极鼓励教师攻读博士，尤其对重点学科、培育学科在政策和资金上予以一定的扶持，使得高校重点学科、培育学科的专职教师基本博士化。

（四）着力培养"双语""双师"等复合型人才

培养"双语""双师"等复合型人才，是顺应知识经济时代进步、高等教育改革的必然发展趋势。新建院校应该系统组织和开展"双语"教学师资培训课程，由有外国进修学习背景的教师和外教进行授课教学，建立"双语"教师库，定期从信息库中选派优秀的中青年教师到国内知名高校或者国外高校进修相应的"双语"教学课程，学习国内外重点高校该类课程内容体系改革的经验及其先进的教学方法与手段，从而加快"双语"教师队伍建设的步伐。针对"双师型"人才的培养，应该根据实际需求，选送各类教师到各行各业进行专业培训和实践，鼓励各教学部门充分发挥已有资源进行"双师型"人才培养。根据各学科专业的特点，签订"双师型"教师培养协议，制定培训目标要求，考核培训效果。

（五）多渠道加大培训投入和改善培训条件

首先，国家政府部门和各级教育主管部门应有针对性地对办学条件较差、地域环境偏远的新建院校，逐步加大经费投入，明确投入的经费用作师资培训费用的比例，并加强监督检查。其次，新建院校在制定长远培训规划的前提下，从自身的创收和上级主管部门划拨经费中增加用作教师培训经费的投入比例。再次，新建院校应争取社会各行各业对本校的投资项目，特别是地方院校，应本着"地方发展需要地方高校支撑，地方高校离不开地方发展"的思想，与地方企事业单位和政府部门建立广泛的人才合作，探索人才培养模式，多渠道的创造教师培训与开发的条件，开拓培养渠道，筹措培训投入资金。最后，新建院校应积极争取与重点高校、培训机构的人才培养合作，并加强国际交流，进一步疏通高校优秀教师到国内外培训条件完善的高校和机构进行学习、深造的渠道。

（六）完善教师培训质量指标的评估考核体系

加强培训考核与监督。教育主管部门应该制定教师培训指标，以促进教师培训的质量。教师培训指标的评估体系包括对培训方的培训资格和培训管理部门的评估指标、对送培高校的评估指标、对受训教师的培训效果的评估指标等。定期对培训部门、送培高校和参培个人进行评估，可以正确考核与评价教师培训与开发工作的质量，进一步推进培训工作的稳定开展。作为新建院校，为了保障教师培训工作的顺利开展和评估培训质量，则应逐步建立健全培训考核机制，以此来监督培训过程，评价培训结果。培训工作要做到奖优惩劣，并与教师职称评定、职务晋升、年度考核、评优争先挂钩，作为教师聘用、定岗、评价考核的重要依据之一。

高校教师的培训与开发是一个长期的、系统的、需要不断改进的工作，必须适应高等教育改革和发展的趋势，适应高校自身的实际情况。作为新建院校，由于和重点高校、老牌高校存在差距，必须长久地继续探索和创新教师培训与开发的工作理念、工作内容、工作模式，有效提高教师的全面素质和能力，只有这样才能建设好一支具有创新能力和高水平的师资队伍，才有可能创办出具有较高水平和一定知名度的好大学。

第三节　管理人员的培训与开发

随着我国对外开放程度的加大，高校在经济建设中发挥着越来越重要的作用。由此，对高校管理人员的对外交往和对内管理运行等工作能力，提出了更高的要求。积极地开发高校管理人员，就显得尤为重要和迫切。

　　管理人员的开发，是为了提高工作效率，按市场规则办事。知识密集型事业单位人员开发培训要按企业化方式运作，从人员开发培训入手，提升管理人员的素质。根据管理人员开发的目的，管理人员的开发包括两项基本任务：一是管理人员规划与预测，即根据我们的工作任务，对管理人员的数量、层次、专长等诸自然因素做出适应发展需求的规划和预测。人员规划过程包括确定要补充的空缺职位，将预计的职位空缺与组织内部和外部可能的候选人相比较，然后制订整个组织的管理人员开发计划和适应个别需求的开发计划，如继任计划，以保证在组织需要时能补充经过适当培训和开发的管理人员。二是管理人员需求分析与开发。这一任务非常重要，是整个开发与培训过程中的关键，我们为需求状况做出科学分析后，才能针对需求有的放矢地制定科学有效的开发方案。管理技能培训的重点总是指向在职培训，如有计划的工作轮换、辅导等。同时通过岗外培训补充、扩展管理人员的知识面，填补知识差距、开发技能或改变态度，最终达到提高管理人员的素质，增强开拓、开放意识，提高工作效率，创造更良性的工作环境目的。

　　随着我国高等教育的日趋大众化，教育规模的不断膨胀，对教育质量提出了严峻的挑战。教学质量是确保人才培养质量的根本，而高校管理是保障教学质量的关键，因此如何加强高校管理人员综合素质，提高高校管理水平，保证教学质量，是新形势下急需解决的问题。高校管理人员是高校整个教学管理过程和教学运行评价的直接参与者，是高校管理的具体执行者、组织者和协调者，也是稳定教学秩序、规范教学管理的关键人物。对高校管理人员而言，要提高认识，提高服务观念，增强服务意识，树立科学的管理观念。高等教育事业对高校管理人员的素质提出了更高的要求，高校管理人员应具备什么样的基本素质，如何提高高校管理人员自身素质，值得高校管理人员深入思考。

一、高校管理人员地位与作用

　　高校管理工作是高校开展全面工作的核心。高校的性质和任务决定了高校的一切工作都要以人为中心。高校管理人员是一支特殊的队伍，肩负着高校管理的重任。因此，要求高校管理人员掌握高等教育管理基本理论、谙熟高等教育规律、业务水平高、管理能力强、具有创新精神和敬业精神。高校管理工作涉及面广，内容繁杂，但同时也具有条理性和逻辑性。从教学角度来看，高校管理工作经过教学单位确立课程、教学部门排课、学生选课、教师上课、教务质量监控部门安排听课、评课等课程教学管理周期；从学生角度来看，高校管理工作经过了学生培养计划的制订、学生入学登记注册、学生学籍管理、学生成绩管理、日常教学运行、学生毕业资格审定、毕业证书的发放等学生管理周期。高校管理人员在其中承担了最基层、最具体的协调管理和服务工作，起着不可忽视的重要作用。

二、高校管理人员的现状及存在的问题

长期以来，高校普遍只重视师资素质建设，而轻视管理人员素质建设，导致管理人员整体素质难以提高。高校管理工作面临着人员构成的复杂性、学历层次参差不齐、沟通不畅通、管理理念落后、管理知识的缺乏等问题，具体体现在以下几个方面：①高校管理工作未能得到相应重视。高校管理工作处于为教学服务的协调、辅助地位，具有服务性、辅助性、协调性等特点，其人员的工作能力和价值相对难以得到显现和发挥，因此得不到相应的重视。②高校管理人员学历结构不合理。目前对高校管理人员的选择上要求不严格，条件不统一，造成了基层管理人员良莠不齐，其总体文化不高、能力不强、缺乏现代教育管理意识，对学习新知识缺乏自主意识、创新意识。不具备开拓能力。③高校管理人员待遇较低。高校基层管理人员大多默默无闻地工作，缺乏获得专项奖励的机会，致使在晋级、评职称时处于劣势，因此在高校管理工作中做出显著成绩的基层管理工作者待遇偏低，难以稳定基层管理队伍。

三、高校管理人员应具备的素质

随着社会的发展，高校管理人员具备的管理水平的高低将直接影响到一所高校的教学水平，一支高水平、高素质的基层管理队伍是高校教学质量的有效保证。

作为高校管理人员应具备以下优良素质。

（1）良好的思想道德素质，能正确处理个人和集体的关系，正确处理同事之间的关系，自觉维护集体荣誉；自觉抵制不良的社会风气；遵守国家法律和社会公德，要严于律己，作风正派。

（2）扎实的业务素质，能够领会各项管理制度及相关政策，熟悉并掌握各项工作的内容、程序、方法和步骤，具备现代化的办公能力，熟练运用各种现代化操作技术。保证工作的准确性与效率。

（3）较强的协调能力，具备通融豁达的协调能力，善于化解各种矛盾、各种关系。

（4）优秀的组织能力，善于把人力、物力、财力等各方面的力量组合起来，为实现高校管理要求的既定目标而做好工作的管理科学组织能力。

（5）出色的表达能力，具有较好的表达能力，能够准确地、及时地传递信息、反映问题，搞好高校管理工作。

四、加强高校管理人员素质的培养

一是提高高校管理人员的管理水平认识。加强高校管理人员队伍建设，搞好高校管理是提高高校教育教学质量的保证，也是做好服务育人的重要一环。在对高校管理人员的教育、培养、稳定等方面下功夫，在对教学管理人员的配备、使用、培训、晋升、待遇等方面制定相应的政策和措施。二是为高校管理作创造良好的氛围。使高

校管理人员努力有方向、工作有奔头。三是重视建设教学管理队伍,制订统一的建设规划和计划,把学历高、思想素质好、敬业奉献、年富力强,对自己要求严格的人员充实到高校管理岗位上,努力建设一支结构合理、素质较高、富有活力、勇于创新的高水平的高校管理团队。四是注重培训,加强对高校管理人员的培养。针对部分管理人员知识结构比较单一的高校可有的放矢地进行培训,培训应突出针对性、可行监和效益性。有计划、有步骤地选送一些有培养前途的管理人员参加系统的教育理论学习。到培训高校进修或到管理搞得好的院校调研学习、考察交流,提高科学文化素养,促进管理经验交流,使他们掌握教学规律,提高研究解决实际问题的能力,更新高校管理观念,改进管理方式。

五、高校管理人员培训与开发的方法

(一)在职培训

在职培训主要是指在岗位实践中进行的实战培训,一般包括以下几种方式。

1. 工作轮换

工作轮换在高校管理队伍建设中非常重要,管理人员通过在不同部门的实践,可以了解高校的各个运行和管理环节,如队伍建设管理、教学管理、学科建设管理、教学辅助管理、后勤管理以及其他一些行政管理等,只有这样才能使管理人员具有整体意识和大局意识。受训者可以只是在各个部门实习,但更常见的是实际介入所在部门的工作。工作轮换可以加强受训者对整个单位各环节工作的了解,也可借此对受训者进行测试,确定他们的优势和缺点。工作轮换计划的实施应根据每个受训者的需求和能力特点制订计划,将组织需要和受训者的兴趣、能力倾向和爱好结合起来考虑,而不是所有人遵循统一的标准和步骤;受训者从事一项工作的时间长短应依其学习进度的快慢而定。此外负责安排指导受训者的管理人员应经过专门训练,能够热情而有效地提供反馈和控制工作绩效。因为高校内部的各职能部门联系比较密切,这种训练的方式能发挥较好的作用。

2. 辅导实习方法

辅导实习方法是指受训者直接与他将要取代的前任一起工作,前任负责对受训者进行指导。这种实习方法有助于保证在管理职位因退休、调动等原因出现岗位空缺时,能立即由组织内部训练有素的人来代替,且有助于部门自己培养的高层管理者的长期开发的连续性。这种方法的有效性依赖于现任管理者作为教练和教师的身份对受训者进行辅导或是传授本部门工作内容及规律等工作的质量,以及师徒之间关系的协调程度。

3. 行动学习

行动学习是指让受训者将全部时间用于分析和解决其他部门而非本部门问题的

一种培训技术。这是一种换位思考的方式,如受训者长期从事一种单一工作,对与其他部门的工作之间的协调、了解不够,则这种培训方式就显得非常重要与及时,它可以改善本位思想,树立大局观念。这种培训方式目前在高校已显得十分紧迫,随着国家对高校教学质量评估体系工作的展开,对高校的管理者提出了更新的要求,因为国家将要对高校这个整体进行评估,而不是像以往对高校内部的某一个部门或某一方面进行评估,这就要求所有的管理人员有大局意识、整体观念,可换位思考工作进程。这种培训要求本身作为管理人员的受训者定期开会,4~5人一组,在会上就各自的研究结果及进展情况进行讨论和辩论。行动学习在管理人员开发方面是具有先导性的方法。它用实际问题给受训者以真实的体验,在一定程度上能开发其分析解决问题、制订计划的能力。

（二）岗位培训

岗位培训主要是针对岗位特点进行情景模拟所进行的培训,一般有以下几种方式。

1. 案例研究法

案例研究法指为参加计划的受训者提供有关某个部门问题的书面描述,让其分析这个案例,诊断问题所在,在与其他受训者一起提出自己的研究结果和处理办法。案例研究旨在通过训练有素的主持人的引导,让受训者真实地体验确定和分析复杂问题的过程。主持培训的主讲教师扮演着非常重要的角色。要想成功地应用案例研究法可以从受训者所在单位的各部门选择案例。主持培训的主讲教师应把自己定位在催化剂或教练的角色上,尽量让受训者陈述自己的观点,征求他人意见,正视不同看法。

2. 管理竞赛

管理竞赛是指几组管理人员通过计算机模拟真实的单位运行做出决策来相互竞争的一种开发方法。目前这种模拟软件已广泛应用于理工科院校的教学实践中,作为高校的管理人员也应拿出相应的培训计划来模拟实践这种培训方式。管理竞赛就像在计算机上做游戏,真实而富有挑战性,令人兴奋。它帮助受训者习得问题解决的技巧,帮助其把注意集中在制定规划上,而不是临时应付。同时这种游戏有利于开发领导能力、培养团队合作精神。

3. 行为模仿

行为模仿是指训练时首先向受训者展示良好的管理技术(播放录像),然后要求他们在模仿环境中扮演角色,由他们的主管提供反馈评价。行为模仿具体包括:向受训者展示做某件事的正确方式(示范);角色扮演,让每个受训者练习用这种正确的方式做这件事;提供关于受训者实际表现的反馈;最后鼓励受训者回到本职工作时应用所学的新技能。

4. 单位内部开发中心

单位内部开发中心是以本单位为基地让有发展前途的管理人员去做实际练习，以进一步开发管理技能的办法。它通常将课堂教学与评价中心、文件练习、角色扮演等其他技术相结合起来帮助开发管理人员。

5. 单位外研修班和大学教育计划

单位外研修班和大学教育计划中包含许多组织、高校开设的旨在为管理人员提供技能开发培训的研修班和课程。大学教育计划包括许多大学和学院开设的继续教育计划，针对个人特点提供的商务、管理等领域的个别课程，以及学位计划，如高级管理人员 MBA 计划等，这些培训具有鲜明的针对性和实战性，与高校的管理运行密切联系。

以上诸多方式方法的实施，是为了提升高校管理人员的综合素质和创新观念，延续、发展高校的生存脉络。能较好地运用以上方法，在高校这种人才密集型单位，必将产生良好的效果，有利于人们观念的转变，全面提升高校管理的质量，提高对外交流的适应性，增强开放意识，积极应对中国入世以来面对的挑战。

第 四 章　教师考核评估

第一节　教师考核评估的目的

　　教师考核评估是对教师的角色活动满足社会与个体需求的程度进行考查核实，作出价值判断的活动，是对教师角色活动现实的（已经取得的）或潜在的（还未取得但有可能取得的）价值做出判断的活动。对教师的考核评估是教育评价的重要组成部分，对于提高教师的教育教学质量有巨大的潜在价值。但是，由于受各种因素的影响和制约，教师考核评估滞后于高校的教育教学改革，教师考核评估所具有的功能没能得到充分的发挥，即使发挥了也是教师评价正向功能和负向功能并存，有时教师考核评估的负向功能还会凸显出来，没有达到考核评估的预期目标。当前，高校教育教学改革浪潮涌动，高校的科学研究与社会服务使命不断增强，呼唤构建科学健全的、能够充分调动教师工作积极性和创造性的教师考核评估制度，呼唤构建起有助于高校发展、有助于教师自身发展、有助于学生发展、有助于高校三大功能不断彰显的教师考核评估制度。我们认为，构建起这样的教师考核评估制度需要对新我国高校教师考核评估制度的历史及其实施中的经验教训进行认真的反思，需要对我们的教师观、人性观进行认真的反思，并由此明确我国高校教师考核评估应坚守的基本理念和应遵循的基本原则等基本问题。

一、我国高校教师考核评估制度的演变

　　根据高等教育适应经济社会发展的规律和高等教育发展的内在变化规律来判断，可以将中华人民共和国成立后的高等教育划分为两个阶段，即计划经济时代的高等教育、市场经济时代的高等教育，或高等教育的精英化阶段和高等教育的大众化阶段。计划经济时代的高等教育主要是精英化阶段，市场经济时代的高等教育则为大规模发展、走向大众化的阶段。与这两个阶段相适应，我国高校教师考核评估制度的发展历史大致可以分为两个阶段，即以定性评价为主，而定量评价受否定的阶段；定性评价与定量评价相结合，以定量评价为主的阶段。高校教师评价的第一阶段，主要与计划经济时代的高等教育即精英化的高等教育发展阶段相适应；第二阶段则主要与市场经济时代的高等教育大规模发展、进入大众化阶段相适应。

（一）以定性考评为主，而定量考评受否定的阶段

中华人民共和国成立后，高校的教师大部分基本是作为"旧知识分子"来定性对待的，对他们采取的是团结、教育、改造的政策。1956年1月，中共中央召开关于知识分子问题的会议，周恩来在《关于知识分子问题的报告》中指出：新中国成立后党的团结、教育、改造旧时代知识分子的政策取得了巨大成就，"他们中间的绝大部分已经成为国家工作人员，已经为社会主义服务，已经是工人阶级的一部分。"[①] 此后，对知识分子提出了又红又专的奋斗目标，鼓励高校的教师红专结合。从对教师的评价角度讲，这种定性评价开始将高校教师的思想政治素质与业务素质结合起来，但在指导思想上，强调的是以红为主，不能只专不红，也不能以专代红。

这一时期对高校教师的评价，具有引导性的具体措施主要反映在两个重要方面：一是国务院于1960年2月颁布的《关于高校教师职务名称及其确定与提升办法的暂行规定》，其中对助教、讲师、副教授、教授相关任职条件的要求，可以看成是对高校教师进行评价的相应标准。1961年9月中央批准了《教育部直属高校暂行工作条例（草案）》，其中提出了"高校应该定期对教师进行考核"，教师的教学职别（教授、副教授、讲师、助教）的确定和提升，要根据他们担任的教学任务、教学质量和学术水平，对其中优秀的，应该不受资历、学历的限制。但是，在具体执行过程中出现了一些高校对被确定与提升职务的教师的业务条件审查不严。掌握偏宽的现象，有些新提升的讲师还不能开课；有些新提升的副教授长期没有担任过教学工作，或者没有什么科学研究成绩，或者英语水平太差。二是1955年7月，高等教育部发布《高等学校教师工作日和工作量试行办法》。该办法明确规定了高校各级教师全年应完成的教学工作量和教学工作量的计算办法，具体从教学工作、教学法工作、科学研究工作、政治理论学习、教学行政工作、评阅和批改学生的作业和实验报告等方面对教师的教学工作量进行测算。这一办法明确而具体的将教师的考核评估指标进行了量化，而且将量化结果与工资待遇挂钩。应该说这一办法体现了社会主义按劳分配、多劳多得的基本原则，对于调动教师从事教学的积极性是有意义的。但是，由于这一办法对教师全年应完成的教学工作量规定过大，如教授、副教授规定低额为480~530小时，高额为530~580小时；讲师低额为520~570小时，高额为570~620小时；助教低额为540~590小时，高额为590~640小时，因而客观上加重了教师的负担，使教师对思想政治教育和政治学习有所放松。因此，高校教师评价中的定量评价被否定，高校教师职称评定工作也被停止。

（二）以定性评价与定量评价相结合，定量评价为主的阶段

1976年，高等教育走上了快速发展的轨道，20世纪末我国高等教育进入大众化

---

① 周恩来.关于知识分子问题的报告1956年1月14日,在中国共产党中央委员会召开的关于知识分子问题的会议上 [M].北京：人民出版社，1956.

发展阶段。伴随着全党工作重心的转移和我国社会主义现代化建设事业的发展，高等教育改革不断深化。其间，关于高校教师的评价问题也受到教育行政主管部门的重视，之前所确定的对高校教师进行定期考核的制度、职务提升的制度以及进行教学工作量计算的办法等陆续恢复，并结合新的形势进行了修订和改正。1979 年 11 月教育部发布了《关于高校教师职责及考核的暂行规定》（以下简称《暂行规定》）；1981年教育部发出《关于试行高校教师工作量制度的通知》；1982 年教育部印发《关于当前执行〈国务院关于高校教师职务名称及其确定与提升办法的暂行规定〉的实施意见》。这些文件的相继出台，表明我国高校教师考核评估由以往只重视从政治上进行定性评价转入重视定性评价与定量评价相结合的阶段。

1979 年的《暂行规定》指出，认真做好教师的考核工作，有利于调动广大教师的积极性和创造性，充分发挥各级教师的职能作用。同时，定期考核也可为安排教师的工作和教师培训、提职、升级提供依据。《暂行规定》对助教、讲师、副教授、教授的职责提出了明确的要求，并要求具体从政治表现、业务水平、工作成绩三个方面对教师进行考核。政治表现主要是看教师的思想政治表现、道德品质和工作态度。业务水平主要是看教师的教学、科学研究工作的业务水平和创新精神及其能力。工作成绩主要是看教师在教学、科学研究等各项工作中的贡献。《暂行规定》确定的考核办法主要强调重在平时考察，并在平时考察的基础上，实行定期考核，要求每学年或每学期进行一次。《暂行规定》还明确了考核结果作为表扬、奖励和教育教师的依据。《暂行规定》的出台，使高校对教师进行定期考核走上了正常的轨道。但是，《暂行规定》确定的对教师进行考核的要求还属于原则性的，具体执行时存在一定困难。为此教育部制定了《高校教师工作量试行办法》和《高校教师教学工作量超额酬金暂行规定》，并于 1981 年 4 月下发通知试行。这两个文件是高校对教师进行定量评价的依据，集中体现了以下精神。其一，强调建立健全教师工作量制度的重要意义。教育部认为建立和健全教师工作量制度是高校科学管理工作的重要措施。实行这个制度，有利于发挥教师的社会主义积极性，稳定教学秩序；有利于提高教学质量，开展科学研究；有利于加强师资队伍的建设。其二，明确了高校教师酬金分配中的各尽所能、按劳分配、多劳多得的原则，主张在给予教师精神鼓励的同时，应发给教师教学工作量超额酬金。其三，认识到试行教师工作量制度的复杂性，强调在试行中必须加强领导，认真做好思想政治工作。

为了进一步巩固试行高校教师定期考核评估制度、教师工作量制度的成果，1982年教育部在制定关于高校教师职务提升的实施意见时，进一步将教师的考核要求即定性评价和定量评价规定与教师职务的提升结合起来。此后，各有关高校，尤其是部属高校联系自己高校的实际，都制定出台了教师考核办法、教师工作量计算办法、教师职务晋升办法等一系列考核评估教师的文件，总的演进趋势是伴随着社会分配制度改革的进程,伴随着科学量化管理思潮的盛行,高校教师的评价指标越来越细化、越来越量化,进而演变成主要由教学工作量决定教师的酬金,由学术成果决定教师职务的晋升。

进入20世纪90年代,关于高校教师考核评估进一步法制化。1993年10月公布的《中华人民共和国教师法》不仅规定了教师的权利、义务和任职资格,而且在第五章考核部分,就教师的考核明确规定了三项具体条款。第二十二条:高校或者其他教育机构应当对教师的政治思想、业务水平、工作态度和工作成绩进行考核。教育行政部门对教师的考核工作进行指导、监督。第二十三条:考核应当客观、公正、准确,充分听取教师本人、其他教师以及学生的意见。第二十四条:教师考核结果是受聘任教、晋升工资、实施奖惩的依据。1999年施行的《中华人民共和国高等教育法》,明确了高校实行教师资格制度、教师职务制度、聘任制度和教育职员制度,并在第五十一条第二款中明确规定:高校应当对教师、管理人员和教学辅助人员及其他专业技术人员的思想政治表现、职业道德、业务水平和工作实绩进行考核,考核结果作为聘任或者解聘、晋升、奖励或者处分的依据。这表明对高校教师进行考核评估进入到有法可依的阶段。

二、我国教师考核评估制度演进的基本经验与教训

回顾中华人民共和国成立后到20世纪末我国高校教师考核评估制度演变的历史,整体来看,教师考核评估制度适应当时社会发展的状况,发挥了加强教师管理、提高教师队伍素质、激励教师不断自我完善等方面的作用。可以总结和借鉴的基本经验主要有九点。其一,注重考核评估教师的思想政治素质。将教师的思想政治素质和职业道德等作为考核评估的核心内容,由此,促进教师思想政治素质和职业道德水平的提升,以保证高校办学的社会主义方向。其二,注重对教师的全面考核评估。在重视对教师思想政治素质进行考核评估的同时,还重视对教师从事教学工作、科学工作的考核评估,不仅注重教师的工作业绩,而且注重教师的工作态度。其三,强调定期考核与平时考查相结合。其四,强调评价中多主体的参与。不仅高校是考核评估教师的主体,而且教师本人、同事和学生都要参与,体现了他评与自评的结合。其五,确定并坚持高校教师考核评估的客观、公正、准确的原则。其六,重视高校教师考核评估结果的运用,将考核评估结果与教师的自身利益联系在一起,发挥考评的奖惩作用。其七,注意分级考评,对助教、讲师、副教授、教授制定不同的考核评估标准。其八,提倡将高校教师的考核评估与高校管理人员和其他教辅人员的考核评估相结合。其九,注重高校教师考核评估制度建设,将高校教师考核评估法制化,使高校教师考核评估有法可依。

上述九个方面的经验,是当前改进和完善高校教师考核评估制度值得借鉴的。

但是，在 20 世纪的后半个世纪里，我国高校教师考核评估制度的制定与实行也有值得反思的教训，具体表现在以下几个方面。

（1）改革开放以前对教师定性考价的过度强化和改革开放以后对教师定量考价的过度追求，都使对教师的全面考核评估要求没有真正落到实处。因而整体上呈现出我国高校教师考核评估在定性评价和定量评价之间摇摆，片面性的考核评估未能准确地反映高校教师的工作实际。

（2）高校教师考核评估制度，受政治影响过大，关于教师考核评估的相关制度未能看成是高校固有的制度或高等教育管理的内在制度而加以坚守。

（3）高校教师考核评估制度还主要是一种终结性的以奖惩为主的考核评估制度，重视教师工作的最终结果，忽视教师的工作过程，未能有效地促进教师专业发展。

（4）高校教师考核评估制度的实行比较轻视被考评对象的参与，缺乏评价者和被评者之间民主平等的交流，造成教师之间竞争激烈和教师与考评者之间的隔阂，影响了教师间、教师与考评者之间的团结与合作，不利于和谐校园的构建。

（5）对教师的形式过于简单，缺乏多种评价形式的运用，尤其是缺乏评价者对评价对象相关资料的系统收集，及与被考评对象的深入接触和实地观察，因而造成考核的效度和信度不高，往往因先入为主的主观印象的作用，从众心理造成的趋同效应，评价者情绪波动或人际关系不正常等而造成评价偏差大，甚至失真。

（6）构建高校教师考核评估制度的理论假设比较片面，使考核没有充分发挥出对教师的激励作用，对教师主动性、创造性的调动作用，也难以引起教师的兴趣。对我国现行的高校教师考核评估制度加以回顾和反思，我们可以发现其蕴含的假设：一是现行教育中存在低效的教学和不合格、不称职的教师，高校教育的质量主要靠摒弃不称职的教师来得到保证。二是在可预见的时间内，这些不称职的教师很难把自己提高到预期的水平，如果要使这些不称职的教师把自己的教学和研究提高到预期的水平，主要依靠对教师实施奖惩和施加外部压力。三是在高校的教学中，外部组织目标的实现比教师个人的内在需求更重要。建立在这种假设之上的高校教师考核评估制度，把高校教师单纯看作是评价客体，因而教师对评价项目指标的制定，评定标准的确定，评价的操作以及评价结果的解释与应用基本上没有发言权。四是对高校教师的考核主要考虑高校的整体目标，而教师的个人需求考虑较少，因而难以引起教师的兴趣，也调动不起广大教师的主动性、积极性，甚至导致一些教师自觉或不自觉地厌恶和抵制考核。

（7）在高校考核评估制度的制定与实施过程中分权不够，教育行政部门集权过多，高校缺乏相应的自主权。高校只是处于执行操作的状态，很难根据自身的实际对教育部制定的相关制度进行调整和创新。这就造成了不顾学科专业特点，不顾高校的层次而用一个标准进行考核的状况，促使高校趋同而丧失个性与特色。

正是由于高校教师考核评估制度存在上述问题，因而进入 21 世纪之后，随着高等教育改革的不断深入，人们开始对现行的以量化为主的考核评估制度进行反思，要求真正构建起定性评价与定量评价相结合的高校教师考核评估制度，真正实现对高校的全员考评、全面考核和全程考核。

第二节 国内外教师考核评估的发展历程

教师的教学质量评价是根据高校规定应承担的任务和目标，按照规定的程序，运用科学的方法，借助现代技术广泛收集评价信息，对教师个体的教学工作质量进行价值和事实判断，通过评价过程的反馈、调控作用，发挥教师教学评价的导向、激励、改进的功能。

一、国外高校教师教学质量评价发展历史

国外教师教学评价大致经历了三个阶段：初步形成阶段、惩罚性评价阶段、发展性评价阶段。20世纪前，世界各国的教师评价基本属于自发性质，这一阶段尚无系统规范的教师评价体系，仅能从当时的著作、教材、报纸中发现有关教师评价的只言片语，感受到粗浅的教师评价的思想萌芽。

20世纪20年代中期以后，美国、英国等国家开始正式实施教师评价。这一阶段是奖惩性教师评价制度形成、发展和盛行的时期。此时美国教师评价标准涵盖教学技能、个性、专业态度、合作、课堂管理等方面。20年代70年代，英国皇家督学团被赋予一项专门的职能，即负责教师晋升的评价。奖惩性教师评价体系建立的理论依据是美国人泰勒等人创立的"科学管理理论"，该理论的核心思想就是视人为"经济人"和"机器人"。奖惩性教师评价的推广应用，则得益于查尔斯·博比特，他努力把运用于企业的管理理论与方法移植到教育领域。奖惩性教师评价最大的贡献在于将教师的教育教学活动纳入一种程式化的规范体系中来。尽管存在着许多争论，但奖惩性教师评价制度因为其固有的规范化、制度化，克服了"人治"的随意性，极大地推动了教师教学质量的提高。然而随着教学活动的不断深入，奖惩性教师评价制度逐渐失去效力，教师一味地遵照程式化规范很难再进一步产生高质量的教育教学效果。这些问题引起了人们的深思，通过反思，人们逐渐认识到高校教师教学活动是有其自身特有的规律的。因为教师工作并不是重复性的简单劳动，而是一种复杂的脑力劳动，仅仅按照企业流水线标准化式的管理是对高校教学工作管理的简单化处理。其结果可想而知，奖优罚劣在教师绩效管理的局限性，导致过分依赖此类评价手段难以维持或充分调动教师的工作积极性，甚至有可能引起教师的反感和抵制。

20世纪80年代中期后，许多国家开始尝试、倡导和推行教师发展性评价制度，并

逐渐形成了奖惩性教师评价制度与发展性评价制度并存的局面。发展性评价在评价方向上立足于教师的未来,强调教师本人的自我评价。著名的霍桑实验表明,只改善工作条件并不能进一步提高人的工作积极性,人的工作主动性原动力来自自我实现的自觉要求,这同样适用于高校这一特殊的社会组织。从高校教师的职业特点来考察,高校教师具有一定的自由职业者的特性,尽管有着高校统一的教育教学规范,但大部分教师在课堂上都是按照自己特有的习惯和思路展开具体的教学活动,如果要求高校教师按照程式化的方式组织教学,课堂教学活动会是什么样的情形?承认高校教师教学的差异性和灵活性是否要排斥必要的教学原则,一定的教学组织安排呢?显然,应该鼓励高校教师根据不同的学科专业教育内容按照不同的组织方式教学,而遵循一定的教学规范是保证取得良好教学质量的基本前提。依此而言,可以概括高校基本的教学原则,就是要坚持规范性和创造性的有机结合。当前,国外高校教师教学评价制度较多采用发展性评价和奖惩性评价相结合的制度。

二、国外高校教学评价的方式、内容及发展方向

(一)国外高校教学评价的方式

国外的研究表明,有效教学本质上取决于教师建立能够实现预期教育成果的学习经验的能力,而每个学生都参与到教学活动是实施有效教学的前提。良好的教学活动取决于多因素的共同作用,如教师的专业积累、敬业精神、教学技巧、教学组织安排、良好的沟通与互动能力、学生的专注程度、学生的基础、良好的教学环境等,而教师是其中最为重要的因素之一。从系统论角度出发,要评价高校教师在教学活动中的贡献和作用,只有从不同的视角反馈教师在教学活动的作用和成效,才能较为全面、客观地评判教师在教学活动中的规范或要求。从国外高校教师教学评价方式来看,主要包括领导评价、同行评价、学生评价、自我评价等。

(二)国外高校教学评价的内容

考察教师教学工作分为质和量两个方面,量的方面主要通过统计学时数、学生人数、教学手段等数据:质的方面是通过学生评价、听课组专家评价及主管教学院长评价等来衡量。教学评价中由于量的统计是直接和外显的,所以信息的统计比较简单,如教师授课的门数、学时数、学生的学业成绩等。而质的方面,由于其评价的开放性和模糊性,所以在操作性上存在较大的困难。以往美国高校评价教师的教学主要通过两种途径。一是学生评价,学生评价教学自20世纪20年代引入高校教师考核评估制度以来,一直作为一项重要教学评价内容,受到越来越多的重视。许多高校把学生对教师的鉴定编辑成册,公开放在校图书馆内,作为学生选课的参考资料,以提高教育质量。二是通过教师个人小结加上系主任和教师代表听课。教师本人最清楚教

学的全环节，知道应该如何根据课程和学生需求进行授课，是教学的第一实践者和监督者。那么对于教学的评价就不能单纯地依靠学生评价和教师代表听课，应该让教师本人参与教学的评价。美国高校的教师教学评价明确以促进教师发展为根本目的，整个评价力求通过公平公正、客观地分析教师工作，帮助改善教师的绩效，最终保证每一位教师都能在自己的领域内拥有持久的专业活力。

加州大学伯克利分校在对个人进行评价的早期，主导评价的系主任会主持召开一次或多次共同协商会议，明确即将进行的评价目的是为了帮助教师的发展而非奖惩，会上宣讲评价程序、评价内容、评价模式等相关信息，保证教师有足够的时间来为此次评价做准备，甚至提出问题。评价工作落实在教师的整个职业生涯中，主要有人事决策性评价，即为选聘、晋升等服务，另外还包括年度绩效评价和周期性评价，这两类为日常性评价，以帮助教师找出工作中的不足，在期间允许教师对评价结果表示不服如写反驳信上诉，最后以协同教师制定有针对性的发展规划结束考评程序。美国杜兰大学公共卫生与热带医学学院教师教学评价采取两个二级指标，即课堂教学工作量和课堂教学效果。前者通过教师的执教时间核算；后者主要依据学生对教师的评价。此外，该学院的正副院长每月一次利用中午休息时间到学生休息室与学生对话，听取学生对教师教学工作以及对学院领导的意见。夏威夷大学学生对教师的教学过程和教学质量评价有十五个评价指标，值得借鉴，即语言表达、向学生说明教学大纲和教学计划、工作时间在岗情况、向学生说明教学目标、备课情况、专业知识、鼓励学生课堂参与、教学方法、营造良好的学习氛围、鼓励学生独立思考、认真批改作业和试卷、及时通知学生作业情况及考试成绩、关心学生、公平待人和尊重学生意见。该项评价还要求学生写出教师的优缺点，并对改进教师的工作提出建议。

20世纪80年代末至90年代初以来，英国开始推行发展性教师评价制度，受到了广大教师的欢迎。许多教师称赞这种新型的教师评价制度既是促进教师专业发展的有力措施，又是纠正缺点、发扬优点的有效途径，更是一项至关重要的教育改革制度。该制度包括评价目的、评价原则、评价范围、评价周期、评价者的选择、评价过程和评价纪律等内容。该评价制度的目的是帮助教师了解和把握自己的潜力，更有效地履行职责，提高教学水平，协助教师按照高校的发展规划和发展需求，制订教师个人的发展计划。在英国发展性教师评价的内容非常广泛，包括教师的教学过程以及与教学相关的活动，如课堂教学、课外活动、行政工作、师生关系、学生思想品德工作、专业发展等，其中评价的重点是教学评价。

（三）国外高校教学评价的发展方向

国外高校教师教学评价发展到今天，历经初始发展阶段、奖惩性评价阶段和发展性评价阶段，其内涵、理论和实践都得到了长足发展。奖惩性评价在教师教学活动中发挥了不可忽视的影响和作用，但评价过程中也存在一些困境和问题，如评价理念上过分强调教学评价的激励和奖惩功能，导致一系列过细的量化评价指标，从而忽视了教师劳动的特殊性，影响教师教学特色的形成和发展。与此同时，学生评价制度在广泛应用的同时，也出现一些不同的意见。支持者们认为，高等教育是一种消费，学生自然对教师提供的服务更有评判权。大学的管理者也认为这是一种操作简便、成本低廉、容易推行的方法。而最大的反对声音来自教师。曾担任过哈佛大学文理学院院长的亨利·罗索夫斯基曾提出，一位教师是否受学生的欢迎，同教学的本质无多大的关系；教学的目的是使学生理解一门科学，学生认为教师教学中的不足，可能是由于学生缺乏经验和没有以长远的观点考虑问题，或是他们只是追求快乐的原则。这种评价方式带来的最直接的负面作用是教师对学生的要求降低了。有鉴于此，美国高校一直在完善该项制度，以避免过分倚重学生评价导致的负面效果。

从教育心理学角度出发，教师的自我发展、自我激励、自我成就感是挖掘工作潜能的最主要因素，所以发展性评价突出教师个体的自我评价与自我主动提高。充分发挥教师本人在评价过程中的主动参与作用，积极完善和提高自身的教学水平。努力使自身价值与高校价值趋于一致。在这种理念指导下，目前较为流行的评价方式是在发挥奖惩性评价作用的基础上，大力推行和应用发展性评价制度。

教师工作的复杂性决定了教师教学评价过程应该是一个定性评价与定量评价相结合的过程。从国外高校教师评价的发展来看，既注重对教师教学工作进行定量考察，又结合必要的定性的综合性评价，在评价手段上力求使定性与定量之间保持一定的平衡，实践中能较好地达到评价的目的。从评价制度上来看，在奖惩性评价和发展性评价中保持一定的张力平衡可以有效地引导教师在教学工作中发挥积极性。国外高校大多以评价机制来促进教师队伍建设，以及教学和服务水平的不断提高。国外高校教师评价大体可分为入职评价、年度评价、晋升评价、绩效评价、申请终身职务评价几种形式。各类评价非常严格，促使教师形成不敢懈怠、自主进修和提高业务水平的压力和动力。

综观以往国外高校教师评价的基本内容，我们可以得出这样的一个结论：他们一般都将一个公平、公正、透明的教师评估体系看作是高校管理架构中不可或缺的一部分；考核指标确立的指导思想与高校的定位和发展战略高度保持一致，是高校发展目标落实到教师个人身上的直接体现；考核指标体系不仅应起到一个目标导向的作用，有利于教师自身的发展，还应能确保高校教学工作的质量和科研、服务工作的开展，从而推动高校的发展。

三、国外高校教师评价体系对我国高校教师考核评估的启示

近年来，我国高校教师评价的理论和实践都有了长足的进步，一些新思想、新理念、新方法、新手段逐步得到应用，如统计学法、层次分析法、模糊评价法开始运用到

教师教学考核评估工作中, 高校教师考核评估工作步入了定性评价与定量评价相结合的阶段, 高校开始注重并突出教师的绩效考核。然而目前高校教师的评估考核工作还没有完全起到应有的导向作用。一方面, 虽然要求坚持实绩考核的原则, 但由于配套措施不够完善、落实不足, 业绩考核往往流于形式, 没有发挥杠杆调节作用, 竞争激励机制有待健全。另一方面, 虽然教师量化考核极大地推动了我国高校人事制度改革, 但也出现了一些过度量化的现象, 带来了一定的负面作用, 主要有不能完全描述高校教师的工作特征、全面评价教师个体; 考核过度量化催生出浮躁情绪, 导致教师更侧重对量的追求而忽视对质的提高; 量化指标设置的偏颇导致高校内学科间的不平衡; 教师教学、科研、社会服务三者之间的不平衡; 高校长期发展战略与短期工作目标之间的不平衡; 处在不同发展阶段间的教师间的不平衡等现象。归纳起来, 我国当前的高校教师考核评估制度注重目标评价, 忽视过程评价; 评估的结论是终端的, 而不是发展性的。在评价的实践过程中, 难以反映教学效果的全貌, 评价的偶然性和局限性较大。在教学评价信息的收集和反馈上, 信息渠道不够通畅, 没有及时将收集到的教学评价信息反馈到各教学部门和教师本人, 并根据具体情况加以整改。

认真学习国外高校教师教学评价的理论和实践, 积极借鉴其中的有益经验, 对我国高校教师考核评估工作的改革和发展有以下几点启示。

首先, 树立以人为本的发展性的教师评价指导思想。从教师教学工作发展的一般规律来看, 可分为适应期、探索期、建立期、成熟期、平和期。从马斯洛的需求层次理论以及教师成长阶段性理论分析, 教师作为教育工作者, 其工作性质是属于复杂的脑力劳动。提高教师教学活动的成效根本途径在于, 应通过最大限度的激发、调动教师在教学中的积极性, 让教师在教学活动中体会到成就感和归属感, 必须充分尊重教师教学工作的规律性, 明确教学活动因学科专业的不同表现出的差异性和多样性以及教师教学发展的阶段性, 避免机械地、不加区分地按照一把尺度衡量教师在教学活动中的贡献。

其次, 灵活把握评价过程中规范性与弹性有机结合的原则。精确的量化式教学评价指标体系体现了教师教学评价的规范化、科学化和标准化。但量化评价并不是放之四海而皆准的真理, 教师劳动方式的个体性、劳动对象的能动性、劳动过程的不确定性以及劳动成果的滞后性都很难用量化的标准进行评价。基于这样的特点, 国外高校教学评价思想普遍体现了规范性和弹性的有机结合, 不仅体现量的要求又体现了质的要求。规范化、科学化的评价标准是教学评价体系的基础, 而以人性化、人本主义的柔性化的评价模式为评价体系的递进和升华, 两者相互依存、相互渗透。

在我国高校教师群体中, 由于教师个体成长背景和成长阶段的不同, 相应的评价也应有所不同或侧重。对于刚刚任教的青年高校教师而言, 由于缺少一定的教学经验, 所以应该要求他们对照教学规范严格要求自己, 同时应该多虚心听取系主任以及领导对其教学的综合评价，也应该重视学生对其教学活动的反馈意见，以便及时改进自己的教学工作。对于那些经过教学实践磨砺的中青年教师来说，他们已领会和掌握了一定的教学技能，积累了一定的经验，在教学业务上逐步稳定和成熟后，规范性对他们已经不是问题了，此时，在评价过程中或评价方式上应该侧重自身评价与同行评价相结合。

最后，在奖惩性评价和发展性评价中保持一定的张力，最大限度发挥教学评价的功效。从评价制度上来看，奖惩性评价和发展性评价是评价制度发展的不同阶段，这两种评价制度各有其侧重和利弊。奖惩性评价强调的是甄别功能，具有较强的区分性，但它却忽视了教师的自我诊断、自我提高和自我发展；发展性评价立足于教师的专业发展，重视教师长远性的潜在的可持续发展，但在不同程度上削弱了某些教师的危机意识、竞争意识和责任意识。国外高校教师教学评价目前多采用奖惩性评价和发展性评价相结合的方式。其主要目的就是最大效能地发挥这两种评价方式的优势。前者采用刚性策略，后者注重柔性策略，两者相互配合才能相得益彰。从教师教学评价的目标内涵剖析不难发现，教师教学评价主要有两个基本目的：一是客观反映教师工作业绩；二是促进教师专业得到不断完善和发展。要达到这两个目的，需要充分利用奖惩性评价和发展性评价制度的优势，扬长避短，克服两者固有的弊端。我国高校评价发展历史较短，相关理论和实践上仍滞后于高等教育发展的需求。高等教育工作者应结合我国国情，在学习、借鉴国外评价制度先进经验的基础上，不断创新，积极完善我国现有的高校教师考核评估体系，以适应我国高等教育教学发展的需求。

第三节　教师考核评估的体系

一、绩效考核理论概述

（一）绩效考核的概念

绩效是一个组织的成员完成工作的结果。绩效考核则是定期考察和评价个人或小组工作业绩的一种正式的制度；是对组织成员的绩效进行识别、测评和开发的过程，是一个同时包含人和数据资料在内的对话过程。这个过程既涉及技术问题，又牵涉人的问题。由于"人"这个在组织中最不确定因素的引入，使绩效考核在实际操作中变得困难，也因此成为人力资源开发与管理中一项重要的基础性工作。

（二）绩效考核的方法

绩效考核的方法将直接影响考核计划的成效和考核结果的正确与否。考核方法应有代表性,必须具备信度和效度,并能为人所接受。信度,是指考核结果必须相当可靠;效度,是指考核达成所期望目标的程度。一项好的考核方法还应具有普遍性,并可鉴别出被考核者的行为差异,使考核者以最客观的意见作考核。绩效考核的主要方法有以下几种。

(1)等级评估法:将考核标准分为几个等级选项,如"优、良、合格、不合格"等,考评人根据被考评人的实际工作表现,对每个模块的完成情况进行评估,总成绩便为被考评人的考评成绩。

(2)小组评价法:由两名以上熟悉被考评人工作的主管,组成评价小组进行绩效考核的方法。

(3)强制比例法:根据正态分布原理,在考评分布中,可以强制规定优秀人员的人数和不合格人员的人数。强制比例法适合相同职务被考评人较多的情况。

(4)360°考核法:通过不同的考评者(上级主管、同事、下属和顾客等)从不同的角度来考核,全方位、准确地考评被考评人的工作业绩。

(5)序列比较法:将相同职务的所有被考评人在同一考评模块中进行比较,根据他们的工作状况排列顺序,工作较好的排名在前,工作较差的排名在后。

(6)相对比较法:任何两位被考评人都要进行一次比较。两名被考评人比较之后,工作较好的被考评人记"1",工作较差的被考评人记"0"。成绩相加,总数越大绩效考核的成绩越好。

二、高校教师绩效考核体系存在的问题分析

(一)高校教师的绩效考核现状

高校改革和发展的关键在于建设一支素质优良、结构优化、高效精干、人员梯队合理,充满活力的教师队伍。绩效考核评估制度的建立是对教师进行科学管理和公平奖惩的首要环节。通过定期对教师完成工作的数量、质量进行考核评估,可以全面、客观地了解教师的素质、绩效情况,有利于奖励机制的建立。

一些高校目前还没有为教师建立起一套科学的绩效考核体系,很多高校还是采用季度小结、年度总结、民主评议等方式对教师进行绩效考核。这种考核方法主观性强,缺乏客观的、量化的、科学的考核指标,不能反映出教师真实的成绩,失去了应有的激励价值。考核结果大多采用优秀、良好、合格、不合格四个等级,并且对优秀率规定了上限,这就存在着大家"轮流坐庄"的现象。由于教师绩效考核手段的不科学,造成了无法准确区分不同教师的不同工作业绩,从而使对教师的激励失去了依据。

（二）高校教师绩效考核存在的问题

1. 考核标准不明确

目前高校教师绩效考核还没有一个全国通用的考核标准。有些高校自行制定考核标准的时候随意性强、不注意广泛听取意见，无法制定出一个比较客观的考核标准。

2. 考核过程不公开、不透明

有些高校在进行教师绩效考核时，考核过程不公开，教师并不熟悉考核标准、考核程序，对考核工作有很大的恐惧感，另外考核结果不公布，不给教师以申诉的权利。

3. 绩效考核的结果不反馈

缺少反馈的教师绩效考核是没有任何意义的，高校或院系必须把考核后的结果及时反馈给教师。但是有些高校并不把考核结果反馈给教师，只是院系的教务部门掌握，最多只反映给院系一级领导，甚至教师本人对考核结果也不清楚。

4. 考核结果没有合理应用

如果如果教师的绩效考核结果不与教师的薪酬、职业发展机会相挂钩，就无法起到激励作用。很多高校并没有将考核结果合理应用，久而久之，教师会认为考核只是形式，没有任何实际作用。

三、高校教师绩效考核体系的改进对策

（一）绩效考核体系的改进思路

高校教师的绩效考核体系改进应该按照以下思路进行。

1. 绩效考核体系要具有很强的实践性

考核应当是简单易行的，对考核者和被考核者的主要职责范围内的工作不造成严重影响。另外，绩效考核体系应当与教师的绩效改善密切相关，改善教师的实际绩效水平是绩效考核的最终目的。

2. 要坚持结果与过程并重的原则

绩效考核的目的在于最终实现绩效的改善，促进高校目标和高校战略的实现。在绩效考核中，以教师的工作效果和结果作为考核的重点是理所当然的，但是同时也应该重视对教师工作过程的考核。

3. 绩效考核要具有较强的适应性

高校中的教师具有不同的级别，也存在不同的管理层次。这导致对教师的知识技能、工作方式和工作态度有不同的要求。因此，要对每位教师的绩效水平做出合理的、符合实际的评估，就必须根据每位教师不同的岗位特点制定不同的绩效目标和考核办法，即考核要适应岗位要求。

（二）绩效考核体系的指标改进

高校教师绩效考核的指标改进应该从素质指标、成果指标和教学指标三个方面来进行。高校是教书育人的场所，教师的教学能力非常重要，加强教学指标的考核，有助于提高高校教学质量，改善教师重课题轻教学的思想。

1. 素质指标

素质指标包括职业道德素质、专业知识素质和专业能力素质三个部分。职业道德素质包括职业态度、职业责任、职业纪律、职业作风等指标；专业知识素质包括专业知识、文化知识、教育科学知识等指标；专业能力素质包括教学能力、自学能力、科研能力、创新能力和评价能力等指标。

2. 成果指标

成果指标主要是对教师的科研成果进行考核。成果指标包括学术论文、学术著作、学术课题、知识产权、科技项目等指标。

3. 教学指标

教学指标主要是从教师的教学过程入手进行考核。教学指标包括教学目标的明确性、教学内容的科学性、教学方法的恰当性、教学环节的完整性、师生关系的融洽性等。

（三）绩效考核体系的程序改进

高校教师的绩效考核应该从传统的只重视考核向全面绩效管理改进。

1. 绩效计划

在绩效计划阶段，高校管理者与教师之间需要在对教师绩效的期望问题上达成共识。在达成共识的基础上，教师对自己的工作目标做出承诺。

2. 绩效实施与管理

在制订了绩效计划之后，教师要开始按照计划开展工作。在工作的过程中，高校管理者要对教师的工作进行指导和监督，对发现的问题及时予以解决，并对绩效计划进行调整。

3. 绩效考核

在绩效计划结束的时候，依据预先制订好的计划，高校管理者对教师的绩效目标完成情况进行考核。

4. 绩效反馈

绩效的过程并不是到绩效考评打出一个分数就结束了，高校管理者还需要与教师进行一次面对面的交谈。通过绩效反馈，使教师了解高校管理者对自己的期望，了解自己的绩效，认识自己有待改进的地方。

第四节　教师考核评估的实践

随着素质教育的不断深化和创新教育的实施，高校教师的工作职能发生了深刻的变化。这种变化大大地增加了教师劳动的复杂程度，对教师提出了更高、更新的要求。在这种背景下，与之相适应的教师考核评估问题也逐渐凸显出来，备受人们的关注。如何科学地评价教师，成为当前高等教育改革和发展所面临的重要课题。

一、高校教师考核评估中存在的问题

高校教师的考核评估应该根据高校的教育目标和教师所应承担的任务，按照规定的程序，运用科学的方法，借助现代技术广泛收集评价信息，对教师个体的工作质量进行科学的判断。目前，尽管各高校普遍实行了教师聘任制，逐渐淡化了身份，强化了岗位意识，加大了对教师考核评估的力度，并将考核评估结果同各种利益挂钩，以此来激励教师参与教学和科研的积极性，但对教师工作的具体考核评估还存在许多问题。

（一）重视业务能力评价，轻视师德建设评价

教师被誉为人类灵魂的工程师，对学生成长和成材的作用是不言而喻的。高校教师不仅应该具有广博的科学文化知识，而且应该具备高尚的职业道德。但在对教师的评价中，教师的业务能力往往可以进行量化，而师德状况却很难具体化。因此，在对教师进行考核评估时，一般把教学、科研指标规定得比较详细，所占的比重也很大，而对师德的考核指标往往是粗线条，教师之间无法拉开档次。这种考核评估的导向，使教师只重视业务能力的提高，而忽视了师德建设，影响了教书育人作用的发挥。

（二）重视科研评价，轻视教学效果评价

任何一所高校在考核评估教师时，总要对科研提出一些量化指标，这是高校的规模和发展目标所确定的任务总量使然，也是提高办学水平和办学效益之必须。但是，在现行的高校教师考核评估中，凸显了教师科学研究能力，而忽视了教学效果的评价。一般来说，对教师的考核评估主要有两项指标，即科研和教学，教学又只是量的要求，只要教师在每学期完成规定的教学任务，就可以通过考核，这对教师没有太大难度。唯一有难度的指标就是科研。因此，教师们忙于申报课题、撰写论文，甚于忙教学、提高教学质量，即使是搞教学，也只是追求工作量，忽视了教学内容的更新、教学方法的改进和教学质量的提高。

（三）重视横向比较评价，轻视纵向发展评价

教师所从事的工作是一项复杂而富有创造性的活动，每个个体之间存在着一定的差异性。教师与教师之间在学识水平、思想修养、价值取向等方面都有很大的不同。因此，对教师的考核评估应该侧重于每个人的纵向发展。但高校在对教师进行考核评估时采用的方法多是横向比较，甚至把不同年龄、不同职称、不同学科的教师放在一起，用同一个标准进行考核评估，缺少对教师个人基础和发展潜力的考核，更缺少对创新能力的评价。在对教师的使用上，高校往往是千篇一律，缺少个性化发展。同时，在考核评估中为了追求考核的客观性和指标的可操作性，许多高校忽视了定性评价，过分注重定量评价的设计。致使教师为完成一定的工作量而忙碌，工作缺少实践性和创新性。

（四）重视聘任结果评价，轻视考核过程评价

高校实施的岗位聘任制，打破了以往"职称终身制"的传统做法，做到了"能者上，庸者下"，使一大批高层次、高水平的青年教师撑起了高校教学、科研的大梁。在聘任过程中，一般高校都实行三年一个聘期制度，在聘任前制定严格的聘任条件，高校根据条件实施竞聘上岗。然而在实施聘任的过程中，人们更多的是看重结果，只要聘上了自己理想的岗位，就可以享受相应的待遇，对自己的要求有所放松，导致了被评价者的功利主义倾向，虚假行为难以禁止。这样，非但没有达到实行聘任制的目的，也阻碍了教师间团结协作精神的发挥，影响了教师教学、科研的积极性。

二、高校教师考核评估中存在问题的成因

（一）缺少科学的分类考核评估标准

我国的高校大体上分为三种类型，即教学型、教学研究型和研究型。首先，不同类型的高校，教师考核评估标准不尽相同；其次，同一所高校不同学科的教师考核评估标准不应该相同；最后，即使是同一学科的教师科研、教学的比重也不应该相等。但在实际中，一些高校过于重视排名，对高校的定位不准确，片面追求学术水平。所以，对教师的考核评估标准没有科学的分类，导致了对教师的要求不切合实际。一些高校甚至忽略了教师劳动的特点和职业的特性，尤其是对一些基础学科教师的考核评估，没有充分考虑其学科的特殊性和绩效产生所需要时间较长的特点，一定程度上存在短视行为，缺少战略性的科学规划。

（二）缺少有针对性的考核评估内容

教师的考核评估应该是全方位的，不应该只看硬指标，更应该重视思想政治表现、人文科学精神、创新能力等教师综合素质和潜力的定性分析。每个高校都应该从

自己的实际出发，制定有针对性的教师考核评估内容。但是，很多高校在考核评估教师时缺少针对性，如本来是教学型高校，却要把科研放在首位，而对教学质量没有量化考核。这种脱离实际的政策导向，造成了教师只重视业务能力的提高，忽视了师德建设；重视科研成果的取得，忽视了教学效果的发挥。与此同时，考核的内容也缺少相对稳定性，一个聘期一个样，水涨船高，使教师精力达到了极限，不同程度地挫伤了工作的积极性。

（三）缺少先进的考核评估手段

高校对教师的考核评估应该制定一套先进的方法，尤其是在信息化的今天，理应采取先进的评价手段。可实际上，很多高校对教师的考核评估仍然采用原始的、笨拙的统计方法，如用手工涂卡、人工进行统计。即使网上评价，由于人们对评价的重视程度不同，加上集中评价，很多人都抱有应付心理。这样，一方面，很难及时拿出考核结果；另一方面，考核评估结果的可信度值得怀疑。由于手段的落后，所以缺少即时性、跟踪性、可靠性考核评估，使很多教师看重的只是聘任结果，而忽视了考核的过程。

（四）缺少有效的考核评估管理

对高校教师的考核评估是一项技术性很强的工作，能否科学地组织考核，对考核评估质量与结果的可靠性和有效性有着重要影响。但由于很多高校人事部门的管理者缺少现代人力资源管理知识，整个管理还停留在原始阶段。在教师的考核评估中不是研究开发潜能，而仅是评价结果，使考核只能产生近期效应。考核中缺少科学、规范的考核评估程序，随意性比较大，很多教师疲于应付，产生了沉重的心理负担。加之管理部门在制定聘任条件时，缺少与教师的沟通，制定的考核评估标准与教师所期望的有差距，使教师对考核评估产生反感。

三、对高校教师考核评估的建议及对策

（一）转变考核评估的传统观念

在过去的教师考核评估中，教师作为被评价的对象，处于被动的地位。教师没有自我评价，只能等待领导、同事和学生的评价。在考核中，教师和学生往往处于对立面，教师的严格要求，甚至是一个批评，都会影响学生的评价结果。现代教育应该抛弃原有的传统观念，树立"以人为本"的理念，突出教师的主导地位。首先，考核评估应着眼于教师的发展。因为教书育人的过程是一个不断追求的过程，是教师不断发展和完善的过程，也是自身价值得到提升的过程。因此，应树立一种全新的发展性教师考核评估观，在重视教师当前表现的同时，着眼于教师的未来。其次，明确教师的

主人翁意识。让教师积极主动地参与考核评估,也就是说,教师既是考核评估的客体,又是考核评估的主体,既是评价的接受者,又是评价的参与者,使教师主动而富有热情地投入到考核评估中去,并提出对考核评估的改进意见。最后,树立和谐发展的评价理念。注重动态、纵向的形成性考核评估。可以将教师考核评估理解为一种连续的、系统的过程,把交流、协商、研讨贯穿于考核评估的始终,让教师在接受考核评估的同时,增强自己的主体意识。

(二)建立考核评估的立体系统

高校教师的考核评估应该突破以定性为主、固定单一的传统方式,根据考核评估对象的不同层次、不同内容而有所侧重,注重并提倡过程的、发展的、多角度和多视野的立体考核评估系统。第一,建立学生评估系统。学生作为接受教育的主体,最有权利也最能客观地对教师的教学情况和学识水平做出评价。要细化教师考核评估的内容,不能过于简单和笼统,可分出层次供学生无记名选择。对学生的评价高校要统一用计算机进行数据分析,并将结果记入教师年度考核报告,作为整体评价的重要依据。第二,建立自我评价系统。教师作为被考核评估的主体应不断反思自己的教育教学理念和行为,不断进行自我调整、自我建构,使自身素质不断提高。因此,教师要积极主动地、经常地对自己的工作进行自我评估和反思,随时调整、修正不足之处,并不断对自己的知识与经验进行重组,保持一种良好、向上的工作状态,完成岗位任务。第三,建立同事评价系统。由于教师了解教学规律,通晓专业知识,相互间比较了解,加上长期的关注和监督,使同事的考核评估具有一定的可信度。同事之间的评价应该侧重于业务素质,重点是教学、科研、学生培养和社会服务方面的工作业绩,以此来促进教师的专业发展。第四,建立专家评价系统。由经验丰富、业务素质高的教师和领导组成专家组,实施"专家督导制"。由这些专家对教师的教学状况和科研成果进行考核评估,使评价更具科学性。

(三)调整考核评估指标体系

教师考核评估应该是多维度的,在建立教师考核评估指标体系时,至少应从三个维度来考察教师的表现。首先,从教育者的角度考察教师的素质、表现和成就。教师不仅是知识的传授者,更是教书育人的主体。所以,必须把教书育人的考核纳入教师考核评估指标体系中,并作为一项重要内容把它细化,便于操作。其次,从学习者的角度考察教师终身学习的意识和能力,以及不断自我完善的表现和成就。要培养学生的创新能力,教师要不断地更新知识,不断地进行探索,了解学科的前沿动态。为此,鼓励教师进修学习,或在职攻读学位,避免教师知识的老化。最后,从创造者的角度考察教师的创新精神、创新才能和改革成就。教师的创新精神和创新才能应该通过科研成果和教学实践来体现,所以,考核中不仅要注重教师科研成果的数量和教学时数,更应该注重教师的教学质量,重点放在成果的创新上。

（四）改革考核评估管理制度

为了达到考核评估的目的,应建立一种科学的考核评估管理制度。首先,应建立一种激励机制。教师作为教育者,在教书育人中居于主导地位,教师积极性的高低直接影响着人才培养的质量。因此,高校必须关注教师的积极性。对教师的考核评估正是调动教师积极性的一种科学方法,而考核评估不应以惩罚教师为主,设定的指标更不应以难倒教师为准则。应按照规律,激励教师在竞争的环境中明确自己的目标,勤奋地工作。其次,引入具有长效功能的发展性评价模式。要体现"以人为本"的理念,注重教师个体的特殊性和主观能动性,关注教师的事业发展目标,把高校的办学目标同教师的个人发展目标结合起来,构建发展性教师综合素质评价指标体系,通过绩效评价手段正确引导教师的长期努力方向。最后,构建教师团队绩效评价框架。随着学习型组织、智能型组织理念和实践的兴起,教师之间相互合作,集体攻关课题,已经成为高校发展和提高层次的一种重要形式。为了形成团队的凝聚力,激发和保持团队的工作热情,在团队考核体系上,应当更多地将团队的集体绩效与成员个体的荣誉挂钩,使团队的所有成员都能积极投身团队活动,发挥每个人的作用。

第五章 专业技术职务评聘和职级晋升

第一节　国外职务评聘体系与办法

随着教育的发展，目前世界各国尤其是发达国家都充分认识到了教师专业化和评聘机制的重要性。20 世纪 60 年代以后，建立科学的评聘机制、保障教师职业的专业化成为一种强劲的思想浪潮，极大地推动了高校教师教育新理念和新制度的建立。

一、强调教师职业的专业性

许多国家非常强调"教师"这个职业的专业性。这个问题的根本在于认同教师的重要作用和崇高地位，充分认识到教师在教育质量提升中的重要作用，从而致力于提高教学质量。

世界各国主要通过以下方式保证教师的专业任职资格和专业水平。

（一）从制度上保证

很多国家对教师教育提出了一系列的认证制度，包括教师教育的认定机构、认证制度和教师资格证书制度等。联合国教科文组织国际教育委员会认为："我们无论怎样强调教学质量亦即教师质量的重要性都不过分，各国政府应努力重新确认教育师资的重要性，并提高他们的准入资格。"[①]

在韩国，专家们提出：为了提高教师的素质，从而提升教育教学质量，可以采取"全国教师资格考试"制度，由教育部对此考试直接负责、严格把关，所有想从事教师行业的毕业生，都必须通过这个考试获得教师资格。

（二）从社会责任上保证

教师的特点体现了社会对教师的素质要求和教师对自己承担的任务的自觉意识。国外社会学家和教育家普遍认为：在社会变革中，教师所担负的使命起了变化。现代教师必须担负多种职责和功能、扮演多种心理角色。这些角色大致可以分成三

---

① 国际21世纪教育委员会.教育——财富蕴藏其中[M].联合国教科文组织总部中文科,译.北京:教育科学出版社，1996.

类：第一类是"教学与行政"，其中教员角色最重要，以及社会的代表、社会模范、课堂管理员、青年团体工作者和公众的解释者等次要角色。第二类是社会变革后扮演的新角色，即"心理定向"，包括教育心理学家、处理人际关系的艺术家、社会心理学家、催化剂和心理卫生工作者等角色。第三类是"自我表现的角色"，包括社会服务工作者、学习者和学者、家长等角色。

欧美一些学者认为：教师应具有人文特质，指导学生过智慧型的生活，它不再是传统社会中的只传授知识的严师，也不全是只顾眼前利益的"明师"，而应该是拓展心灵智慧的"人师"。这种对教师的社会认知，更加保证了教师道德素质的质量。在同样严谨的教师专业化思维和机制的影响与作用下，欧美国家的高校教师刚进入大学就已经树立了"人师"的理想目标，清楚自己的角色责任，能够较好地担当起社会责任，努力提高专业化水平。

二、国外实施教师聘任制的方式

现代社会的人才竞争空前激烈，在此背景下，各国都开始致力于提升本国的教育质量。为此，很多国家都对提升师资队伍建设的研究课题给予倾斜和照顾，他们认为师资力量，特别是大学的师资力量在人才培养中起着举足轻重的作用。目前，很多国家，特别是发达国家都致力于实施高校教师的聘任制，其中有三个国家比较典型，代表着三种不同的类型。第一种以美国为代表。这一类型的国家实行多轨制，聘任、契约、终身制同时并存，其中聘任制只适用于低级职称者，对于高级职称者一般实行终身制。第二种以德国为代表。这一类型的国家对于高校教师一般都实行聘任制，但是教授却实行终身制。第三种以日本为代表。这一类型的国家通过法律的手段来规制高校教师的聘任制，但是他们的做法极富弹性，即通过法律在外部制约，由各个高校自主选择是实施终身制还是聘任制。

一般情况下，大学的门槛越高，他们对于教师的要求就越高。国外很多知名学府都不允许本科生直接留校任教，他们一般都要求本科毕业生去其他高校或者某些研究机构工作一段时间，接受多元化的教育、熏陶之后，返回接受聘任，有些国家的要求则更高。例如，德国不允许从本校的副教授中选择教授，他们对于教授的要求相当严格，一般都是从校外直接招聘教授，而且规定教授必须有三年以上的校外工作经验，这是为了突出校方对于多元化教育背景的重视。

牛津大高校长卢卡斯认为：聘任教师时，不但要看其良好的资格条件和推荐信，还要看其工作履历，审视其个人品质，"我们主要依靠考察申请者的内在动机，从愿意从事教师职业、乐于献身学术研究事业的人中挑选教师。遴选教授的权力在系一级，依靠选聘委员会严格挑选高水平教师，校长只有否决权"。[①]

---

① （美）彼德·F.杜拉克.有效的管理者[M].新世纪出版社，1986.

剑桥大学的副校长斯蒂芬介绍：他们的教师主要分为教师、高级讲师和教授，而且他们对于教师的要求较高，例如，讲师的平均年龄是 36 岁，一般教师从讲师晋升为高级讲师还是比较容易的，但是想从高级讲师晋升为教授则需要付出很大的努力，要从很多方面去考查，包括看过多少书、带过多少学生、拥有的学术头衔等。

日本教师的聘任标准有两个，一是必须持有相应的教师资格证书；二是必须通过国家考试，接受能力、学业、身心等方面的审查。东京大学法学部规定助教、讲师的任期分别为 3 年和 2 年；早稻田大学规定所有助教的任期原则上为 3 年，最长不能超过 5 年；庆应义塾大学实施从校外聘请教师具有任期规定的制度。筑波大学尖端学际领域研究中心公开招聘教授时，规定新任用的教授"若在 7 年中没有研究成果，就要离开尖端学际领域研究中心以及筑波大学"。

三、建立以激励为主的评价机制

一般情况下，各所高校对于各自教师的要求是不一样的，但是各所高校都会对各自的教师实行目标管理，并采取相应的措施来对教师进行激励。各所高校一般都会定期或不定期的对教师的教学、科研进行定性评价和定量评价，然后通过评价结果，对教师进行相应激励并予以反馈，从而提高教师的教学质量。在对教师的评价中，美国的大学通常从文献资料的检索、校外同行和学生对教师的评价等方面进行考察。虽然研究型大学和教学型大学在教师评价中所关注的重点有所不同，但大都是借助激励机制进行评价的。

牛津大高校长卢卡斯说："在对教师的评价上，我们主要是采取自上而下的年度评价，其主要特点是，校长评价以激励系主任，系主任评价以激励教师。"①

另外，国外很多高校都致力于对教师的工作进行评价，通过评价建立教师之间的竞争机制，并且将评价与教师的聘任联系在一起，如果某些教师在评价中没有取得好的成绩，则可能会被解聘。

为适应高等教育国际化的需求，我国高校教师的评聘开始摒弃"重评轻聘"的传统做法，尝试通过深化高校人事制度改革，逐步建立起"严格准入、科学考核、按绩聘任"的高校教师聘任新机制。然而，我国尚处于教师评聘制度改革的初始阶段，在教师评价、聘任的许多方面还不成熟、不完善。因此，在认真研究、分析、总结国外高校教师聘任制的先进经验和优点的基础上，借鉴国外的先进经验，有利于建立健全我国高校教师聘任的新机制，使我国高等教育不断走向国际化。

---

① （美）彼德·F. 杜拉克. 有效的管理者 [M]. 新世纪出版社，1986.

第二节　管理人员的职员职级体系

　　《中华人民共和国高等教育法》第四十九条明确规定："高校的管理人员，实行教育职员制度。"2007年6月教育部引发《教育部直属高校岗位设置管理暂行办法》，明确要求直属高校根据其规格、规模，按照干部人事管理权限设置各等级管理岗位职员数量，希望直属高校积极探索实行符合高校特点的高校职员制度。高校职员是指在高校专门从事管理和服务工作的人员，包括高校领导、专职从事日常行政事务工作的人员、专职从事学生教育和管理工作的人员等。高校职员制是专门为高校职员设计的人事管理制度，即把高校职员从校长、书记到处长等管理人员作为一个区别于教学科研人员的独立系列，制定出包括职员职级设计、岗位设置、聘任、考核等内容的管理制度。高校职员制方案是借鉴国外先进经验，根据我国实际情况拟订的，目的是建立因事设岗、按岗聘任、"能进能出""能上能下"的用人机制，建设优化、精干、高效的高校管理队伍。实行用人制度由身份管理向岗位管理转变，充分调动管理人员的积极性、创造性，激励管理人员提高履行职责的能力和管理水平，进而提高高校的管理水平。高校职员制改革符合事业单位人事制度改革的方向，是深化干部管理体制和人事制度改革的重要举措。积极探索和研究高校职员制改革的有效途径和科学规律，是一项意义重大的制度创新工作。

　　随着我国高等教育的改革和发展，以人事改革为重点的高校内部改革已全面展开，其核心内容包括推行教师职务聘任制、管理人员职员制。其中，以教师为主体的职务聘任制在各高校已全面展开，因此，建立适应高校管理工作的教育职员制度及运行机制，依法建立和实施高校职员制度已势在必行。

一、实行高校职员制的必然性

（一）职员制度的内涵

　　职员制是一个制度名称。职员是一个职业的称谓，是一个方便分类管理的标识符号。只要聘用在岗的人员，无论他原来是什么身份，在聘期间都称职员。职员不实行公务员和原来意义上的国家干部严格的身份管理制度，而是按职位实施管理，从而在事实上打破了干部、工人身份在事业单位的界限。任何人只要符合职员职位要求的资格条件，并经过规定的程序，都可以聘用为职员，并且聘任什么职位就享受什么待遇，但解聘以后这种待遇就取消，不能带走。

（二）我国高校现行管理体制存在的问题

1. 高校行政管理二元性

高校管理人员现行的管理体制或者是按照专业技术人员管理模式，或者是套用国家行政模式，形成了管理的二元性。管理干部既有行政职务又有专业技术职务，造成岗位职责不明确，责任落实不到位。因行政职务中领导岗位有限，管理人员往往需要花大量时间用于准备高一级专业技术职务的申请，很多研究内容与本职工作毫无关系，极不利于管理人员队伍建设和整体素质的提高。

2. 管理人员待遇偏低

管理人员的待遇主要是指政治待遇和物质待遇两个方面。管理工作常被看作是辅助性的工作，不被重视。高校对管理干部队伍的培养又缺乏长远规划和得力措施。管理工作性质决定管理人员只能获得国家工资和高校津贴，其待遇与职务紧密挂钩，只有在职务提升时，才能提高工资级别，兑现相关的待遇。对于一些长期勤勤恳恳工作、在高校各级管理岗位上的人员的安排，现行政策规定缺少这部分内容。

（三）教育人事制度改革的现实需求

事业单位人事制度改革是在国有企业劳动制度和政府机构公务员制度改革之后的一项重大的战略性改革，改革的目标是建立科学合理的人事分类管理体系。公立高校是事业单位的重要组成部分，积极推行教育职员制度改革正是在这一背景下展开的，改革总的方向是：淡化高校的行政色彩，纠正高校管理干部行政化、业余化的倾向，探索高校管理队伍的专业化、职业化道路，最终实现公立高校与管理人员关系的平等化与契约化。

随着高校人事制度与分配制度改革的不断深入，职员制度的实行，正好适应了管理队伍用人机制要实行的三个转变，即人员配置从计划经济的调配制度向市场经济聘任制转变；人事管理从原来的身份管理向岗位管理转变；分配从原来的平均主义、向以岗定薪、优劳优酬转变。这将会有力地推进高校人事制度的改革步伐。

高校实行职员制度理顺了管理队伍与教师及其他系列人员的关系。这个制度的实行，可以重新定位管理人员，明确管理人员与专业技术人员和工勤人员的关系，实行职员职级工资制，在收入分配上实行以岗定薪、按劳分配和优劳优酬原则。同时也建立了符合管理队伍现状的聘任和晋升序列，避免了对专业技术职务聘任制的冲击，使管理人员安心于从事本职管理工作。

二、实行高校职员制的积极作用

（一）高校职员制有利于防止学术腐败

实行高校职员制，强化了岗位意识、淡化了行政级别和身份意识，形成了干部"能上能下"的机制。对高校党政管理人员的评价,主要看业绩,而不是以论文、著作、项目、科研经费作为其评价标准。这样有利于管理人员一心一意搞管理,专业技术人员专心致志搞业务,可以在制度上防止学术权力和行政权力的混淆和交换,防止学术腐败的发生。

(二)高校职员制有利于优化管理队伍结构

实行高校职员制使高校管理人员有了一个相对独立的系统,使其在自身的职权范围内能独立做出决定并承担相应的责任。在此基础上,根据每个人责任的大小、工作性质、工作的繁简难易程度确定相应的等级序列,每等每级都有客观的评价依据,从而使管理人员的录用、考核、薪酬、奖惩等管理工作有章可循、有法可依。这样做,有利于贯彻人员专业化的原则,保持行政管理工作的连续性和稳定性,实现了管理人员责、权、利三者的统一。从根本上解决了以往工作中存在的职责不清、人浮于事的弊端,提高了工作效率。高校职员制的实行,使得管理人员有了属于自己的职务等级序列和岗位设置方案,有了与本职工作特点相适应的明确的岗位职责、任职条件和聘任办法,进一步理顺了党政管理人员与教师及其他专业技术人员的关系。

(三)高校职员制有利于高校管理人员自身的提高和发展

高校职员制的建立使高校管理人员清楚地解了自己所处的等级,明确了自己的升迁途径和升迁目标。一方面可以激励其更好地完成自己的本职工作,并为将来升迁后可能从事的工作做好知识、技能上的准备,进一步搞好自我开发,从而也相应地提高了工作水平和工作效率;另一方面有利于提高管理人员的进取心,保持管理人员队伍的活力,使那些尽管没有担任领导职务,但有能力、有水平的管理人员,可以通过自身的努力进入高级职员等级,一样能得到相应的待遇,实现自身的价值。

三、高校职员制存在的问题与面临的困境

(一)对高校职员制度的认同不充分

首先,高校职员制度的推行彻底打破了高校原有的用人机制,真正实现了由身份管理向岗位管理的转变。然而,这种转变要真正落实,不仅仅要体现在文件上,最根本的是要有高校、社会的认同。目前,这种认同并不充分。只有通过不断的宣传和实践,使管理者自己、高校其他成员以及社会认同高校职员制度,其实施才能取得良好的效果。

其次,机构调整必将改变原有工作格局和触及自身利益。在工作格局和原有模式改变后其人员的分流、重建和调整,必将带来全部或局部人员的思想不稳定。

（二）人员退出机制不健全

高校职员制度实行的是以法律规范为主的约束机制和以绩效评估为主的激励机制。建立与市场经济相适应的人员新陈代谢体系，一方面要从外部吸收新的高素质成员，另一方面要不断从内部排出不适合系统运作的成员，即管理人员的退出机制。目前，由于整个社会保障体系的滞后，这种退出机制主要局限于高校内部，如通过设置过渡岗位、转岗到后勤等产业部门的方式来安置落聘人员。显然，这将制约高校职员制度乃至整所高校内部管理体制改革的顺利推进。

四、发展高校职员制的对策与措施

为了解决高校职员制第一轮试点过程中所面临的问题，建立既符合高校自身管理特点，又区别于政府管理架构；既有利于选拔优秀管理人才，又有利于激励广大管理人员；既拥有一套独立的工资体系，又能与社会接口的高校职员体系，本文认为在进行新一轮职员试点工作时应采取以下措施。

（一）制定提离转变思想的应对策略

首先，在整个职员制改革进程中，必须建立以事为中心的职位管理制度，有计划逐步取消行政级别，坚持尊重知识、尊重人才、尊重劳动、尊重创造的方针，树立人才资源是第一资源的观念；坚持公开、平等、竞争、择优和德才兼备的原则；坚持依法管理，规范运作，优化结构，提高效率的原则；坚持改革、发展、稳定相协调的原则；坚持平稳过渡、稳中求进的原则；坚持编制核定与结构控制的原则；坚持重点保护与动态调整原则；坚持职位设置与效益管理的原则；坚持按劳分配和生产要素参与分配的原则。

其次，在特定条件下把握好高校管理人员的思想状况，积极引导并通过多种途径宣传，共同认识在市场经济条件下，体制和机制的转变及社会分配制度的转变是很有必要的。让职工明确职员制改革的根本目标是高校管理队伍的职业化，在管理队伍中建立人员能进能出、职务能上能下、待遇能高能低的竞争激励机制；同时也要兼顾职员的个人发展与晋升问题，尤其是对于在教育岗位上工作多年的人，有激励其前进的动力，能给予足够的个人发展空间，在待遇上要体现出一定的政策；除此之外，在特定条件下需要制定可行的对策，可采取特定的行之有效的管理方式，消除教育管理人员的顾虑，把思想政治工作及时转变为高校人事制度改革的动力。

最后，职员设岗聘任与教师职务聘任同步。为了避免职员与教师攀比，在新一轮职员试点开始启动时，应考虑将教师及其他专业技术职务的岗位聘任与职员的设岗聘任同步进行，聘任办法的制定要充分调研，准备时间可以适当错开，但具体实施要同步进行。

（二）建立有效的人员流动机制

首先，建立与社会环境相衔接的人员退出机制。真正做到"能上能下，能进能出"，使高校的管理人才队伍的培养与发展和社会的整体环境相适应，如必须创造条件建立与社会相衔接的养老保险、医疗保险、失业保险及住房公积金制度。

其次，鉴于聘任职员后职员一般不能聘任专业技术职务，当岗位变动时，需要相应聘任专业技术职务。这时，就要考虑原任职员的情况，建立职员与专业技术职务两个体系相交流的机制。职员制度与教师职务聘任制度并行，应该是相对稳定、合理流动的机制。

最后，规范"双肩挑"岗位的管理。减少"双肩挑"人员，明确规定与教学、科研、研究生教育等业务性强的部处负责人可以"双肩挑"，并聘任相应的专业技术职务，但必须按职员岗位来管理和考核，强调岗位与待遇的一致性，套入相应职员职务职级序列。

（三）建立科学的分配制度及评价、考核体系

首先，职员制度最重要的相关制度是津贴分配制度，实行职员职级制的目的之一也在于调整教师津贴分配制度。在目前全国高校实行统一的工资制度的情况下，高校职工靠工资中30%活的部分（津贴）与校内津贴捆在一起，推动分配制度改革，合理拉开差距。

其次，对职员评价和考核的基本思路是按岗位职责、合同约定进行分类考核。对领导管理岗位职员实行任期目标任务考核，年初明确职责，年末进行考核。考核中能量化的尽量量化，辅之以定性。事务类管理岗位职员主要对工作态度、履行合同职责、办事效率、工作创新等方面，做出"优、良、合格、不合格"的等级评价，为提拔和晋升提供依据。

（四）做到契约管理

做到契约管理能够真正意义上体现职员制度是一种聘任制度，契约管理作为人事管理法制化、规范化的必然要求，是大势所趋。高校与个人的聘任关系以合同形式确定下来，受法律保护，聘任双方都以合同为依据，受到合同的约束和制约，绝不能一签了事，流于形式。

五、实行高校职员制的探索

（一）科学合理地进行职员体系设计

高校职员制是结合高校管理工作的特点和规律，建立"职务"与"职级"相结合的一种聘任制度。岗位管理和竞争择优是高校职员制度的基础。岗位设置要根据高

校管理岗位性质、层次、要求的不同特点，按照部门的职能、管理工作的复杂程度和任务来确定。强调以事为中心，因事设岗，因岗择人。在确定机构职能、人员编制基础上，根据工作性质、任务难易程度以及对人员综合素质、专业水平等要求进行岗位设置。不同职能部门确定不同职员的结构比例。岗位设计以业绩能力为导向，职级设计以职龄积累为导向，建设以具有较高领导能力的高级职员为核心，具有较强管理能力的中级职员为骨干，具有一定办事能力的初级职员为基础的管理队伍。

（二）强化职员分类管理体系

高校职员制要实行科学的分类管理。要根据高校职员岗位"管理"和"服务"的不同特点和要求，来设计职员的分类管理制度。既要考虑将能力强、工作成绩突出的人员选拔到领导管理岗位上来，也要考虑形成一支服务意识强、工作踏实肯干的服务人员队伍。职员职级是高校职员制的核心，职员的职责、地位、待遇，都通过设置一定的职级来体现。职员的职级与职务之间没有必然的对应关系。根据分类管理原则，职员的职务可分为领导管理岗位职务和事务性管理岗位职务。职员通过自身的努力，提高各方面素质，达到上一级职员的任职条件，一样可以正常晋升，在职级上甚至超过处在领导管理岗位职务上的职员，从而兑现相应的待遇。职员职级和职务彻底消除与政府机关干部等级的对应关系，打破官本位的羁绊，真正成为管理人员职业生涯发展的通道。

（三）规范用人机制，加强聘期考核和合同管理

人事部关于事业单位试行人事聘任制度的意见，对转换用人机制提出了明确要求。高校职员制也应该按照国家的有关规定，切实转换职员任用机制。要结合高校全员聘任制改革的实施，大力推进职员岗位管理和聘任制。在公平、公正、公开的原则下，坚持人尽其才、才尽其用，创造有利于优秀、拔尖人才脱颖而出的竞争机制，择优聘任，竞争上岗。人员考核是人事管理工作的基础环节，为人员奖励、晋升、培训、增资等提供科学客观的依据。根据不同分类、不同层次、不同岗位的人员确定其岗位职责是建立科学考核评估体系的基础。坚持实事求是、立体考核和注重成绩的原则是实现客观、公正考核的保证。同时配合考核工作，建立奖励制度，发挥正面激励作用。

（四）尽快建立职员制与专业技术职务的互通渠道

实行高校职员制就是要在高校建设一支专业化的管理队伍，但并不排斥高校从教师为主体的专业技术人员中选拔管理人才。对于具有管理职能的高校职员岗位，特别是那些与教学、科研等工作密切相关的管理岗位，更要积极从具有教学科研工作经历，又具有较强管理能力的人员中选聘。专业技术人员一旦到了管理岗位工作，必

须按照职员来管理、考核。同时也应允许一些确实具备一定学术水平的职员应聘到专业技术岗位。因此，高校职员制度的设计要考虑建立专业技术队伍与管理队伍之间的"立交桥"，既有利于吸引优秀人才补充管理人员队伍，也有利于院系教师在教学科研和管理工作中的双向流动，促进高校人员的整体管理水平的提高。

（五）完善配套制度，实现平稳过渡

实行高校职员制的目的是要稳定高校管理人员队伍，提高管理人员队伍的整体素质，更好地适应高等教育改革的需求。为此，政府在推进高校职员制实施时，要健全相关的法规，完善配套制度，实现平稳过渡。首先是工资制度的配套。工资制度一方面要体现职务高低、职责轻重和工作难易，另一方面要体现能力和资历。职员工资水平要与专业技术工资水平基本平衡，在职员等级工资的基础上建立以岗位、职责、业绩、绩效为主的津贴制度，更高地调动广大职员的积极性。其次是人员的退出机制。高校职员制实行的是法律规范的约束机制和以绩效评估为主的激励机制，因此一方面要接受、吸纳新的高素质成员，另一方面也要有管理人员的退出机制。

高校职员制是一项意义重大的制度创新工作，是打造高校管理人员队伍专业化、职业化的新途径。只有对其进行深入的探索与实践，才能建立和完善符合高校特点的管理队伍人员聘任机制，激励管理人员提高管理、服务水平和履行相应职责的能力，形成管理队伍在稳定中竞争发展的内在规律，建立适应高校改革发展所需的优化、精干、高校的管理人员队伍，从而提高高校的管理水平和办学层次。

第三节　各类人员的晋升方式

职称，即专业技术职务，是一个人专业技术能力高低的依据。评职称就是对专业技术职务任职资格的认定，它既关系到每一名高校教师的成长，也关系到高校的发展与进步。目前，我国高校，尤其是名牌院校正在争创世界一流大学，而教师作为教育诸因素中最具有能动性的因素，在其中必然发挥着重要作用。因此，如何更好地推进高校职称制度改革，探讨适合我国国情的改革道路，让职称制度发挥更大的实效，是一个必须认真研究的问题。

一、我国高校职称制度的变革历程

我国近代高校教师职称制度最早可以上溯至洋务运动时期的洋务学堂，而最有代表性的是京师大学堂，当时的教师分为教习、副教习，在某种意义上来讲，这是我国最早的高校教师职称。1912年，中华民国临时政府颁布《大学令》，规定高校教师设正教授、副教授、助教授，必要时可以延聘讲师，但这些教师职称大部分是根据主观印象

任命的,在任职条件等方面没有明确的规定。1927 年,南京国民政府公布了《大学教员资格条例》,把高校教师划分为教授、副教授、讲师和助教四级,对高校教师的任职条件、资格审查和评审程序等方面做了具体规定。

目前,对中华人民共和国成立后我国高校教师职称评聘制度的划分方式有两种。一是把我国高校教师职称评聘制度的历史分为"两时期六阶段",即职称任命和评定时期,专业技术职务聘任制时期,每个时期又分为三个阶段。职称任命和评定时期分为 1949—1959 年,高校教师职称制度初期阶段;1960—1965 年,高校教师职称制度初步形成阶段;1977—1983 年,职称制度的恢复和重新建立阶段。同时,专业技术职务聘任制时期分为 1986—1989 年,首次专业技术职务聘任制阶段;1991 年至 20 世纪末,专业技术职务聘任工作正常化阶段;21 世纪初至今,真正开始实施聘任制阶段。二是"三阶段论",即技术职务任命制度、专业技术职称评定制度、专业技术职务聘任制度三个发展阶段。下面主要对"三阶段论"进行分析。

从中华人民共和国成立初期至改革开放前,我国处于典型的高度集中的计划经济阶段,高校实行的自然是教师职务任命制度。1977—1986 年,我国处于计划经济为主、市场调节相结合的阶段,伴随着市场经济的出现,教师的职称任命制度开始转向了职称评定制度。这时的评职称就是评待遇、评头衔,且终身相伴,是典型的计划经济分类、分级管理人的模式。但是由于当时没有适当的数额和任期限制,"一朝拥有,终身享用",导致职称评定工作失去竞争,活力甚少,使得职称与岗位职责相分离。因此,改革职称评定制度,势在必行。1986 年 1 月,全国职改会正式决定改革过去的职称评定制度,实行专业技术职称聘任制,其主要特点是评聘结合,专业技术职务由专家评审,行政领导聘任,有数量岗位限制,职务为任期制,且只在本单位有效。这种制度的特点是评聘合一模式,即先评后聘,其实质是评委会评审与单位聘任紧密结合,不聘则不评,不评则不聘。这一模式逐渐演化成了以上级行政机关或评委会为主体的聘任制。专业技术资格评定未能实现社会化,单位自主聘任权也难以真正落实。评聘结合制阻碍了高校人事制度改革的进一步深化,制约着高校内部管理机制的转变和高校的发展。

当前,我国深化职称改革就是要进一步建立以能力和业绩为导向的、科学的、社会化的人才评价机制。在这种情境下提出了评聘分开模式,即任职资格评审或考核不受岗位和职务限制,够条件者可自主申报评定专业技术资格。这种模式是充分发挥专业技术资格审定和职务聘任两个作用的最佳模式。但是由于在实践过程中并没有真正按照评聘分离模式来运行,因而也就并未达到评聘分离模式预期的效果。

二、当前职称评聘中存在的主要问题

现有职称评聘制度中仍存在着不少问题,使得职称制度未能起到很好的公平与

激励作用,主要表现在以下几个方面:

一是搞职称"终身制","能上不能下",客观上阻碍了青年人的发展。二是学术评价机制不够健全,评价过程中主观因素影响较大,主要是指评审组的专家组成、专业分布、层次、学科实力存在差异,以及名额、年龄、资历等因素的影响,使评审的科学性、客观性和准确性很难保证。三是评聘标准条件过粗,量化少,容易造成论资排辈。各系列专业技术职务的试行条例普遍对学历、专业年限等任职条件规定较硬,而对业绩、水平等条件量化较少,致使许多中青年专业技术骨干由于工龄、教龄等条件限制,评不上与其实际能力、工作贡献或劳动强度相吻合的职务,得不到应有的待遇和回报,挫伤了他们的工作积极性,使职称和能力不能很好的匹配。四是重视科研,忽视教学。职称评定与教学脱节,一些教师只做研究,不认真教学,使教学型的教师得不到应有的地位,使得人才评价机制不尽合理。这已经对教学质量产生了明显影响。五是职称评聘制度不够灵活,人才的正常流动受到限制。对于想要引进的人才,由于各种限制引不进来;或者是"能进不能出";或者是引进后配套政策跟不上,想留又留不住;对于聘用人才在项目合作、访问、进修等特别是参与国际交流和合作方面,存在政策上的不完善,致使人才的内部流动和外部流动受到限制,造成了高级职称人才状况的参差不齐。这必然影响到人才队伍整体素质的提高。六是评聘职称后续管理方面存在诸多薄弱环节。聘后管理仍停滞在收发考核表、掌握一些无关痛痒的信息等低端层面,而以能力、业绩为基本评价要素,以激励人的文化管理为基本手段的现代评价体系和管理模式,最终流于形式。种种弊端,使一些人的才干得不到施展,潜能得不到发挥,严重束缚了高校教师的专业发展,必然影响教学质量。因此,加强职称制度的进一步改革,对高校更好地适应我国经济社会的发展要求,有着特殊的意义。

三、高校职称制度改革的几点设想

目前,我国深化职称改革的一个重点是,改进、完善专业技术职务聘任制,打破专业技术职务终身制,落实用人单位自主权,真正做到职务能上能下、工资收入能高能低。要达到这一目标,可以考虑采取以下几点做法。

(一)完善聘任机制,健全相关制度与政策

职称评聘工作要规范、正规、入轨,要适应经济和社会发展的需求,政府部门应着力于建立健全约束机制,逐步改变目前职称工作围绕指标转的状况。同时,严格岗位设置审批制度,使职称评聘保持纯洁性、客观性、平等性、民主性和公开性,确保职称评聘工作经常化、规范化,提高评聘质量。

1.完善专业技术职务聘任制,强化公平、公正、公开原则

通过改革,真正建立按需设岗、按岗聘任、"能上能下"、竞争激励的用人制度,促进专业技术人员队伍建设,实现人才辈出、人尽其才,充分调动广大专业技术人员的

积极性。对于竞争专业技术职务岗位者,原则上应具备相应的专业技术资格,可以实行"低职高聘"或"高职低聘"。同时继续坚持个人自由申报、社会公正评价、单位自主聘任、政府宏观调控的人才评价与使用的改革方向,以科学设岗为基础,以加强单位自主聘任为核心,真正建立起"按需设岗、按岗聘任、竞争择优、优胜劣汰"的用人制度。通过科学设置专业技术职务结构比例和核定岗位职数,强化岗位聘任管理和任期考核,激活专业技术人员的聘任机制。

2. 健全管理法规,促进职称管理工作法制化建设

我国目前缺乏法律保障制度和总体规划,评定职称范围越来越大、非常混杂,一些非从事专业技术工作的人员也要评定技术职称,有的单位出现了降低标准和"论资排辈"现象,甚至有的单位把职称当作人人有机会享受的一种"福利",职称评聘通过率高达 95% 以上。美国对职业资格管理主要是依法管理,对专业技术人员不同的职业资格有不同的单项法规。这些法律法规不仅明确规定了职业名称的定义、受控制的专业行为、注册资格的条件,而且规定了政府行业主管的职责,专业学会及其专门工作机构的成员资格、任期、补贴与开支等,同时还明确了雇主的责任、代雇单位的责任等,使职业资格的管理具有很强的权威性和可操作性,也使职称管理有章可循。借鉴美国成功的经验,我国的职称管理工作应制定适合我国国情的专业技术人员管理法规,以使我们的职称工作有法可依,改变目前主要靠国家和部委所颁布的政策、"暂行条例"的状况。

3. 大力推进执业资格制度,加快职称制度科学发展的步伐

执业资格制度是职业资格制度的重要组成部分,是政府对某些责任较大、社会通用性强、关系公共利益的专业实行准入制度,是依法独立开业或从事某一特定专业的学识、技术和能力的必备标准。在美国,除在高校和科研机构中实行"职称制度"外,在其他范围内,主要是实行"职业资格制度"。这种制度要求专业技术人员在担任某种专业技术职务前,必须具有相应的职业资格,如中小学教师。为获得相应的"资格",专业技术人员必须参加由各州行业协会(专业学会)依据法律授权而组织的统一考试,考试合格了,再通过有关部门的综合考核,方可领到州政府授予的资格证书(只在本州范围内有效),视为获得了从事某种专业技术工作的"资格"。"资格"是从事某项工作、取得相应职务的基本条件,是获取报酬或晋升的依据之一,不与"工资"待遇挂钩。

这项制度在发达国家已实行了近百年,对保证执业人员素质、促进市场经济有序发展具有重要作用。早在 1997 年,时任国家人事部副部长徐颂陶在一次工作座谈会上就已讲过:"深化职称改革的一个目的,就是要强化执业资格制度,淡化职称,完善专业技术职务聘任制,有些职称系列,在条件成熟后,可以逐步向执业资格制度转

化。"① 这种转化必须是水到渠成的。我国职业资格制度从推行到现在时间较短,制度建设还不够完善,部分职业资格和职称有所重复,在一定程度上不但造成了不必要的人力、物力资源浪费,也影响了效率。因此,我们要按照统筹规划、科学论证、急需先建、逐步推开的原则,加快我国建立执业资格制度的步伐,抓紧制定执业资格制度管理的法规文件,最终使我国职称制度逐步走向科学化。

(二)完善运行机制,规范评审办法

目前,除少数几个系列采取需考试取得任职资格外,绝大多数都采用以审阅材料为主的评审办法,方法单一,评审者容易受到提供的材料以及评委个人偏好差异的影响,从而造成人为因素的评审结果不准确和失误。应该健全评价机制,秉承公平公正原则,全方位对教师进行考核,以保证职称评聘的有效进行,使教师发挥最大的积极性。最好的评价机制,应围绕能力和业绩两个方面,结合各系列、专业间的不同性质和特点,对专业技术人员提出明确的、有针对性的和有所侧重的要求,不唯身份、不唯资历、不唯职称、不唯学历,拓展人才评价内涵,从重学历、重资历逐步向重能力、重业绩转变。

1.重"质"轻"量"和专家评审相结合,建立完善的教师评价机制

职称评定中论文和著作是一个很严格的指标,但是避免劣质论文评出优秀论文是论文评比中最核心的问题。对于这个问题,国际上通行的做法不再以发表论文的多少甚至发表论文的级别为评价指标,而是以论文是否被引用、被引用的频率多高、被谁引用等来评价。引用频率包含转载、摘登、被同行引用或被社会实践领域所应用等。它能够比较真实地反映论著的质,同时也比较客观。引用频率并不是作者自己能够完全控制的,它所反映的是学术界较为客观的反映。总之,引用频率标志着一篇论著在学术界影响的程度。也就是说,以某个研究者的成果在多大程度上被其他人所认可、所接受为评价标准。这样,那些质量低劣的论文,将没有生存空间。具体评价方法可由时间来检验论文的质,并对其量化。随着时间的推移,有的论著会越来越有影响。因此应当采取一定的量化手段:首次发表的论著得分应当最少,假定是1分。在论著发表的同年被引用一次,只增加1分。但若在第二年被引用一次,则要加2分,第三年被引用一次要加4分,依次类推,分数按几何级数增长。之所以如此,是因为随着时间的推移,论著的影响一般会逐渐减弱,因而越是时间久远的引用就越说明了论著的价值和影响力。著作的重印也应当按这个方法来记分,首次印刷为1分,第二次印刷则为2分,依次类推。修订重印也按此来计算。一本出版以后就没有人问津的书恐怕很难说有什么价值,而数年后还有人再引用、再读的书,它的价值是不言自明的。

---

① 《中国人才队伍建设实用全书》编委会编.中国人才队伍建设实用全书 中[M].北京:当代中国出版社,2002.

评价高校教师的机制应该是为教学型教师留出一部分高级职称的基础上，那些教学型的高级教师职位（教学副教授、教学教授）的评价应当以他的课程被学生的认可度作为标准。这样，一个良好的高校教师评价机制才能够真正建立起来。

2. 建立合理的评价组织，完善人才评价机制

职称工作的核心是人才评价，而人才评价的关键是评价组织。在对教师进行评价时可以借鉴香港科技大学的经验，在科研上，靠的是同行评价；教学上，靠的是同学评价；在服务上，靠的是同事评价。

浙江大学实施"背靠背专家评审"和"推荐名额制度"。浙江大学要求，申报教授和实验系列正高职的申请人要将代表性论文著作以及教学科研成果的清单，送所在研究领域国内最强学科的三位同行专家进行评审。评审专家除对送审材料的学术水平作出评价外，还应对评审对象的研究工作在同类研究中所处地位、评审对象是否达到本单位本学科教授或相应职务的水平等明确表态。"推荐名额制度"由高校根据各学院现有高级职称队伍的结构比例和申报人的业绩情况，下达推荐名额，在学院评审推荐的基础上，校职称领导小组结合候选人的业绩和岗位急需情况，审议下达晋升名额，各学部评委会差额评审后上报校级评委会评审。

3. 建立专业技术人才社会化评价机制，促进行业内人才的合理流动

要增加职称评审的透明度，加大社会化评价和资格准入的规范考试力度，使专业技术人员在评审、聘任中公开公平竞争。政府的职称工作主管部门在深化改革过程中应加强与社团、协会的联系，积极探索多样化、社会化、科学化的评价手段，量化、细化的评价标准及如何充分发挥专业技术人员的作用，这是职称改革"把评审权交给社会"的有效途径之一。这样将会使我国的职称制度更加规范和科学的实施。同时，要使评审达到社会化、专家化，能够消除单位评审办法中存在的利益、人情因素，业务水平成了评审委员们决定是否授予被评审人职称的唯一标准。社会化评定的职称，也将被社会所承认，而不像单位评定的职称，往往只是在本单位才被认可，能够更加有效地促进人才的合理流动。由此可见，职称社会化评价机制更适应我国市场经济的发展对人才的高层次需求，更适应人才成长发展的需要，因此，也将成为今后人才制度改革、职称制度改革的方向。

4. 结合学术生命力、年龄和专业等因素，实施相同专业分年龄段评定

目前高校评职称以绝对水平评定，没有考虑到学术生命力人的年龄和专业因素。由于大多数人的水平相差不大，于是评定职称当中熬资历的因素也就比较突出。对此，我们认为"相同专业、分年龄段评定职称"的做法可以提倡。"相同专业"的要求是非常自然的；"分年龄段评定职称"即一个人无论申报多少次职称，始终只能在年龄相同或相近的一批人当中进行竞争。每代人研究能力是大致相当的，而且个体只有在其从事同一专业领域的同龄人当中竞争，才具有最大的公平性。这样更能保证评

聘的公正性和公平性，避免论资排辈现象。这里的关键问题是，不同年龄段之间各级职称名额如何分配？各高校应该制定具体的比例。2003年北京大学人事改革引发激烈批评的重要原因之一，即青年教师与中年教师站在同一起跑线上竞争，显失公平。如果北京大学的"非升即走"按照年龄段进行，一个人始终与从事同一或相似专业领域的同龄人竞争，改革争议会小很多。这一措施可以根据不同高校的特点，制定具体方案。

（三）完善调节机制，实施聘期内管理和分类、分级管理体制

1.取消"一评终身制"，规定晋升时间和晋升次数

北京大学和中山大学的改革取消了"一评终身制"，制定了评聘分开的聘任制度。在北京大学的职称制度改革中规定新聘具有硕士学位的教师在助教岗位上工作2年之后，有两次申请晋升讲师的机会；具有博士学位的讲师工作2年之后、具有硕士学位的讲师工作5年之后，有两次申请晋升副教授的机会；新聘副教授工作5年之后，有两次申请晋升教授的机会。如果第一次申请不成功，第二次申请须在相隔一年之后；如果第二次申请也不成功，属于固定聘期者，一年后不再续聘原岗位。对没有取得某一资格的人的评审为初评；取得某一资格一定年限（如5年）的技术人员必须续评，即以取得此资格几年内的业绩情况重新予以确认，通不过的，降低一级职称。这样可以防止"吃老本"的情况，对于不同学科、不同年龄的人员续评的年限可做不同规定。因此，需要进行改革，改革的基本方向就是聘任制与一定范围内的终身制相结合。

2.实施分类管理、分级管理体制，激励高校教师的积极性

实施分类管理、分级管理体制，充分调动各行业管理部门及用人单位的积极性，为各类专业技术人员建功立业提供更多的空间和机会。过去职称等级分初、中、高三级，优点是简单、便于操作，但容易使专业技术人员在获得中高级职称后，产生"船到码头车到站"的感觉，工作中出现松懈和"混混年头"的消极思想，而不利于激励进取精神和事业发展。实行分级制，让每一级都匹配不同的薪资待遇。实行分类制，以考试、考核合格并取得合格证书作为晋升高一级技术职务的条件，如清华大学的九级津贴制度。深化职称改革，要充分体现市场经济的某些特征，要强化聘任制，破除终身制，尤其要在"能上能下"方面取得进展，要强化竞争激励机制，创造一个有利于优秀人才成长，发挥其才干的环境。强调依法管理，坚持党的知识分子政策，提高职称工作人员依法行政和科学管理的水平。

当然，中国的高校很多，种类、水平等参差不齐，如何根据具体情况做适时适地适宜的改革，任重而道远。

第四节　人才"立交桥"建设

"立交桥"为交通的四通八达和畅通无阻带来十分便利的条件,是解决交通结点的关键。那么,采用"立交桥"的通俗说法,引申到教育和人才培养工作上来,架设和开通人才成长的"立交桥",改变"千军万马挤独木桥"的紧张现象,开辟和拓宽人才成长的道路,显然具有更为重要、更为深远的意义。什么是人才成长的"立交桥",怎样构建有利于人才成长的"立交桥"?建立人才成长的"立交桥"关键在哪里?这是我国跨世纪教育发展与改革,特别是教育制度、教育体系改革创新必须研究和解决的一个重大而紧迫的课题。

一、人才成长"立交桥"的内涵及其意义

人才成长的"立交桥",是针对长期以来我国人才培养模式单一和应试教育弊端而提出来的一个形象化的科学概念和重要命题,具有深刻的社会背景。1999年6月,在第三次全国教育工作会议上,李岚清指出,要着力调整宏观教育结构,拓宽人才成长的道路,减缓升学竞争的压力,加快非义务教育的发展,构建有利于实施素质教育的人才成长的"立交桥",满足人民日益增长的教育需求。[①] 在此之前,他曾多次提出并强调建立人才成长"立交桥"的问题。显然。人才成长"立交桥"的提出,是在总结、反思我国改革开放以来,人才培养正反两个方面经验基础上,从有利于面向21世纪我国教育改革发展和人才培养成长的新高度和新要求出发,由党和国家最高决策层提出的具有战略意义的宏观决策和宏伟构想。

众所周知,人才成长主要是通过教育来培养的,架设人才成长的"立交桥"实质上就是架设教育的"立交桥"。改革开放以来,我国的各级各类教育事业有了长足的发展,尤其是职业教育和成人教育的发展,开辟了教育的新天地。在教育制度体系方面也进行了若干改革探索,取得了新的进步。但是,我国长期以来形成的传统教育观念和体系封闭单一、过分强调正规而带来的偏颇和弊端,束缚甚至阻碍了教育多思路、多样化的发展。各类教育自成一体,壁垒森严、互相捧斥、自我封闭,缺乏沟通和联系。进了职教的门,堵了升大学的路,正规教育看不起非正规教育,相互之间不能沟通,即使出现了交叉结合点,制定了一些具体政策,但没有从法律法规、制度体系层面加以研究解决。这些弊端既阻碍了教育事业的发展,也违背了人才培养和人才成长的规律,非改革不行。

构建人才成长的"立交桥",就是要打通各类教育之间的阻隔,建立联系与沟通的

---

① 中共中央、国务院关于深化教育改革全面推进素质教育的决定 [J]. 教育部政报,1999(C2):301-310.

通道。相互开放,在保持各类教育发展特色的同时,尽可能多地沟通融合、交叉联结,变各类教育的平行、平面、单一、自我封闭发展为纵横交错、立体、多向、多途径开放发展,在人才成长的道路上尽量多地架设起一座座犹如高速公路上的"立交桥",清除目前人才成长道路上常常出现的红灯和路堵现象,最终形成条条大路通向成才的局面。

构建人才成长的"立交桥"是教育制度的改革创新,是对我国传统教育制度、教育体系的深刻变革,是办学体制和布局结构更深层次的调整和重新组合,是各类教育在时间和空间上全方位的整合和优化。长期以来形成的普通教育体系、高等教育体系、职业教育体系和成人教育体系,将在保持各自特色的基础上,扩大开放、兼容并收。在教育思想指导下,整合协调,最终形成一个体系——终身教育体系,形成一个格局——大教育格局。各类教育在这样的体系和格局里,在一个新的制度环境内,既有个性发展、各得其所,又能相辅相成、共同发展。人才成长"立交桥"的构建之所以是制度创新,其新意就在于它既是高度开放的,又是高度规范的。它和传统教育制度体系的根本区别在于:要求普通教育和职业教育、正规教育和非正规教育、教育世界和劳动世界之间打破相互分割、封闭的壁垒,建立有条件的互通平台,在初、中、高等不同层次、不同类型的教育之间建立起上下衔接的通道。同时逐步建立多种证书并行并重制度,建立教育时间信用制度,建立弹性学习制度、学习成绩评价认可制度和特殊人员的教育准入制度等。

综上所述,构建人才成长的"立交桥",既是我国教育制度和办学体制的深刻变革,又是教育思想和人才培养模式的重大进步。在当前全党全民动员,大力倡导并推进素质教育的新形势下,构建人才成长的"立交桥",无疑将有利于素质教育的全面实施,有利于加快教育的改革和发展,有利于满足人民群众日益增长的对高质量多样化教育的需求。构建人才成长的"立交桥",对于一改几千年来形成的应试教育的传统习惯,彻底扭转"千军万马挤独木桥"的局面,对于加快提升国民素质,培养适应21世纪需要的创新型人才具有重大的现实意义和深远的历史意义。

二、采取切实措施,改革现行教育制度,为构建人才成长"立交桥"提供制度保证

当前,构建人才成长"立交桥"最主要的关节点包括以下内容。

(一)建立横向沟通平台,畅通上下衔接通道

横向的各类教育之间要相互开放,普通教与职业教、职业教与成人教、正规教育与非正规教育、高校教育与自学考试,需打破原来的壁垒和界限,相互渗透、相互沟通、相互承认。其关键是建立能保证各类教育自身基本质量水准的沟通平台,以促进诸如专科层次教育中普通专科、成人专科、高教自学考试专科、广播电视专科教育之间的认可与沟通,促进人才的成长。

从长远来看,彻底改变我国现行教育体系的分类标准和办法,是值得我们深入思考和探究的一个重要问题。我国目前的教育分类是:基础教育、职业技术教育、普通高等教育、成人教育四大块。其好处是有利于提高职业教育和成人教育的地位,带来了管理上的方便。但是它割裂了教育的整体性,且分类很不科学。联合国教科文组织提供的国际教育分类,按照受教育的年限和层次类别,把教育分为一级教育(相当于小学阶段教育)、二级教育(相当于中学阶段教育)、三级教育(相当于高中后教育)等,这种按教育层次来划分的教育,体现了教育分类标准的一致性和科学性。按这一分类标准,成人扫盲教育归入一级教育,成人中等文化教育和职业技术教育归入二级教育,成人接受高中后的各类教育归入三级教育。这样分类不仅有利于教育资源的共享共用,更重要的是有利于不同层次类型教育的沟通、融通,体现了终身教育的思想,有助于启发我们在构建人才成长"立交桥"过程中的思路。

纵向的初、中、高教育层次可相互衔接。打通或畅通从低一级教育层次上升到高一级教育层次的通道。目前普通高中升入普通高等教育的通道已经开通,而中职教育升入高等教育的通道尚未完全开通,需要从政策、制度上加以确认如我国台湾地区建立了从中等职校—技术学院(相当于专科层次)—科技大学的升学通道,是值得我们借鉴的。

不同类型的教育从低层次升入高层次,目前限制较多,如中等职业高校毕业生升普通高校的问题,需要疏通环节,建立升学通道。《中共中央、国务院关于深化教育改革全面推进素质教育的决定》(以下简称《决定》)指出,构建与社会主义市场经济体制和教育内在规律相适应、不同类型教育相互沟通、相互衔接的教育体制为高校毕业生提供继续学习、深造的机会。职业技术学院(或职业学院)可采取多种方式招收普通高中毕业生和中等职业高校毕业生。职业技术学院(或职业学院)毕业生经过一定选拔程序可以进入本科高校继续学习。不同类型教育的相互沟通和衔接是体制创新的关键,尤其是传统正规教育要转变观念,敢于改革创新,为其他各类非传统教育、非正规教育提供连结点。

（二）实行招生入口改革，建立弹性学制

首先要积极推进高考制度改革,放宽招生和入学的年龄限制,进行每年举办两次高校招生考试和同类或同一地区高校联合招生考试的试点;逐步改变全国统一招生考试制度,可将考试分为国家重点院校和一般本科院校两类,国家对重点本科院校可实行全国统一考试,重点院校加试的方式,其他院校的本专科招生可将考试权下放至省级人民政府教育行政部门,扩大高校的招生自主权。使考生有更多的升学和选择高校的机会;改革高考科目和内容,实行"3+X"的科目改革,突出对学生能力和综合素质的考查,以对普通中学全面推进素质教育进行正确导向。要不拘一格选拔人才,对特长考生应有一定宽容度保证其入学的机会。

采取多种形式改革高中阶段高校的招生办法和高中会考制度，各类中等职业高校可免试招收应往届初中毕业生和同等学历的其他社会青年，普通高中（特别是发达地区）的招生取消统考制度，以毕业成绩及平时学习成绩作为衡量录取的标准，重点高中自行确定招生录取办法。总之，招生考试改革的总体思路，应大力改革各级政府教育行政部门组织的统一考试，扩大高校的招生考试自主权，降低入学考试难度，清除人为设置的各种障碍，变单通道为多通道，变窄道路为宽道路，变独木桥为"立交桥"。

要建立弹性学制，高校和中等专业（职业）高校，应逐步全面推行学分制。实行灵活学制和弹性的学习制度，实行不同高校类型和教育机构之间相同要求的学分互认，允许学生分阶段完成学业，学习和就业（创业）结合，这样有利于将理论和社会实践相结合，有利于增强和提高学生的实践能力和综合素质，有利于创造性、创业性人才的培养和成长。

（三）发展多种形式的开放教育，实行宽进严出

教育开放的一个重要标志就是设有或不设入学的门槛。实践证明，高等教育自学考试，为一大批有志青年提供了接受高等教育的机会，因此，要进一步完善自学考试制度，大力提倡和鼓励自学成才，这对我国高等教育的发展具有特别重要的意义。而现阶段的问题在于，要进一步把自考的重点放到农村，把为"三农"服务作为办考的一个根本指导思想，大力加强社会助学，大力加强育人力度。把办考和办学统筹同步考虑，加强自考服务支撑体系建设力度，为广大自考生自学提供良好服务。现代远程教育是随着现代信息技术的发展而产生的一种新型的开放教育方式，是构筑知识经济时代人们终身学习体系的主要手段，应依托并拓展现有广播电视大学的功能，积极发展网上远程教育（包括学历教育、课程教育），进一步发展高等教育学历文凭考试、电大注册视听生等开放教育，为推进高等教育大众化和全民终身学习体系搞好服务。

（四）开展职业资格证书教育，实行毕业证书和资格证书并行、并重及有条件沟通的制度

长期以来形成的学历文凭教育传统是"一张文凭定终身"，不利于多规格人才的造就和成长。事实上，社会许多职业岗位，除了看你有没有学历证书，还看重你有无与之相适应的专业知识和实践能力。因此必须改革社会用人制度，打破以学历文凭为依据（甚至唯一依据）的单一和片面导向的格局，依法制定国家职业（技能）标准，切实推行先培训、后上岗的就业制度，在全社会推行职业资格证书与学业证书并行、并重的制度，大力开展包括专业证书教育在内的各类职业资格证书教育和培训，扭转只看文凭不看水平的用人倾向，树立看学历、更看学力和水平、注重综合素质的用人标准，为人才成长提供多种多样的证书标识。

目前，还应进一步探索和实行职业资格证书与学历文凭制度沟通和接轨的试点。国外不少发达国家对某些高级技术等级或职业资格证书获得者，提供并实行与某层次或某级正规学历教育直接接轨或准入制度，对于在非正规教育机构获得的标准质量相同的课程或课程组，可作为准入或与正规学历教育接轨予以认可的一部分。进而言之，政府应支持社会具有权威性、公正性的中介机构，对于社会成员在各类非正规教育机构，甚至工作岗位取得的学习成果，予鉴定和认可的制度等。实行这些举措，不仅对于提高这类教育机构及学员学习积极性有好处，而且对于建立高度开放又规范的教育体系具有开创性、突破性的意义。

（五）构建终身教育体系，为人才成长提供制度保证

建立人才成长"立交桥"，从本质上说，就是要对现行的教育体系、教育制度实行深度的变革，而构建终身教育体系，则是从全局、从长远、从本质上对我国的教育体系、教育制度实行改革和创新，从制度上为我国人才的成长提供和创造更为宽松的环境和条件，因此两者的本质和方向是完全一致的。终身教育是国际社会从20世纪60年代兴起并迅速传播开来的一种主导性的教育理念和教育思想，已被越来越多的国家及社会团体作为教育改革和发展的指导原则。在当前适应现代信息社会、迎接知识经济的时代背景下，终身教育是各级各类教育组织、教育机构在更高层次和更深层次的整合，是由各教育要素组成的具有内在有机联系的教育统一体。这个体系结构的基本要求是上下衔接、左右沟通、内外一体、纵横整合，既高度开放，又高度规范，具有整体性与系统性、统一性与连续性、开放性与规范性、发展性与可控性的本质特点。建立这样一个具有鲜明时代特色的崭新教育体系，既是人类社会发展的必然要求，也是我们为之奋斗的宏伟目标。要坚信，随着人们教育理念的转变和更新，随着终身教育体系的建立和完善，我国人才成长的制度环境会更为宽松，我国人才成长的"立交桥"也将构建起来。

三、加快教育发展是构建人才成长""立交桥""的根本出路

邓小平同志精辟指出，发展是硬道理，发展是解决我国一切问题的基础。我国教育发展中，为什么会出现"千军万马挤独木桥"的激烈竞争现象，为什么会出现各种"断头教育""封闭教育"的怪现象，这里固然有人们的教育观念、教育政策、教育制度问题，但如果从深层次上分析探究，归根结底是受我国经济发展水平所限。非义务教育发展滞后，教育资源紧张，尤其是高层次、高质量教育资源严重不足，不能给人民群众日益增长的接受高层次教育的需求提供尽可能多的教育机会，是造成升学竞争过于激烈，产生现存问题的根本原因。发展问题不解决，升学指挥棒就要继续指挥，减轻学生过重的课业负担就只能是一句空话，实施素质教育也就无从谈起。因此，只有采取重大措施，加快教育改革和发展，才能为推进素质教育、建立人才成长"立交桥"

创造一个宽松的宏观环境。

在发展问题上,"当务之急是根据需要和可能,采取多种形式积极发展高中阶段教育和高等教育,扩大招生规模"。目前,我国在确保"两基"作为整个教育工作的"重中之重"的基础上,应增强对教育是一个具有先导性、全局性、基础性的知识产业和关键基础设施的认识,在非义务教育阶段,善于较多地运用教育产业的运作思路,充分地调动社会各方面的力量,包括社会法人、企业法人、公民个人投资办学,特别要注重建立有利于加快教育发展的新的法规、政策、机制,形成多元化办学和多渠道投入的格局,并且逐步增加学费或培养费在培养成本中的比例,建立符合社会主义市场经济体制以及政府公共财政体制的财政教育拨款政策和成本分担机制。

要加快发展高中阶段教育,经济发达地区还要普及高中阶段教育。应首先强调大力发展职业教育,充分发挥职业教育在建立人才"立交桥"中的调节作用和骨干作用。目前职业教育发展遇到了一些新情况、新困难,但我们决不能动摇发展职业教育的决心和信心,必须统一认识,坚定不移发展职业教育。应该肯定,原定的普职比在多数地方也大体是适当的。当然,一些经济发达地区出现了对人才层次需求高移的现象,老百姓对这一阶段的教育选择性也很强。面对这种新情况,应允许这些地方政府对普职比适当进行调整,加快综合高中发展步伐,注意运用就业市场作为调节结构比例的杠杆,发挥市场在教育资源配置方面的基础性作用,也是构建人才成长"立交桥"在动态发展中应注意的一个问题。

坚持积极发展高等教育的方针,允许经济发达地区适当加快高等教育的发展步伐;坚持以高等教育的多样化、开放化积极推进高等教育的大众化;以全面推进素质教育为契机,深化教育思想、教育管理、教育内容、教育方法改革,注重培养创新型人才和创业型人才。高等教育是制约构建人才成长"立交桥"的瓶颈,按照追求正规大学单一、狭窄的发展思路,估计很长时间内也很难解决这个瓶颈。事实上,即使像美国那样经济科技和高等教育高度发达的国家,它的社区学院无论是高校数还是在校生数,均占美国高等教育总规模的40%,正是美国的社区学院成了美国高教大众化的强大支撑。有人甚至断言,没有社区学院就没有美国高等教育今天这样的繁荣景象和发展水平。而美国的社区学院正是开放度较高、较为灵活、较为大众的一种专科层次的教育类型,这也是美国高等教育多样化的典型特征。

在高等教育的发展中,应把发展高等职业教育作为推进高等教育多样化发展的一个主要生长点。本着"三改一补"的精神,原有的职业大学、高等专科高校、成人高校应当加快沟通、联合、融合的步伐,将其中的大部分高校改制或转制为高等职业技术学院,并且逐步扩大从各类中职教育单独对口招生的比例,建立上下衔接、左右沟通的职业技术教育体系,这是适应我国跨世纪经济体制、经济增长方式两个根本性转变,以及经济结构、产业结构调整升级需求的有力举措。

发展职业教育，应进一步理清和拓宽思路，眼光向外，面向社会，充分依靠行业和企业发展职业教育。目前，我国的职业教育，尤其是高职和职业高中，主要是由政府投入和教育行政部举办的，不利于发挥行业积极性和办出职教特色。教育行政部门可以举办少量骨干性示范高校，大部分职业教育仍应由行业部门和企业以及社会力量来举办，尤其在教育体制改革、部省属中专划转下放到地方的过程中，更要注意这个问题，不应由政府教育行政部门全部接管，而应保持行业特色，逐步使学院成为面向社会、自主办学的法人实体。

鼓励并支持社会力量办学，打破政府单一办学的格局。近年来，随着国家经济体制的改革，办学体制的改革也有了较大的突破，公有制办学的实现形式逐步多样化，社会力量办学和民办高校异军突起，但总体上来看，政府单一办学的格局仍未彻底转变。因此，必须进一步解放思想，"凡符合国家有关法律法规的办学形式，均可大胆试验。在发展民办教育方面迈出更大的步伐"①。这不仅给社会及教育界指明了方向，也给那些热心投资办学者撑了腰、壮了胆。经济发展中创造了一个温州模式，教育发展中能不能有个"温州模式"、办教育是要花钱的，国家拿不出那么多钱来办教育，而人民群众又迫切需要接受高层次、高质量的教育，我们为什么要限制教育（包括民办教育）发展呢？建议国家教育行政部门应放宽管制，自觉、主动地发展民办教育，要制定积极鼓励发展的政策措施，把社会力量的办学热情引导到高等教育、高中阶段教育、职业教育和各类培训上来，同时要规范办学行为，尽快制定民办教育的法规、促其依法自主办学。与此同时，要盘活现有的公办教育资源，积极引进民办机制，实行公办民助、公有民办等形式，改造公有薄弱高校，推行股份制办学和多元合作办学等。可预见，随着市场经济体制的逐步建立和完善，教育体制的改革将开辟民办教育的新天地，民办教育的新发展也必将为构建我国人才成长的"立交桥"做出积极贡献。

---

① 中共中央、国务院.中共中央、国务院关于深化教育改革全面推进素质教育的决定 [J].教育部政报，1999(C2)：301-310.

第六章 教师薪酬管理

第一节 人力资源薪酬管理分析

工资管理体制是工资管理体系的制度化,它是一个包括管理决策体系、调节体系和组织体系的相互联系、相互作用的有机整体。工资管理决策体系是指工资管理权限的划分,即中央、地方和高校权限的划分;工资调节体系是指工资管理的调节机制,即工资管理的规章制度和方法;工资组织体系是指工资管理机构的设置和职能。

一、高校薪酬体系分析

目前,高校薪酬体系基本上是按财政工资 + 津贴 + 补贴 / 奖金的机构模式,其中的财政工资分配按照国家相关规定参照了公务员的职务工资、级别工资、工龄工资的形式,具有明显的行政色彩,津贴、补贴、奖金是作为工资重要补充部分而存在的,充当着平衡工资水平的角色。现在,薪酬的分配依据主要是以教学质量量化考核的方式进行,以此决定薪酬怎样分配。比如,可以统一按照 90% 进行平时发放,年度考核后对剩余的 10% 进行分配。这样的结构不能完全体现高校教师劳动的独特性,故需进行合理化调整。

相对应的国外高校薪酬体系有两种。

(1)相对集权的高校教师薪酬管理体制代表国家有法国、德国、日本、韩国、新加坡等。在这种体制下,公立(国立)高校教师属于国家公务员系列,高校教师执行国家公务员的工资及福利待遇,工资标准由国家法律统一规定,高校自主权较小。

(2)相对分权的高校教师薪酬管理体制代表国家有美国、加拿大、英国等。在这种体制下,国家不再统一决定教师的薪酬制度,而是由各地方政府或高校自行决定。但由于高校性质的不同,具体的决策模式也不同。

二、高校薪酬分配制度的现状

(一)高校的发展速度和现行的收入分配制度不适应

目前,我国正在实施科教兴国和人才强国战略,高校也在这个大的环境下采取了人才强校策略，不断地推进了人事制度改革，不断地提高高层次人才教师队伍的培养力度，对高校师资进行合理的配置。人才强校是我国高校人力资源管理制度革新的重要环节，人力资源管理制度的革新和分配方式改革是相互影响的。现阶段，高校已经全面地推行了聘任制，这表明高校的人力资源管理制度已经产生了作用，但是现行的薪酬分配制度突显出了许多矛盾。因此，应该完善高校薪酬分配激励机制，从而能够有利于高校的人才队伍不断壮大。体制、高校人事制度改革进程保持一致，在获得一定成果的同时，也出现了一些急需解决的问题。近年来，我国开始执行了薪酬分配制度改革，高校薪酬管理策略中收入通常情况下有岗位工资、绩效工资、政府以及地方性的补贴和福利，在职高校教师的工资收入通常情况下来源于政府投资、学生缴交的学费和高校自己筹集的资金，在这几个部分中，政府投资占有非常大的比例。执行的体制和我国高校的发展速度以及开展科教兴国和人才强国战略的需求无法协调一致。通常情况下存在不同的福利津贴项目的内涵与社会实际情况不一致；事业经费拨款方式以及投资金额与我国高校的发展不适应；岗位设置和考核评估制度不完善；高级人才的工资标准在所有行业收入水平中缺少竞争力的问题。

（二）高校绩效工资制陆续展开，实施细节有待进一步探索

近期我国高校推行了绩效工资。实施绩效工资是高校薪酬分配制度改革的关键构成要素。一方面合理地设置了岗位补贴，同时也采用了绩效工资的方式，渐渐地产生了较为完备的绩效工资等级划分体系、全面的工资分配激励体系以及合理的工资分配宏观调控策略，对于增强高校教师的能动性、促进社会事业的发展、提高公益服务效果有着不可估量的作用。高校执行绩效工资的主要思路包括：首先，执行绩效工资以及合理设置津贴补贴相互补充，规范高校的财务管理和工资分配，严肃工资分配的纪律。其次，通过提高公益服务水平来不断完善绩效评价方法，激发高校的内部工资分配。再次，通过分级和分类管理相互结合，根据实际情况，提高高校管理机构的责任。最后，统一规划高校在岗教师和退休教师的工资分配方式，加强、完善绩效工资体系。依据国家制定的绩效工资体系，目前高校绩效工资制度改革过程中所面临的难题有以下几个方面：高校现在的岗位补贴属于国家工资制度的主要补充要素，并且在高校收入分配制度中长时间地执行，如何使上述项目得到规范，能否引入绩效工资制度体系，并且采取统一的规范措施；高校的所有工作人员的薪酬分配关系如何理顺，如何平等地、真实地体现各类工作人员的作用和绩效；怎样深入地完善绩效以及考核评估体系，健全高校薪酬分配激励方案，体现公平、公正、激励、竞争等问题都必须细致地研究，制定出合理的、可行的实施方案。

（三）高校教师的工资收入在行业对比中缺少竞争力

高校在岗教师的工作主要具备了以下特征：高职称、高学历的人数较多，聘用时

需要投入较多的资金；工作没有太多的风险，同时工作具有非常大的自由度；其业绩无法通过较好的手段进行评估。通常情况下，高校教师具有非常高的社会地位，在工作时并不会过多地考虑到收入；教师的工作充分地体现了创新等。国家教育部规定高校教师的平均薪酬等级必须达到国家公务员的平均薪酬等级，并不断地提高。然而，这个原则的实际标准是什么？怎样去执行？还没有给予明确的解释；依据高校不断改革的实际情况，应该怎样有效地解决高校教师的薪酬等级，横比国家公务员的平均薪酬等级等问题均需要深入地探索。目前，和其他行业相同级别的工作人员对比，高校高级技术人才的工资水平缺乏优势，同时高校教师的整体薪酬水平比较低，为了可以拥有更强大的竞争优势，高校应该采取以市场为导向的工资收入制度，进而可以留住高级人才，能够招聘到高级人才，稳定高校教师队伍，促进高校教师的能动性和积极性。

（四）高校缺少完善的福利政策，导致长时间缺乏激励效果

根据薪酬分配方式的现状，目前高校只关注基本的薪酬分配情况，也就是说主要采用货币形式的工资、津贴以及补贴等收入方式，并没有足够重视以保障性、福利性为目标的收入形式，缺乏对延期分配政策的深入研究。高校仍然采取的福利制度是计划经济时代构建的津贴形式，其所需要的经费是通过国家拨款的方式来解决的，在职期间仅仅缴纳医疗保险、失业保险以及工伤保险，在退休后就能够顺利地得到养老金以及医保等相关费用。由于高校还没有形成健全的福利制度，没有对高校教师个人的实际发展要求给予足够的重视，所以对高校教师形成的激励作用以及保障功能非常微小。高校要适应社会发展的实际需求，必须不断提高竞争力，完善教师薪资收入分配体系。

三、高校薪酬制度改革的建议

（一）增加政府的宏观调控功能，提高投融资渠道的扩充，提高高校教师的待遇

全球很多发达国家高校教师的薪资制度是在完全市场化条件下形成的，而处于社会主义市场经济建立以及实践过程中的我国高校想在市场中抢夺人才，应该直面市场的实际要求，这是非常符合中国国情的。全球先进国家的教师薪资水平通常情况下处于社会的中上水平，但是当今我国高校教师的薪资没有达到这个水平，在社会上处于偏低的行列。因此应该根据国家公务员薪资标准来确定高校教师的薪资，使得高校教师的薪酬趋向合理。

（二）依据"以人为本"的原则进行薪酬的合理分配，提高高校的权利

1.转变高校教师薪酬管理体系,提高高校在薪酬制度制定上的权利

目前我国在社会主义市场经济条件下,高校属于独立的法人代表,必须拥有一定的权利,建立能够适应发展的工资收入分配体系。高校可以按照自身的实际情况提出相应的建设性的指导意见,合理地分配国家财政拨款以及自筹经费,根据自身的特点提出能够和目前社会环境相适应的工资收入管理体系,从而能够极大地发挥出薪酬制度的激励作用。

2.执行清晰的工资收入分配体系框架

经济发达国家高校的教师工资收入分配体系框架没有过多的项目,然而,在激励效果上明显地优于我国的名目繁多的工资收入制度。我国高校教师的工资项目过多,失去了工资应有的激励和保障功能。因此,在进一步的工资制度改革中,应着力调整工资收入分配体系的框架,尽量减少工资分配体系中的项目,使教师的收入能够具有工资化的特征,依据岗位、绩效等因素对工资结构进行全面彻底的调整,保证激励效果。

3.改革现有的工资收入分配层次,建立改进的"三元"薪酬分配体系

"三元"薪酬分配体系,大体上涵盖了三大块:基本工资、职务津贴以及岗位奖金。其中基本工资主要根据国家指定的政策中的职务(职级或者技术级别)工资为主,通常反映了工资收入的根本保障能力;职务津贴通常情况由两个部分组成,分别为技术职务津贴以及职务津贴,通常依据高校教师的技术水平以及管理水平来确定;岗位奖金按照高校教师的职位的关键性以及工作水平制定,可以有效地体现出高校教师的主要业绩的情况,从而能够极大地产生激励功能。

（三）根据教师的能力和绩效制定市场化的工资收入体系

1.完善高校教师的工资收入

针对长时间在教学以及科研前沿劳动的专业教师,基本工资是保证教师基本生活的主要资金来源。在现有的薪酬层次中,级别之间的差距小,不能较好地体现高校优秀人才为高校做出的贡献。增加高校教师的工资水平、扩大等级间的差距,使更多高层次人才加入到高等教育事业中,这样就有利于高校教师队伍的持续发展。

2.建立健全长时间的激励体系

现阶段的工资收入制度非常看中高校教师的绩效评价,但缺少有效的评价方法,进而使一些高校的教师只是为了可以获取短时间的经济实惠而产生了"用数量代替质量"的现象。因此,在高校进行工资收入分配改革的时候,应该充分地考虑到建立长效的激励机制。另外,应该引导高校教师在科研以及教学以外,更加重视高校办学效率的提升,进而能够使高校的教师有更大的归属感,从而能够起到长期激励作用。

3.完善以岗位和绩效为基础的薪酬制度

高校教师的工作具有非常强烈的个人价值体现的愿望,高校教师的工作很难进行有效的监控,教学和科研成果不容易进行量化。高校教师的薪酬设计应充分体现这些特点。首先,教师的薪酬要以长期固定工资为主,要保证日常的基本生活。其次,在新时期,市场经济正在不断深化,工资待遇可以体现出不同劳动者的价值,从而能够提高他们的主观能动性。所以,必须坚持以市场为导向的教师工资制度的制定,使工资管理从传统的计划—行政形式下的"品位分类"管理渐渐地转变为以市场为规则的能够反映教师自身价值的"水平工资"和"业绩工资"。引导教师的薪酬观念,逐渐从"领工资"向"挣工资"转变。

4.转变提升工资收入时只关注职称及职务的观念

提高绩效工资的比重,关注基于教师业绩的工资体系,应该按照高校教师的实际工作业绩来评定教师的工资待遇,从而能够使高校教师的工资,特别是年轻教师的工资得到迅速地提高,不应该仅仅根据教师的职称和职务等级进行工资收入的评定,应该充分地反映教师的实际水平和业绩,如果自身的水平满足了更高级别的条件,就可以取得相应层级的工资待遇,不应该过于强调高校教师的职务等级,帮助高校教师不断提高团队协作意识。将工资收入和教师的工作业绩联系起来,不断激励教师的工作积极性。

(四)高校教师的工资分配制度和人力资源管理制度一致

高校教师的工资收入分配制度革新是否能够见效,必须考虑相关制度是否健全,如果没有高校人力资源管理制度改革为前提,高校教师薪酬制度改革就会非常困难。在工资制度革新的初始阶段,应该同时考虑高校教师的工资收入改革和高校人力资源改革,并且分步实施,从而能够逐步地达到最终目标。此外,应该进行相应的人力资源管理制度的革新,高校教师聘任方式、岗位安排、聘用手段、考核形式的革新应该提前执行,这样就能够极大地发挥出高校教师薪酬分配制度改革的作用。

第二节　人力资源薪酬体系设计

随着我国各行业改革的进一步深化,高校作为事业单位的一部分,面临着前所未有的机遇与挑战。一方面,高校面临着日渐激烈的制度创新压力、校际竞争压力和为社会提供更多服务的压力,管理制度必须不断改革创新;另一方面,随着高校收入分配制度改革的全面推进,高校在内部薪酬管理方面获得了较大的"因地制宜"的自主权,可以按照市场变化自主调节校内收入和分配的格局,建立一定程度上的分配激励机制。但由于缺乏科学的分析和设计,也易产生高校间的人员收入水平无序竞争和用人成本过速攀升。完善教师的薪酬激励机制,合理地提高教师的收入待遇,更好地兼顾效率与公平成为当前构建和谐校园的一个重要课题。

一、设计符合市场经济发展、遵循价值规律、具有市场竞争力和内部公平性的高校薪酬体系,提高高校教师整体薪酬水平

高校薪酬要和其长远发展目标相匹配。如果一所高校要建成世界一流大学,就要吸引全球一流的人才,而要吸引一流的人才,就要拿出具有竞争力的薪酬。要建区域一流大学,就要结合区域经济发展水平和同类高校的薪酬水平,拿出富有竞争力的薪酬去引人、留人。市场经济下高校薪酬的制定要遵循市场竞争和按劳分配的原则,结合人才市场的价格水平以及其他行业的综合情况,通过大量的调查、精密的模型和严谨的计量,科学设定价格标准,使形成的薪酬方案具有简化和可操作性,以此提高教师薪酬整体水平,尤其是核心人才的薪酬水平,增强教师基本薪酬的外部竞争力,体现教师职业不同于其他职业的特点,充分体现教师的社会价值和个人价值,使更多的优秀人才加入教育事业的行列,激励更多的年轻教师安心在高校工作。

二、实现办学经费来源多元化

高校的经费来源总体上形成多元化的格局,包括政府拨款(含科研基金和资助)、学费收入、企业研究合同与资助、私人捐赠及投资、教育性销售和服务收入、高校附属企业收入、教学医院收入以及高校独立经营性收入等。而提高财政拨款数量还是有潜力的,因为在过去的十几年中,我国的教育财政拨款始终在3%左右徘徊。学费收入已经没有多大的上涨空间。高校也可以深挖自身潜能,通过各种形式为社会服务,获得回报。

三、继续简化人员编制,提高人才使用效益

高校要提高薪酬水平,需重点建设两支队伍。一是教学科研队伍,要按照"控制总量、调整结构、转换机制、提高素质"的原则进行教师队伍的总量控制和结构调整,要保质保量。二是行政队伍。要按照"定机构、定职能、定编制、定岗位、定职责和上岗条件、定岗位津贴"的原则,进行机构改革和党政管理人员竞争上岗,使核心人才享有较高的薪酬。

四、健全高校薪酬的社会保障和福利机制

社会保障与福利机制是高校薪酬制度的重要组成部分。在发达国家和地区的高校薪酬制度中,社会保障与福利占有重要的分量,这是与其经济社会发展水平相适应的。完善的社会保障和福利措施,不仅为教师提供了可靠的基本生活和发展的保障,

同时也是吸引人才和激励教师的重要机制。一般地，教师社会保障和福利由两个方面构成。一是按照国家或地方政府法律规定的强制性社会保险和住房公积金待遇，属于延期分配范畴，应予以高度关注。强制性社会保险包括养老保险、失业保险和医疗保险等政策性保险，教师和高校都负有缴费的法定义务，所以国家应尽快完善高校的社会保障体系，让高校教师真正得到这份保障。住房公积金制度是住房制度改革后建立起来的福利制度。在缴存公积金时应按比例上限、最大基数存储，让教师真正得到实惠。二是高校自主设立的补充保险，除寒暑假外，包括家属和子女的补充医疗保险、养老保险、健康保险、进修与就学、产病假等内容，也包括对高层次人才提供的高级福利，如提供住房、汽车，教研设备、配备助手等。其中补充养老保险的运作方式主要是将教师与校方按一定比例配套缴纳的工资或经费，委托社会上具有信誉的基金会进行资金运作使其增值，基金会提供各种投资计划供教师选择；补充医疗保险由高校与一些医疗机构合作，建立各种有特色的医疗计划，供教师选择；进修、就学和专业技能培训作为一种福利政策，也是吸引人才和激励教师的重要机制。尤其对于高校青年教师来说，由于存在着结婚、生子、住房等各方面的生活压力，对薪酬的期望值相对要高些。而且，由于刚走上工作岗位，工作压力也非常大，他们的薪酬满意度内涵不仅仅是薪酬，更多地倾向于个人的发展和前途，如是否有晋升、进修、申报项目等机会。因此，提高青年教师的薪酬满意度不仅要从薪酬入手，还要考虑到对青年教师的职业生涯规划，为青年教师提供上升空间。

五、建立高校薪酬的延期分配制度

在知识经济时代，竞争更加激烈，风险和机遇并存，社会风险的广度和深度均在加深。人们的职业生涯规划和收入心理也随即发生了变化，其目标包括了两个重心，即当前收入最大化与未来风险最小化。从工资到薪酬的概念变革，是时代变革在分配领域的缩影。薪酬包括当期分配和延期分配，当期分配即年内支付的工资、奖金和分红，旨在补偿已经付出的劳动；延期分配则是通过社会保险计划、员工福利计划和股权期权计划进行支付，旨在补偿风险损失。高校教师薪酬制度中的延期支付制度主要功能有两个：建立长期激励机制，即"金手铐"；建立社会风险分担机制，即教师福利和保障计划。

六、坚持客观公正、民主公开、注重实效原则，建立科学的绩效考核评估体系

薪酬制度改革的关键是要准确地测量人力资源的绩效，并根据绩效、能力给付薪酬。能力一方面通过学历体现，另一方面通过绩效体现。在建立绩效考核评估体系时，一要将任务目标与绩效考核有机地结合起来，以数据说话，以业绩论英雄，使考核

有据可依；二要使职能部门按照各自的职责范围从不同的角度，对考核进行动态的管理，使考核具有过程性；三要使管理部门与各学院相互配合，由各学院直接对自己的教师进行绩效考核，使考核具有可操作性。如考虑到学术研究的特殊规律性，可将考核周期适当延长。具体来讲，对于聘期无法完成任务者，可缓发 10%～30% 的岗位津贴，直至其完成任务。而对于聘期延长后仍无明显突破者，学院或高校有权予以降薪或提出解聘。同时，要区别对待不同人员。专业技术人员可定期进行岗位等级评审，比如半年一次；对于教师、实验员、会计、图书馆员、医生等，尽管都是专业技术人员，但是他们的薪酬结构和水平应当有所差异。对于职能管理人员，可设计"薪酬累加器"，即在影响岗位工资动态调整的因素中选择几项刚性的因素，建成薪酬"蓄水池"，在绩效考核结果之外，还包括重大奖惩、后续学历、新增职称和工龄等不易产生异议的刚性因素。把考核周期与延期支付结合起来，建立操作性强的弹性考核机制，既是对从事长线项目的教师给予支持，又可利用延期支付制度约束教师聘期动力不足的问题。

第三节　国外人力资源薪酬管理现状

处于激烈变革的当今世界，各国间高等教育的竞争实际上就是高校师资水平的竞争，而薪酬作为教师绩效的直接激励，更是成为各国高校管理领域的重中之重，高校教师薪酬制度的改革成为各国高等教育改革成功的关键。本小节介绍了国外高校薪酬管理体制及其特点，分析了国外高校薪酬制度的发展趋势。

一、国外高校教师薪酬管理体制

薪酬管理体制是薪酬管理体系的制度化，它是一个包括管理决策体系、调节体系和组织体系的相互联系、相互作用的有机整体。薪酬管理决策体系是指薪酬管理权限的划分，即中央、地方和高校权限的划分；薪酬调节体系是指薪酬管理的调节机制，即薪酬管理的规章制度和方法；薪酬组织体系是指薪酬管理机构的设置和职能。一个国家的高等教育体制决定了高校教师管理体制的模式与特点，而高校教师管理体制又进一步决定了高校教师的薪酬制度。从国家对高等教育管理的权限上，大体可分为相对集权和相对分权两种类型；与此相适应存在两种薪酬体制，称为政府主导型和市场导向型。

（一）政府主导型的高校教师薪酬管理体制

政府主导型的高校教师薪酬管理体制代表国家有法国、德国、日本、韩国、新加坡等。在这种体制下，公立（国立）高校教师属于国家公务员系列，高校教师执行国家公务员的工资及福利待遇,工资标准由国家法律统一规定,高校自主权较小。而私立高校则不同,如在日本,私立高校的教师属于自由职业者;在韩国,私立高校教师薪酬按规定需维持在不低于公立(国立)高校教师的薪酬水平,在具体分配上由高校自主决定。

（二）市场导向型的高校教师薪酬管理体制

市场导向型的高校教师的薪酬管理体制代表国家有美国、加拿大、英国等。在这种体制下,国家不再统一决定教师的薪酬制度,而是由各地方政府或高校自行决定。但由于高校性质的不同,具体的决策模式也不同,一般分为三种。一是地方政府(州或省)及其高等教育管理机构通过立法、下达经费预算、制定工资标准、规定教职员工社会福利待遇政策等渠道和措施,进行高校薪酬制度的宏观管理和政策指导,高校在具体实施教职员工聘任和确定薪酬政策方面具有自主权。比较有代表性的是美国的州立大学。二是集体谈判制度,即两方利益团体的协商机制,主要是高校的各级各类工会代表某一类教职员工与政府或校方进行聘用和工资待遇的集体谈判。加拿大的大学普遍采取这种模式。三是校方与教师个人之间的合约(合同)制。主要存在于私立大学。这些高校教师的劳动报酬与劳动力市场的价位水平联系更加紧密,实行的是市场化的薪酬战略。

二、国外高校教师薪酬体系的特点

（一）薪酬结构

国外高校教师的收入结构为较为稳定的三元结构,不论是否实行公务员制度,高校教师的收入结构主要由基本工资、绩效工资(或资金)和福利三部分构成。通常,基本工资占教师总收入的55%~60%,福利占30%~35%,绩效工资占5%~15%。绩效工资比重较低是国外高校教师工资制度的普遍特点,反映了高校教师职业特点与工资收入稳定性之间的内在联系。国外高校教师薪酬体系拥有完善的社会保障和福利制度。社会保障由两个方面构成:一是按照国家或地方政府法律规定的强制性社会保险;二是高校自主设立的补充保险。福利项目种类较多,充分考虑到教师的实际需求,当期分配与延期分配相结合。

（二）薪酬标准

评定依据国外高校教师薪酬标准的决定因素主要有:职务(职称)、学历(学位)、年资、学科等。职务不同,起点薪级不同;同一职务,有学位(学历)者,工资标准高于无学位者。在美国等发达国家,由于学位已提前体现在高校教师的录用环节,学位的作用已不再明显。基于这样一种假设:任教时间越长,经验越丰富,能力越强,效率越高，因此年资一直是国外高校教师工资标准的主要决定因素，学科对教师薪酬标准的影响更多地体现了国外高校教师薪酬战略的市场化特征。

（三）薪酬增长机制

国外高校教师薪酬增长的外部机制：①国家经济发展状况：当国家宏观经济整体处于上升阶段，高校教师的薪酬随之增长；反之则降低。这说明高校并非处于封闭的组织中，而是处于社会的各种影响之中。②高等教育在生产力促进方面的预期。③社会消费指数：每年因生活成本的增长而增加的薪资额。这类薪酬的增加主要与国家的通货膨胀率和消费指数（物价上涨）联系。这种薪酬的增长通常具有社会普遍性。

国外高校教师薪酬增长的内部机制：①根据高校自身薪酬制度决定的薪酬的定期增长，即薪酬结构的内部增长机制，包括教师职务的晋升所带来的薪酬的增长，绩效薪酬、成就薪酬等。②集体谈判，很多高校拥有自己的教育工会，教师工资也会受工会与校方谈判，甚至与教育当局谈判的影响；谈判能够决定大概的工资水平，以及增长的速度、频率与幅度。但这并不影响以能力、资历为基础的工资制度。

（四）校内教师薪酬管理体制

在校内薪酬管理方面，一般分为两大类进行，即将教学系列与管理服务（职员）系列。前者基本工资的确定主要由高校教学管理体系负责，一般为高校的教务长或主管教学的副校长，具体确定某一教师工资标准的权力重心较低，基本由各学院自行决定，上报高校履行报批手续。后者即管理人员的基本工资一般由高校人力资源部门负责，最高行政负责人为分管人事的副校长。不论是教学系列还是管理服务系列，福利待遇制度与政策都由人力资源部门统筹负责并组织实施。

（五）高校薪酬的经费支撑

经费来源是人事薪酬体制的基础，各国财政对高校经费的投入程度因各国经济、文化、社会发展水平和国家财力的不同而有所不同。但总体来说，对高校教师实行公务员制度或视同公务员管理的人员经费由国家财政全额保障。不实行公务员管理的高校，教师薪酬的经费来源根据高校性质即公立、私立而有所不同。公立大学从政府获得的直接拨款数量比私立大学多，私立大学从政府设立的研究基金获得资助比较多，获得社会捐赠也比公立大学多。高校经费来源总体上形成多元化的格局，包括政府拨款（含科研基金和资助）、学费收入、企业研究合同与资助、私人捐赠及投资、教育性销售和服务收入、高校附属企业收入、教学医院收入以及高校独立经营性收入等。

基于高校非营利性公共组织的定位、高校教师知识型的劳动特征、稳定高校师资、使广大教师能够潜心于教学科研工作，各国高校教师的薪酬制度大多采取稳定优先的原则,主要特点是:薪酬结构简洁明了、薪酬保障功能突出、教师收入相对稳定、整体上居社会中上等水平、薪酬的市场导向性及不同学科间的差异较为明显。

三、国外高校薪酬制度改革趋势

随着经济全球化带来的竞争,高层次人才流动的国际化趋势,以及高等教育自身的发展需求,各国都在思考高校教师的激励问题。一些改革在不同国家展开,总的趋势是强化人员聘用上的灵活与竞争机制,薪酬激励方面更强调个人能力与绩效。

(一)提高绩效在薪酬体系中的比重

在高等教育发达的国家,教师的公务员体制受到了社会的普遍批评,这种体制下教师薪酬制度最严重的问题就是缺乏有效的激励机制,忽略了对教师教学质量、科研成果和工作业绩的考核,引发了现实中青年骨干人才的流失。

因此当今高校教师薪酬越来越多地与绩效联系起来。20 世纪 90 年代以后,在政治、经济和教育改革力量的推动下,国外越来越多的高校,特别是研究型大学,建立了灵活的、具有竞争力的、与个人绩效挂钩的薪酬制度,提高教师工资收入中与业绩挂钩的津贴部分,减少因年龄而增长的基本工资额度。高校教师的工作需要创新,这种以个人能力和绩效为基础的富有弹性的薪酬制度能很好地适应高校发展的需求。

(二)改革教师公务员体制,引入更为灵活的用人机制

国外高校公务员体制和"终身教授"所带来的弊端,集中表现为许多教授在获得终身职位后不再积极进取;教授职位长期被一部分教师所占据,严重影响优秀教师的补充和年轻教师的成长;教师的薪酬标准没能促进教师潜力的发挥和反映教师的工作业绩。在这种情况下,各高校纷纷引入更为灵活的用人机制,设立科学的个人业绩评价体系,增设雇员制、任期制、兼职教师等。为解决进入教职系列教师的继续激励问题,著名的全美教授协会(AAUP)提出对终身教授每五年评估一次的自律措施,对评估成绩差的教授提出警告直至取消其终身教授资格。

(三)鼓励年轻人才脱颖而出

因受到法律等因素的限制,年轻教师的发展在很大程度上受到教授的制约,必须熬资历才能获得职务的晋升和薪酬的提高,因此如何吸引优秀的年轻人才加入高校教师队伍,是各国高校普遍面临的突出问题。设立适合学有所成、有创新精神和学术成就的年轻人的岗位,以赋予他们独立从事科研、教学、指导博士生的权利。如在德国,按照新修订的《高等教育总法》和《公务员薪奉法》的规定,设立"青年教授席位",这不仅能稳定和吸引优秀年轻人在德国任教,也有助于青年学者们在教学和科研上

的早期独立。

（四）"以人为本"的薪酬管理趋势

在过去的 100 多年里，国外企业薪酬管理经历了刚性到柔性的发展过程，这对高校教师薪酬管理产生了深远的影响。如今，高校教师薪酬充分体现了"以人为本"的管理思想，出现了自助式福利、自助式薪酬。基于教师需求的多样性与动态性，国外高校越来越多地为教师提供更多的选择机会，来满足其多方面的需求。比如，为年轻教师提供继续学习的机会，这既有吸引力又富有弹性；而对于年龄较长的教师来说，使之争取到更多养老福利方面的福利，更有激励效果；象征性奖励、休假时间、满足教师在社交、荣誉、发展、生活便利等方面的需要。

第四节　人力资源薪酬管理中的问题及措施

薪酬作为重要的激励手段，在人力资源管理中具有重要的、不可替代的地位。高校是人才培养、科学研究、社会服务的重要基地，其自身的人力资源建设关系到其职能和战略目标的实现。而人力资源是要激励的，高校人力资源也不例外。长期以来，高校由于受计划经济影响，在薪酬管理上相对滞后，缺乏科学、合理的薪酬体系。同时，理论研究的滞后也使得高校分配制度改革步履维艰。在企业薪酬管理研究成果层出不穷的今天，有关高校薪酬管理的研究却显得相对贫乏，分配制度改革已成为制约高校改革的瓶颈。透视高校薪酬管理，发现存在的问题，借鉴企业以及国外高校成功的经验，结合我国高校的实际，探索我国高校薪酬管理的改革之路，对于高校改革和发展具有重要意义，同时对于丰富薪酬管理的理论体系、开发薪酬管理的新领域也具有重要作用。

一、高校薪酬现存的问题

薪酬也被称为薪水是指作为个人劳动的回报而得到的各种类型的酬劳，包括工资、奖金、福利三个方面，这其中又有经济的和非经济的薪酬。凡是直接、非直接的经济回报称为经济薪酬，如工资、奖金、法定的福利、自主福利等；非经济薪酬是指个人对工作本身或者对工作在心理或物质环境上的满足感，如好的人际环境、合理的政策、弹性的工作、明确的职责、工作的自主性等，这是一个整体薪酬的概念。在此概念的基础上，我们来透视高校薪酬，诊断其存在的问题。

（一）高校薪酬的内部公平性问题

内部公平性是检验薪酬制度的一项指标，高校近年来在薪酬上的改革也在试图解决内部公平性问题。然而,如何使薪酬制度具有内部公平性,却不是很容易解决的。近年来进行的高校内部分配制度改革,根据教职员工岗位职责、业绩进行分配,拉开了不同岗位的薪酬差距,不同业绩的津贴也大不相同,取得了初步的成效。但存在的问题也不可忽视,主要表现为行政人员与教学科研人员在绩效考评标准及评价结果运用上的不一致。高校对行政人员虽然也有岗位责任要求,但都是软指标,且缺乏监督机制,对高层管理者更少有要求和监督,高层管理者成为游戏规则的制定者、游戏的监督者和奖惩者。另外对教学科研人员的岗位职责则是刚性的,指标往往偏高,大多数人很难得到全部岗位津贴,而行政人员却几乎没人拿不到全部的岗位津贴,这使得内部公平性到了极大的损害。

(二)薪酬结构的问题

目前,实行分配制度改革的高校所实行的薪酬结构是国家工资和校内津贴并存的二元结构。二元工资结构中,国家工资部分原封不动,实行的是计划经济下的工资制度,校内津贴按岗位、绩效给付,实行的市场经济下的薪酬制度。薪酬理论认为,薪酬应由基本工资、奖金、福利三个部分组成,根据不同职业、岗位确定各部分所占的比例及薪酬的水平。而高校目前实行的二元薪酬结构,只是在校内津贴部分实行新的分配制度,俨然是第二套薪酬,事实上也被称为"第二个工资袋"。如此,带来的问题是:①激励不完全。只用"第二个工资袋"进行激励,效果会打折扣。②改革不彻底。校内津贴是高校(院、系)自筹的,经费来源缺乏稳定性,保留二元结构,给高校留了后路,一旦缺乏经费来源,就可退回原来状态。③缺乏总量控制。教职员工要数两只工资袋,高校要计二元结构的薪酬,给薪酬调查及调整带来了麻烦。

(三)无视劳动力市场价格

劳动力作为特殊的商品进入劳动力市场应遵循价值规律,反映供求关系。近几年来,困扰高校领导的一个重大问题就是人才的流失。在市场经济下,人才的流动是正常的,但如果一个时期,一所高校高级人才流出大于流入,就要认真检讨自身的人力资源管理政策,不能简单地将人才流失归罪于人才缺乏忠诚度。人才的流失除了高校的学术氛围问题以外,就是高校的薪酬设计缺乏市场意识,无视劳动力的市场价格。根据价值规律,当某一专业人才供给小于市场需求时,这一专业人才的薪酬就较高,当某一专业人才供给大于市场需求时,该专业人才薪酬水平就会降低。高校,尤其是综合性高校,学科门类齐全,专业也较多,其中不乏热门专业。热门专业的学生供不应求,作为具有较高学历、高水平的热门专业的教师其身价必然高于其他专业的教师。然而,现行的高校薪酬制度,少有这种区分,导致热门专业教师流失,或隐性流失。

二、制定科学合理的高校薪酬的对策

制定科学合理的高校薪酬策略要坚持五个原则,并重点解决五个方面的问题。

(一) 原则

1. 战略匹配原则

高校薪酬要和其战略相匹配,如果高校想要建成世界一流大学,就要吸引全球一流的人才,而要吸引一流的人才,就要拿出具有竞争力的薪酬。中国的香港科技大学,1991 年开始招生,用了十多年的时间,就进入了世界先进行列,我们认为,完全是其坚持"延聘一流的人才,并使其快乐"的宗旨获得的成功。如何使其快乐?除了学术环境以外,薪酬是很重要的因素。香港科技大学当年延聘的人才主要是在美国知名大学工作的知名教授,对这些人才,高校给予的薪酬往往高出其原服务高校给予的薪酬,体现了对人才的尊重和对市场竞争的准确把握。目前,我国高校正进入一个蓬勃发展的新时期,各高校都在考虑对自身进行重新定位,制定相应的发展战略规划,有的要建成世界一流大学,有的要建成国内一流大学,有的要建成国内知名大学,有的定位于地方,要建成区域性的一流大学等。在薪酬制定上,就要考虑发展战略,要建成世界一流大学,就要放眼世界,制定的薪酬在世界上要有竞争力。要建成国内一流大学,就要进行薪酬调查,了解国内一流大学的薪酬水平,拿出具有竞争力的薪酬去吸引一流人才。要建成区域性的一流大学,就要结合区域经济发展水平和同类高校的薪酬水平,用富有竞争力的薪酬去引人、留人。

2. 竞争原则

薪酬的制定要考虑市场竞争,遵循竞争原则。高校人才大战已达到白热化,各校之间人才流动频繁。一方面,高校人力资源管理的进步,改变了人才从一而终、人才市场一潭死水的局面,使得人力资源得到充分的利用。另一方面,也给高校带来了挑战,高校的学科梯队面临着因人才流失而受损的威胁。其实,除了学术环境以外,人才流失的很重要的原因就在于薪酬政策。人才总是在追求自身价值得到最大程度的尊重和认可,富有竞争力的薪酬无疑对人才具有较大的吸引力。所以好的薪酬策略一定是具有竞争力的。

除了高校之间的竞争,高校还面临着与社会其他行业竞争优秀人才的局面,这就要求高校要了解市场行情,对不同专业的人才根据市场行情和供给情况制定薪酬标准,改变现在冷热门专业一个标准,导致热门专业人才外流的局面。

3. 公平原则

公平原则就是要达到内部薪酬的公平。每个人都在拿自己的贡献和回报与他人的贡献和回报进行比较,要求自己所得要与组织内部做出相同贡献的人相当。当自己的所得与组织内部做出同样贡献的人相当时,便认为薪酬是公平的,否则就是不公平的。然而个人对组织的边际贡献很难准确测量，大多数员工总会认为自己贡献得多而收入得少，总会希望取得更多的报酬，因而公平是相对的，不公平是绝对的。高校薪酬管理，要解决好公平问题。首先，要制定好绩效考核标准，并依此标准对全员进行绩效考评。当然，不同系列、不同岗位的职责不同，标准也会不同，关键是要有标准，而且是可考核的标准。在标准的高低与考核的尺度上各系列要相当，不能对一个系列较严，对另一个系也要一视同仁。其次，公平并不意味着平等，但要坚持人人平等。无论你是引进的人才，还是原有的人才，只要达到了相应的标准，就可获得相应的薪酬。目前有的高校在薪酬管理上实行双重标准，即对引进的人才给予较高薪酬，而对原有的人才即使达到其至超过引进人才的水平，也拿不到引进人才的薪酬，这就使得原有人才十分寒心，深感不公平，于是纷纷跳槽到其他高校成为"引进人才"。最后，对不同层次的人才给予不同水平的薪酬也是公平原则的体现。对于核心人才，就是要给予较高的薪酬，同时也赋予其较大的责任，并实施考核。

4. 个性化原则

个性化是时代发展的要求，现代社会注重整体和单元的统一，只有个性化的单元才能组成富有特色的整体，高等教育尤其如此。美国高等教育的发达，某种程度上就是得益于其差异化的管理模式。高校薪酬的个性化体现在三个方面：其一是各高校之间的个性化、差异化。由于战略目标、占有的资源、与环境的关系等方面的差异，决定高校薪酬不可能是"千校一面"。其二是高校内部薪酬的结构也应实行个性化设计，对不同系列、层次、岗位的人员根据其工作的性质和责任，实施不同的薪酬结构。其三是，在福利方面可采用灵活的个性化的政策，提供菜单式的组合供人员选择。

5. 简化的原则

薪酬制度制定的过程中要有大量的调查、精密的模型和严谨的计盘，但形成的方案一定要简化，具有可操作性。要让组织成员很清楚、明确地了解薪酬的结构、标准、兑现办法等，以便达到有效的激励作用。有的高校出台的分配制度烦琐、复杂，以至于使受过高等教育的教师都难以理解，这样的薪酬制度其激励性可想而知。遵循简化的原则，还要取消现行的国家工资和校内津贴并存的二元工资结构，也即将两只工资袋合二为一，整合资源、通盘考虑。

（二）重点解决的问题

解决高校薪酬问题，除了要坚持以上几项原则外，还要重点解决好以下几个方面的问题。

1. 经费来源问题

目前高校薪酬经费来源主要有：国家（省）财政拨款、学费收入、高校创收等。要提高高校薪酬水平一是提高财政拨款数量。二是学费收入，然而学费收入已经没有多大的上涨空间了。因此，发展高等教育必须加大政府的投入。三是挖掘高校自身潜能,通过各种形式为社会服务,获得回报,如科技成果转化、校办高科技产业、承担企业课题、举办各种培训班、成人教育、远程教育等。这里需要注意的是,应整合全校力量,集中搞创收,由高校成立若干专门机构进行开发,要避免全校上下齐上阵的局面,那样会将有限的教育资源大量的用于创收上,本末倒置,影响了正常的教学科研。

2. 人员调整问题

众所周知,高校用于人头的费用占办学经费比例较大,其实真正用于教学科研人员身上的费用较少,大部分用在了非教学科研人员身上。高校要提高薪酬水平,使核心人才享有较高的薪酬,就要精简非教学科研人员。高校要重点建设两支队伍,一是教学科研队伍,这支队伍要保质保量;二是行政队伍,这支队伍要精干,要专业化。经过调整,高校负担的人头数减少,人均薪酬水平将有较大提高。同时,加大考核力度,使优质的人力资源享有较高的薪酬。

3. 福利问题

福利是高校薪酬中的薄弱环节,目前的福利仅限于国家法定的福利,而且往往取最低标准,自主福利较少。福利刚性较强,弹性不足,几乎没有自我选择的空间。随着社会主义市场经济的深入,人力资源将逐渐从单位人向社会人转变,社会保障成为人们普遍关心的问题。一方面,福利设计应解除人才的后顾之忧,要提高福利在薪酬中的比例。另一方面,人才对福利的需求是多样化的,有的希望有较长的学术假,有的希望获得进修、提升的机会,有的希望退休后享有较高的养老金等,这就要有富有个性化的、弹性的福利设计。

4. 延期支付问题

薪酬包括当期分配和延期分配。当期分配即年内支付的工资、奖金和红利,旨在补偿已经付出的劳动;延期分配则是通过社会保险计划、员工福利计划和股权期权计划进行支付,旨在补偿风险损失。将延期分配引进高校教师薪酬计划反映了知识经济时代的特征,也是由教师劳动特点所决定的。建立高校教师薪酬制度中的延期支付制度有利于建立长期激励机制,有利于提高教职员工的忠诚度,有利于建立社会风险分担机制。目前,已经有一些高校开始实行延期分配制度,如新疆财经学院按受益者工资津贴的10%给予记账,5年后开始兑现,到第6年开始按一定比例给予分配,到退休时可全额领取。根据这一规定,要想受益的高级人才必须要在新获财经学院工作5年以上,工作的时间越长,获期权分配就越高。学院的期权分配,分三个等级,最高为每年3.5万元,最低为一年1.5万元。对享受期权分配的人来说,如果在这期间调出学院将不享受期权分配。新班财经学院实行"期权制"两年多来,人才队伍逐步趋于稳定,人才流失状况从根本上得到改观。当然,是否需要实行延期支付要根据各校的具体情况而定,也可以考虑对不同层次、岗位的人员实行。我们认为对于高层管理者、关键岗位的教师可实行延期分配制度,这样可以激励高层管理者更多地从高校的长远发展考虑，避免急功近利。而这又和校长、书记的任用任期相关，考察高教史上凡是对高校贡献较大的校长，其任期相对较长。如哈佛大学的第 21 任校长艾略特，任期长达 40 年之久，在他任期内将哈佛从一个地方的、古老的学院转变成了一所现代的、全国性的大学，使哈佛焕然一新。艾略特对美国高等教育最大的贡献就是在哈佛率先推出了选修课制度。很难想象，如果没有哈佛历史上像艾略特这样的几位颇有建树的教育家所做出的对后世有深远影响的正确决策，哈佛不会有像现在的辉煌。我国的香港科技大学建校校长吴家伟在任 13 年，使得香港科大十年有成，跻身于世界先进大学之列。我们一方面应从高校高层管理者，尤其是校长的任期上进行改革，避免走马灯似的换校长；另一方面也要对校长的薪酬实行延期分配，激励其长期为高校发展效力。对关键岗位教师实行延期分配，同样有利于激励其长期为高校服务，使其将自身的命运与高校的命运相联系，也有利于学科建设和学科梯队的发展。

5. 绩效考核问题

绩效考核是高校薪酬制度的关键环节。薪酬制度改革的关键是要准确地掌握人力资源的绩效，并根据绩效、能力给付薪酬。能力一方面通过学历体现，另一方面通过绩效体现。如何设计针对不同类型、层次的人力资源的考核指标体系，也是绩效考核的关键。有了好的指标体系，还要有有效的考评程序和组织系统。在高校应实行民主管理，主要体现在教授治校，由教师自己解决自己的问题。要成立由相关方面代表参加的绩效考核委员会，负责制定考核指标、经教代会讨论通过，负责考评的组织，并将结果报送校长审批。每年进行一次考核，其结果和被考核者的薪酬挂钩。

第七章 人事档案管理

第一节 人事档案的含义及作用

一、高校人事档案的含义

高校人事档案是人才信息的重要载体，是记录和反映教职员工个人学习、工作和生活经历有关情况的原始记录。它准确、真实地呈现了高校教职员工德、才、能、绩各方面的表现，能反映出他们的工作表现、奖惩情况、行为轨迹、家庭历史背景和经历的各种重大事件。因此，其管理工作的好坏优劣，直接影响着高校的人才选拔、任用，关系到高校教学水平的提高和科研层次的提升，制约着高校的人才培养的质量水平和长远发展战略的实施。高校人事档案管理工作，虽然内容比较庞杂，但总体来说，主要是指人事档案材料的收集、鉴别、整理、保管、转递与利用等环节。在工作对象上，它既要与物（纸质材料、电子材料）打交道，又要服务于人（教职员工）；在工作属性上，它既有主动性，要从高校各个相关部门、院部等收集原始材料，又有被动性，要服务、服从于高校发展和教职员工的各方面的需求；在工作要求上，它既有传统性的一面，大部分时间要按照《中华人民共和国档案法（2020年修订）》（，以下简称《档案法》）的要求和基本流程做好文档的收集、归类和利用，工作枯燥、单一。又要不断学习、与时俱进，引入现代化的管理。因此，从总体上来看，高校人事档案管理工作是一项富有挑战性和开拓性的工作，地位和作用不容忽视。从其对高校发展的功能上来看，首先，管理好作为高校发展轨迹和教职员工个人成长经历记录的档案，能协助各高校根据自身的历史和发展，提出比较符合其特点的办学定位、指导思想，还能不断提升高校内部干部和教师的管理水平和业务能力。其次，高校人事档案管理是高校组织、人事工作的重要组成部分，能为单位选拔、聘用和晋升等工作提供真实依据和凭证，是干部工作和人才工作的重要工具。只有全面考察教职员工个人经历和不同时期的德、能、勤、绩、廉的表现，才能历史、全面地了解每一个人，做到人尽其才、才尽其用。最后，人事档案是教师教学和科研情况的真实凭证。人事档案管理工作，在人才引进与培养、人才政策制订方面具有举足轻重的作用，它是高校实施人才强校战略的必要条件。近年来，学术理论界围绕高校人事档案管理工作进行了诸多方面的分析和探讨，在理论建构和实践操作层面,都提出了很多新的观点和做法。

二、高校人事档案的作用

(一)人事档案的凭证作用

高校人事档案与其他各类档案相比,其凭证的价值不仅具有法律效应,而且更加具有现实效用。这是由于它是个人的经历、思想品质、业务能力经过组织认可的真实记录。从内容上来看,人事档案由组织定期布置填写的履历表、年度考核表、鉴定表、学历、职称、政审、党(团)材料、奖罚、工资待遇、任免等材料组成。它在个人的工作及生活待遇方面,都起着极其重要的凭证作用。

高校的人事档案管理是高校人事管理工作开展进行必须具备的条件,在高校中,人事档案对于人事管理工作有着凭证性的作用。在对高校工作人员进行任用、罢免、调动及人才选拔方面都提供了非常重要的参考价值。通过对人事档案的查阅及分析,能够很方便地了解到人才的基本情况和信息。

(二)人事档案是选拔和培养人才的重要依据

人事档案具有双重作用,一方面它是在人事管理的活动中形成的,反映了组织对个人培养的过程,是个人历史的记载,一个人如果缺少了个人的档案,是难以得到社会认可的。另一方面人事档案服务于人事管理和组织的发展,通过掌握齐备的人事档案,可以使组织及时准确地了解每个人的工作经历、思想品德、业务能力、技能状况、工资待遇等情况,为任用干部、评聘专业技术职称提供重要依据。由此可见,人事档案在干部队伍的年轻化、知识化、专业化建设中,在加强人才的保障和干部梯队建设中有着不可替代的作用。

高校的人事档案管理工作为高校的人事管理提供相关的参考依据,在高校的人事管理工作中,对于高校人事档案的管理在其中起着非常重要的参考价值。高校人事档案能够清晰地将每个人以往的工作经历及其他的基本情况反映出来。目前下,对于人事档案的管理已经收到各高校人事管理者的关注及重视,高校普遍也都成立了相关的人事档案管理部门,能够很方便的开展人事档案的管理工作,进而为高校的人事管理提供合理的参考依据。

(三)人事档案在开发人才资源方面的作用

社会的发展紧紧依赖于科学技术的进步,而科学技术的进步又取决于人才的素质,人才资源的开发已成为科技进步和促进经济发展的重要因素。作为人才信息"缩影"的人事档案,在开发人才资源方面起着积极的作用。如向学院人才信息库提供各种有价值的信息,院校组织部门可以根据人才信息库提供的信息,及时发现能人,避免压抑人才、埋没人才,使各种人才扬其长、避其短、司其职、用其智,最大限度地发挥人才效益,并且使部门之间、系统之间、单位之间的人才合理流动,避免产生人才积压和所学非所用现象。

高校的人事档案管理工作是高校人事管理工作中非常重要的一个组成部分,在高校中,是否有一个比较完善的人事档案管理对于高校人事管理工作的顺利进行以及高校人事管理的相关规章和制度的改革及完善、人员岗位的调动都有着很重要的作用。通过合理的对人事档案进行管理,能够很方便的给高校提供合理的在对人员管理方面的意见,进而促进高校的改革及发展。因此,必须要努力的将人事档案的管理工作做好、做完善,有效地提高档案的整体利用效率,真正地发挥出人事档案应有的价值,为高校的管理起到一定的推动作用。

三、高校人事档案的意义

高校人事档案工作是高校组织人事工作的重要组成部分,是高校干部工作、人才工作的基础性工作。只有将反映教职员工个人经历和不同时期德、能、勤、绩、廉表现情况的全部材料及时准确、完整齐全地集中起来,有条理地整理成卷,才能历史、客观、全面地了解高校里的每一位成员。同时,只有具备完整、真实的人事档案材料才能真正发挥高校人事档案的作用,做到人尽其才、才尽其用。

（一）高校人事档案工作是干部选拔和任用的重要基础

面对飞速发展的知识经济环境,高校要想寻求生存和长远发展,就必须拥有一支革命化、知识化、年轻化、专业化的技术干部队伍。这就需要高校人事部门对各类人员的综合情况了如指掌,建立准确完整的人事档案管理机制,从而有效及时地为高校管理者提供有价值的关键信息和数据。

（二）人事档案工作是实施人才强校战略的必要条件

人事档案工作在高校管理工作中具有导向和联结作用。从当前高校实际来看,人事档案是高校档案的重要组成部分,是高校人事管理资料的核心内容,也是高校人事工作的基础工程。做好人事档案工作,对于高校人才的培养与引进、人才预测以及人才政策的制定等方面都具有十分重要的作用。在实施"人才强校"战略的背景下,加强人事档案工作,建立科学有效的人事档案管理制度,可以为发现人才、识别人才、培养人才、使用人才提供真实、准确的信息。

（三）高校人事档案工作是高校人事管理工作的重要依据

随着高校人事分配制度改革的不断深化,人事档案已成为一所高校教师职称评定、履行岗位职责、绩效考核等方面的重要依据。一方面,由于高校中专业技术人员较多,职称作为评价其德、能、勤、绩的重要依据,作为他们切身利益的重要保障越来越被重视。在使职称评定更加规范化,真正做到公平、公正、公开,人事档案可以提供可靠有效的鉴定材料。人事部门根据参评者档案提供的有关依据,综合其平时表现,提出合理化的评审意见和建议。另一方面,利用人事档案,结合单位自身特点和各专业人员的岗位职责,建立和完善考核评估制度,制定可操作的检查标准、考核标准以及监督措施,根据专业技术人员完成工作的数量、质量、效率、效益、职业道德等综合情况,细化、量化考核标准,可以及时调整受聘人员的岗位。

(四)高校人事档案工作是教师教学和科研情况的真实凭证

教师是高校教学过程中的主导因素,教师队伍的素质、水平将直接影响教学质量乃至所培养人才的质量。而人事档案具有系统反映每位教师的业务能力、学术水平、工作业绩的历史真实情况的凭证功能。此外,随着科学研究在高水平高校的建设中发挥着越来越重要的作用,科技人才的人事档案可以帮助高校各级领导在组织和实施科学研究中确定研究方向、选择科研课题、设立科研机构和组建科研队伍,进而组织强有力的科研团队,形成知识和智能结构合理的课题组。因此,人事档案在科学研究工作中具有选才作用。

第二节　人事档案的内容及特征

随着我国高等教育改革的不断发展与高校办学规模的不断扩大,高校之间人事流动日趋频繁,信息交流日渐扩大,使得高校档案业务量急剧增加,档案信息内容与应用更为复杂化和多元化,呈现出诸多特征。了解现代高校档案建设中的趋势特征,对于提高高校档案管理质量与效率,实现高校档案制度化、信息化管理具有十分重要的意义。

一、科学的档案制度化特征

制度化是群体与组织发展、成熟的过程,也是整个社会活动规范化、有序化的变迁过程。实现高校档案制度化管理是高校档案建设的重要方面,主要包括高校档案收集制度、高校档案管理制度两个方面的内容。高校档案收集制度是建立高校档案的首要环节,制定档案收集的相关程序是实现收集工作规范化、有序化的重要保证,必须严格把关,确保档案收集的全面、系统。在管理制度方面,需要采取科学合理的管理原则,建立档案管理机构组织,建立档案管理网络,形成一个自下而上的有机体。此外,高校需要建立有效的档案辅助机制,如档案运作机制、教育机制、评估机制、奖惩机制、承诺机制等。

二、全面的档案信息化特征

高校档案信息化建设是指利用信息技术工具获取、处理、传输、应用档案资源，提高档案管理效率与效益，发掘和整合档案资源，向社会提供更多有价值的档案信息，从而实现档案信息资源共享。因此，在高校档案信息化建设方面，首先，要转变观念，正确认识档案信息化建设的重要性，加大组织领导力度，提高信息化建设的主动意识。其次，要加强档案信息数据库建设。加快数据库建设进程，丰富档案数据资源储备，为高校档案信息化做好后台数据库支持，并为政务信息化大型基础数据提供核心资源，逐步实现高校馆藏档案信息传输网络化和利用在线化。最后，网络安全建设是信息化建设的重要条件。为了防止档案信息的损毁和遗失，必须减少操作失误、保证设备正常运转、防止病毒感染与黑客攻击等。对于涉密信息，要制定合理严格的档案信息化安全保密制度，建立严格的监控机制，引入科学实用的网络安全应对策略，使用物理隔离和逻辑隔离等安全防范手段，并注意做好纸质档案的保存和重要电子档案的异地备份工作。

三、多渠道的档案管理模式特征

首先，高校馆藏模式需要由传统单一的纸质档案向电子档案转化，这一转变不仅能真正实现海量存储，还能使文件传输、处理、归档保存更加快速、长期、有效。其次，高校档案管理重点需要从档案实体管理向档案信息化管理转变，使得高校档案管理模式向多渠道、多途径拓展。然而，"重收集轻开发""重保管轻利用""闭架借阅""你查我调"等传统做法已不能满足当今社会发展的需求。因此，只有多形式加强档案管理模式创新，才能使档案管理工作更加科学、有效。

四、多形式的档案服务意识特征

要提高高校档案利用服务的质量与效率，必须树立适应高等教育发展与人才培养要求的档案利用服务观念。一是全面服务观念，通过各种服务方式与方法满足高校内、外用户的利用需求。二是主动服务观念，摒弃被动的传统服务观念，主动寻找用户。三是及时服务观念，在第一时间内满足档案用户的利用需求。四是优质服务观念，在准确把握用户利用需求基础上提供档案利用服务，帮助用户获得资料。

五、周期性的档案评估机制的特征

周期性的高校档案评估是对高校档案管理条件、档案质量、管理水平的全面考核，是提高高校档案质量、提升办学水平、扩大社会声誉的重大举措，对于增强高校办学实力、拓展发展道路具有重要意义。通过周期性评估，有利于促进档案工作的整顿、改革和建设，提高档案管理效能，从而形成一种周期性的自查、自评、整改和自建的长效机制,以此为档案管理日常运行机制提供质量上的监控与保证。同时,通过周期性评估有利于进一步加强国家对高校档案工作的宏观管理,促使各级教育主管部门重视和支持高校档案工作,促进各高校自觉按照档案管理要求不断明确档案管理指导思想、改善档案管理条件、加强档案业务建设、强化档案管理要求、深化档案管理改革、全面提高档案质量和档案效益,促进我国高等教育档案管理水平的提高。

六、"以人为本"的档案服务模式特征

倡导"以人为本""人本管理"是现代管理学的重要理论。"以人为本"中的"人",对于高校档案管理工作而言,包括两个方面内容,即作为主体的档案工作者和作为客体的档案用户。档案工作的三要素为:档案管理人员、档案和档案利用者。其中作为主体的档案工作者是最基本、最重要的因素,是联系档案实体与档案利用者的桥梁。档案工作者的业务水平、工作能力、文化素养、创新意识、敬业精神越强,则高校档案管理的整体水平越高。因此,高校档案工作要"以人为本",要以档案工作人员为本。此外,高校档案管理的"以人为本",还体现在服务工作中,即以用户为本,服务至上。档案用户一般分为两大块,即单位用户和个人用户。当前,部分高校档案的利用服务工作仍存在着重部门、轻个人的现象,即只重视为校内各单位、各部门提供利用服务,而忽略了对个体档案用户进行服务,这是导致当前档案利用率较低的一个重要因素。因此,在档案服务工作中,应当以"用户"为本,从用户的需求、动机等因素出发,最大限度地满足各种用户群的利用需求。

第三节 人事档案管理的基本原则

一、人事档案管理工作

人事档案管理是人事管理工作中不可缺少的一个重要组成部分,是人事工作的基本条件之一,直接影响到单位和个人的工作效率和质量。认识新时期高校人事档案管理的特点和作用,分析高校人事档案管理工作存在的问题和不足,切实做好高校人事档案管理工作,对于促进高校各项工作及经济社会发展具有积极的意义。

（一）注重宣传,强化管理,提高对高校人事档案工作重要性的认识

一要采取多种措施增强全校师生对人事档案管理工作的了解与支持,如经常利用高校宣传栏,宣传人事档案相关知识;积极参与高校的人事政策调整、人才选拔、工资晋级、职务晋升等工作,以优质的服务获得人们认知,促使更多的人了解人事档案

工作及其在高校工作、社会生活中的重要作用。二要以《档案法》为依据，健全各项规章制度，制定符合校情的实施细则，明确人事档案部门的职责范围，赋予其必要的管理权限，突出档案管理的行政管理职能。三要形成坚强的组织保证，建立一个以主管校领导牵头、档案馆负责、各职能部门具体实施的网络式责任制，提高监管、反馈的整体意识，努力使人事档案工作走上规范化发展的轨道，确保人事档案材料的科学性和完整性，创建管理与服务之间的和谐氛围，使人事档案在被社会认可的同时，被人们所关注和重视。

（二）充实内容，增加信息量，确保高校人事档案的实用性和真实性

一方面，要根据高校特点，以新的人才标准来更新档案内容，通过补充内容，更全面、更直观地反映个人的综合素质，通过档案收集材料的全面、科学、完整，提高人事档案的全面性、客观性，增强实用性。为有效充实人事档案内容，人事资料的收集工作应体现出以下原则。一是注重档案材料的多样性。人事档案部门应主动与各档案材料形成部门沟通联系，及时将反映档案当事人业务水平、工作实绩、学习进修以及在从事岗位工作过程中形成的聘约、合同等最新材料及时纳入档案管理，并从大量的人事档案材料中去粗取精、去伪存真，从源头上确保人事档案内容的完整、真实。二是注重"活信息"的收集。将以电子文本、数据库及相关程序、多媒体资料、各类网页、图形、图片等材料及时收集，并对人事档案材料收集实行动态跟踪。三是注重特色档案材料的收集。四是探索通过现代化手段建立人才业绩跟踪系统，将最新的业绩信息不断充实到人事档案信息管理系统。另一方面，真实性是干部人事档案的生命，档案材料的内容必须准确可靠，只有实事求是地反映一个人的情况，档案才能成为提拔干部、录用人才、调资、专业技术职务晋升、离退休、出国政审等人事工作的重要依据。因此，要严把"三关"即材料审查关、材料转入关和档案转递关，避免失真档案信息入档，增强档案真实性。

（三）更新手段，强化利用，保证高校人事档案信息功能的实现率

人事档案原始地记录了当事人的个人经历、德才表现及发展历程，是历史地、全面地考察人的重要依据。因此，在相关法律法规允许的范围内，对高校人事档案信息进行开发与利用是促进高校人力资源合理配置的重要手段，也是发挥人事档案信息功能的有效途径。可以探讨的途径有：一是建立职工信息数据库，为人力资源管理服务。二是积极创造条件，开展诸如人才信息报道、信息咨询、信息调研分析等深层次服务。三是在正确处理好利用和保密关系的前提下，组建各类人才信息库，以反映各类专业人才个性特点和专业特长的信息，使高校在选才时，用其长、避其短，更大限度地发挥人才效力。四是建立高校人事档案信息管理系统，实现个人基本信息的联机网络检索和联网查询，用现代化手段管理和提供利用，为用人单位选才提供保

障。此外，从保护人事档案原件和提高利用率的角度出发，必须大力开发电子档案，提高人事档案信息化建设水平。要利用计算机、扫描仪等现代设备和现代技术，将人事档案资料整理输入计算机，通过相应的技术处理，将文字图片、声像资料转换成数据信息，实现人事档案纸质与数据格式并存。即使不能完全建立电子信息系统，也应将有关档案信息进行计算机处理，以方便自动检索统计、加工整理、及时更新和提取利用，提高人事档案工作效率。有条件的地方还可参照教育部学历查询网的做法，建立人事档案信息网，将个人可以公开的一些信息在网络上公布，方便用人单位查阅；在档案管理部门之间建立网络链接，通过局域网实现档案信息资源的共享，最大限度发挥作用。当然在人事档案信息利用过程中，要注意使用权和管理权问题，严防失密。

（四）人本管理，建设队伍，提升高校人事档案管理人员的专业性

人才队伍建设是高校人事档案工作发展的关键。因此，实施人本管理，在保证人事档案部门有一定专业人才的基础上，进行合理的人力资源规划与管理，是高校人事档案管理发展的必然要求。建设一支高素质的档案管理人员队伍始终是高校人事档案管理工作的重点。随着近几年高校的快速发展，高校人事档案管理的状况发生了较大的变化，加之人事档案管理的信息化建设，使原有的管理队伍面临着如何在新的形势下适应新情况、解决新问题，这就要求高校人事档案管理人员要与时俱进，不断提高自己各方面的素质。一是实现人力资源合理配置。在加强人事档案队伍建设方面，要确保档案管理工作人员数量，并且要以主要精力从事人事档案工作。二是实现人力资源人性管理。高校领导应加强对人事档案工作人员的关心和体贴，在日常管理中注入人情化手段，尊重他们的价值，倾听他们的需求，提高他们的合理待遇，以人为本，营造档案部门的人文氛围。

二、高校管理人事档案应坚持的原则

（一）专人管理、分级负责

高校的人事档案管理是一项政策性强、业务要求高的基础性工作，应由人事部门配备专人收集整理。工作人员必须认真学习党的人事工作方针、政策和高校档案工作的专业知识，熟悉人事档案的有关规定，掌握整理人事档案的基本方法和技能，做好收集、整理、补充等工作。人事档案的业务工作应注意协调好与校档案管理中心及和各院系的关系，接受本校组织人事部门和上级业务部门的检查指导。

（二）一人一档，真实可靠

人事部门在收集/整理人事档案过程中，应本着"一人一档"的原则，对同名异人、

"张冠李戴"的材料要及时清理出来,对其中有价值的材料交由文书档案或有关部门保存,组织不需要保存的退还给本人,不宜退还给本人的报主管部门销毁。

（三）突击性收集和经常性收集相结合

突击性收集是指一次性、有计划、广泛地收集工作,如高校引进人才时对新进教职员工人事档案进行的整理。经常性收集是指贯穿在人事部门日常工作中的一种补充性的收集工作,如每年的年终考核情况表、教职员工进晋职称后的职称材料等都要由人事部门审核后补充入档。

第四节　人事档案管理的方法及要求

一、加强领导,强化人事档案意识

档案意识是人事档案赖以存在和发展的基础,是人们对档案和档案工作了解的程度和认识水平。高校人事档案工作不是一个完全封闭的系统,它的生存与发展受制于社会、单位领导与档案形成者。目前,我国政府对档案的重视程度越来越高,不仅出台了相关的档案法规,同时也建立健全了相关的档案机构以及有关制度政策。教职员工对人事档案的重视程度也在不断地提升。作为管档人员,要积极争取领导的重视和支持,将人事档案工作纳入工作计划,加大经费投入,确保足够的人力、物力和资源配备。向教职员工宣传人事档案工作的重要性,使人们认识到,干部人事档案是组织上考察、了解、用人和培养人的重要工具,是开发人才信息资源的源泉,对于档案形成者本人,则是维护个人权益、福利,落实党的政策、待遇,澄清问题的可靠凭证,它和个人的成长与发展密切相关。要认真贯彻落实好《档案法》,按照法律和政策规定,本着对党负责、尊重历史、服务于人民的态度和责任感做好档案工作,使人们理解、重视和支持人事档案工作。

过去,人事档案在人们心目中比较神秘,甚至在某些方面决定着一个人的前途和命运。因此,突出人事档案管理工作的政治性和保密性是一个重要特点,同时也使得相关领导和管理人员易在思想意识上形成一种"保管型"观念。而现代社会的发展,使得人事档案管理工作在作用和性质上发生了一些变化,尤其是在高校,作为现代高等教育、科研和技术创新的前沿阵地,需要的是开放、民主和充分利用人才的良好氛围,深入了解本校人才的状况,做到人尽其才。因此,转变传统观念,树立现代人事档案管理意识包括:提高领导对人事档案管理的重视意识,提高管理人员的责任意识和职业道德素养,提高对人事档案信息资源的开发利用意识,使得人事档案管理工作在信息资源的利用上真正发挥促进高校发展的应有作用。

为增加教职员工的档案意识可印发高校人事档案制度汇编；开展有关知识讲座、培训；在干部会上宣传人事档案的重要性；将人事档案的十大类需归档内容挂在校园网上，以便大家平时加以收集、积累，及时存档。

二、完善制度建设，确保人事档案的齐全、完整和真实

完善制度建设是做好人事档案工作的重要保障。档案部门应根据中共中央组织部《干部档案工作条例》有关规定，结合高校实际情况，制定《干部档案管理人员职责及档案室管理职责》《干部档案材料收集制度》《干部档案鉴别归档制度》《干部档案查(借)阅制度》《干部档案转递制度》《检查核对制度》《保管保密制度》《干部档案计算机使用管理制度》，坚持按照八项制度的要求逐步健全档案室的一系列管理措施，使档案管理工作有章可循、有法可依，使人事档案管理工作更加标准化、规范化、制度化。要主动与人才交流中心沟通，争取把人事代理人员的档案转至本单位，由单位的组织部门、人事部门统一进行管理，改善人事档案管理分散的局面；在引进人才方面，做到"先见档，后进人"；要增强责任心，严格把好档案关，坚决杜绝擅自改档现象的发生。

人事档案是人事工作的一个重要组成部分，档案室是人事工作服务的窗口，要发挥档案的作用，要"以人为本，以服务为本"。在日常工作中，档案管理人员要做到嘴勤、腿勤，善于主动联系、掌握信息，根据形势的需求，主动向形成材料的部门收集材料，发现不齐全、不完整的，管档部门要主动催要，及时补齐，确保职工档案能够不断得到充实和完善。要勤于鉴别档案内容的翔实，精确检验档案质量的标准。在档案整理及收集材料过程中，做到认真鉴别，发现问题及时解决，对有些材料归档不及时的，当即进行催办，对一些有明显问题的材料，要及时纠正，限期改正后归档。增强监管机制，在一定范围内增加人事档案的透明度。

首先，在管理体制上，要改变目前人事档案管理中管理体制的混乱所造成的效率低下的状况，必须按照《普通高校档案管理办法》设立档案综合管理室或档案馆，实行集中综合管理体制。其次，按照高校人事档案的类别，即干部档案、教职员工档案和学生档案，根据对人事档案信息资源的不同需求，可以分别采取纳入管理模式和非纳入管理模式，这样既可以节约不必要的人力、物力，实现各负其责，又可以兼顾人事档案的保密性和利用率，从而提高管理的效率。最后，为了避免人事档案管理中的工作漏洞所造成的材料失真问题，必须建立完善的人事档案工作制度。针对高校的特点制定归档制度，把归档范围、归档途径、归档时间、归档手续和归档要求落实到每一个相关人员，形成一整套查阅、传递、材料收集、清理、整理的体系，使人事档案管理工作有法可依、有章可循、职责分明，从而提高工作的科学性和规范性。

三、建立高素质的档案人才队伍，提高人事档案工作质量

档案人员素质的高低直接关系到档案工作的好坏，要做好档案工作，必须建立一支思想素质、业务素质和知识素质很强的档案人才队伍。

经济社会的发展推动了档案事业的发展，特别是信息时代的今天，从事档案工作的人员面临着政治素养、文化知识、专业水平和操作技能等方面的挑战。档案工作是一项政策性、法规性很强的工作，其性质决定了从事这项工作的人必须具备良好思想政治思素质。管档人员要热爱档案事业，有高度的为人民服务的事业心与责任感，树立法纪观念，以国家的法律和《档案法》规规范自己的职业行为；要有淡泊名利，无私奉献精神；要尊重档案，尊重历史；树立严格的保密观念，养成良好的保密习惯，确保档案在政治上的安全。建立良好的学习机制，有计划地对在岗人员进行岗位培训与继续教育，全面提高档案人员的专业知识素质，培养复合型、多方位的档案工作人才，使档案工作人员在能力、智力、成绩、学历和资历等方面得到提高。

要通过多种途径积极提高管理人员的业务素质和综合素质，具体包括：首先，高校应建立优胜劣汰的业务能力考核评估制度，建立公开、公平的奖惩制度，对档案管理人员的业务能力和工作表现进行定期考核，采取对业务能力和工作表现不佳的人员进行警告、责令改正，甚至调离工作岗位等措施，营造一种压力与动力并存的有效机制，通过激发档案管理人员的危机意识来激励他们通过多种途径提高自身的业务能力；着实为他们提高业务水平和综合素质提供各种便利条件，如对自觉参与业务学习的人员进行时间和财力上的支持，鼓励他们积极参加继续教育和业务培训；对在岗人员进行在职学习与全面系统培养相结合，自学提高与脱产培训相结合。其次，高校应为人事档案管理提供必要的"物"的因素，如计算机等设备的购置，既可以鼓励和实现人事档案管理人员采用现代管理工具，取代传统落后的手工管理手段，又可以实现资源共享，有利于人事信息资源的开发利用，从而提高管理的实效。

四、加强人事档案现代化管理手段，提供科学、全面、高效的服务

信息化社会给传统的档案管理工作带来了巨大的影响和冲击。如果档案管理工作长期处于落后状态，在未来信息业的竞争中档案管理工作将处于不利地位，档案信息资源的开发将受到影响。只有以现代化的管理方式和手段来提高档案管理工作的效率和质量，档案管理工作才能获得应有的地位，发挥更大的作用，档案管理工作本身也才能有光明的发展前途。

要努力实现高校人事档案管理现代化，运用电子计算机技术，实现人事档案管理的自动化；运用网络技术建立用人单位、上级主管部门和高校内部的局域网和广域网，使不同的利用者能够共享人事档案信息资源；运用现代光学技术，实现人事档案

缩微化；运用现代技术提高人事档案保护水平；运用现代化管理手段，完整、准确、高效地为领导决策提供各种人事数据，为合理配置、使用人才，及时有效地在更大范围内开发人才提供科学、全面和及时的服务。

第五节　人员聘任制度下的人事档案管理

当前，全国各地高校正普遍进行以人事制度改革为重点的新一轮内部管理体制改革，目的在于"转换机制、优化结构、增强活力、提高效益"，促进高等教育的深入发展。在高校实施人事制度改革的过程中，高校内部的一系列管理制度必然要发生革命性的变革，如多数高校进行的内部分配制度、教师职务评聘机制等的改革，实行绩效考核等。人事档案管理工作作为人事管理工作的重要组成部分，也必须顺应潮流，做出相应的变革，才能适应高校发展变革的需求。根据党中央、国务院关于人事制度改革的政策，高校聘任制的实施将成为高校人事制度改革的必然。于是以人事制度为基础的人事档案制度，也必然要迎接这一挑战，以适应时代的变化，促进自身发展。

一、聘任制对高校人事制度改革中档案管理的影响

聘任制的实施，对高校人事档案管理工作产生了深远的影响。人事档案管理工作将面临新的机遇与挑战，人事档案工作者应认真分析，对工作的各个方面、各个环节进行相应变革，才能适应聘任制发展的要求。

（一）聘任制对档案工作程序的影响

聘任制下人事档案管理工作必然面临着管理流程的重组。高校原有的人事档案文件的收集、整理、价值的鉴定、保管、提供利用、档案编研等工作环节将会呈现出新的特征。随着人事制度改革的逐步深化，人才的竞争更趋激烈，高校人才流动将更加频繁，这就需要人事档案工作积极与档案人建立紧密的联系，及时将具有保存价值的档案材料整理归档。档案的整理工作也将从片面强调保管的有序化、条理化、轻利用的模式向有利于人事档案利用的模式转变，力图在尊重和维护档案本质特性，保持档案文件之间的历史联系的同时，更多地考虑方便利用，探索用多样的整理方法来满足不同利用者的需求，并保证材料的精练。在人事档案提供利用方面，要简化利用程序，尽可能地以多样化的服务，高效、快捷地使人事档案成为社会公共服务领域重要的参考依据，成为高校人力资源开发的信息库。

（二）聘任制对档案内容的影响

事业单位人员聘用程序是一个动态的过程，要经过若干阶段或步骤，人事档案要系统地记载和反映这些阶段的不同特点、不同内容，以全面直观地反映本单位教职员工在聘用过程中的全貌，作为继续聘用或晋升的依据。聘任制下人才流动将更加频繁，于是对人才诚信的了解将被提上重要议程。人事档案中应扩展原有的收集范围，注重于收集个人和社会生活中信用状况的原始记录，目前，我国的人事档案在诚信建设方面还存在着许多问题，造假现象屡屡发生，人事档案的可信度在大幅降低。因此，应借鉴美国为公民建立个人信用档案的做法，在人事档案中增加个人信用情况的记录。

二、聘任制下高校人事档案管理存在的问题

（一）对档案工作的重要性认识不够

当前，很多高校都存在着聘任制人员人事档案工作"无用论"的思想，错误地认为对于这些不占全民职工编制的人员只要能够反映出这些人员的工资、津贴等基本的信息就可以了，没有必要费神费力地认真把材料审核、整理、归档等每一个细节做好。这种思想意识在高校领导和从事档案管理工作的人员中更为普遍。但是聘任制人员作为全员聘任制形势下事业单位中最为主要的组成部分，应该完全消除"身份"这一对人本身进行区别的概念，上述的这种思想意识势必会影响到各项工作的开展和改革的推进。

（二）重新建档现象严重

"重新建档"原是人事档案工作中一种非常措施，其本意是为了方便人事档案管理，对人事档案丢失或无从查考的人员重新建立人事档案，是由于人事档案管理中的某些环节疏忽而导致的补救方法。随着聘任制的实施，高校人才流动加剧，扣留人事档案成了有些单位防止人才流失的杀手锏和维护自身利益的有力手段。而通过重新建档，有些用人单位也收到了意想不到的人才引进和"留人"效果。"重建档案"行为导致的直接后果是"一人多档""有档无人""管档与管人不统一"，这严重地违背了人事档案的管理原则。一方面对于员工的原单位来说，大量的档案由于档案主人的弃档而积压，这些档案，既不能转出去，又不能销毁，不仅不能发挥作用，还要花费大量的人力、财力去管理，造成极大的浪费；另一方面，对于员工的新单位来说，大量的无档人员由于缺乏档案作为依据，增加了主管单位，特别是人事组织部门对员工考察了解的难度，降低了人事档案的利用率和可靠性。

（三）档案内容欠完整

人事档案包括了职工的自然情况和德、能、勤、绩等方面的情况，完整地反映了一个人的全部面貌。缺少任何一个阶段的材料或任何一张材料上的手续不完备，都有可能给职工个人利益带来影响。此外，长期以来，人事档案侧重于记载和反映个人的社会经历、政治面貌、思想表现等方面的内容，千人一面，对反映个人知识结构、能力特点、工作实绩的材料收集过少，体现不出个性特点，人事档案基本上是静态的、固定的，不能反映出即时信息。因此，从已保存的人事档案来看，普遍存在着管理模式雷同，管理形式单一，档案内容匮乏，人事档案不能客观反映一个人的近况和全貌，不能为单位用才选能提供人才信息保障。

（四）档案遗弃严重

随着独资、合资、三资、民营等企业形式的蓬勃发展，为社会提供了较多的就业机会，也带来了全新的用人机制，这些企业对员工的约束主要是靠合同、协议，而不是人事档案。聘任制下的高校亦是如此，教职员工为了自由流动，往往放弃档案，选择更适合自己的岗位，在此种背影下，人事档案似乎变得可有可无。再加之人事档案信息单一，信息失真等原因，使弃档人数激增。在高校，"弃档"最严重的主要有出国人员、待业人员、跳槽人才。

三、实行聘任制形势下高校人事档案管理的对策

随着高校岗位聘任制的实行和制度的不断完善，对人事档案管理工作提出了更新、更高的要求。人事档案管理工作在管理的策略及方法上需要重新审视和改进的地方突出体现在以下几个方面。

（一）提高人事档案工作的认识

做好人事档案工作必须提高各级领导和工作人员对聘任制人员档案管理工作重要性的认识，并给予充分支持和高度重视。要以《档案法》为基础，健全各项规章和奖惩制度，制定符合各自高校校情的细则，明确人事档案工作的职责范围，赋予其必要的管理权限，突出档案管理的行政管理职能，将其视之为一项长期的基础工作一抓到底。并建立一个以校长牵头，主管校长负责的层层责任制，形成涵盖所有部处、科室的有效网络，提高上下监管、反馈的整体意识，努力使人事档案工作走上最佳的轨道，确保人事档案及相关材料的科学性和完整性，创建管理与服务之间的和谐氛围。

（二）人事档案管理标准化

标准化是实现干部人事档案工作现代化、信息化的重要手段，是科学管理的重要组成部分。没有标准化，就没有专业化，就没有高质量、高速度。标准化是干部人事

档案工作现代化的基石，是实现科学管理的必要条件，是提高工作质量和效率，节约人力物力的技术保证。高校人事档案管理标准化的前提之一就是人事档案材料实体的标准化。使聘任制下高校人事档案工作的每份正式材料都做到所有要素具备，真实可靠，外形完整，符合内容精确的要求。同时，要做到格式的规范化，档案材料表格设计要合理，印刷和书写材料如纸、笔、墨水的质量要保证，以及材料尺寸大小的规范化。要实现档案信息的现代化采集、处理、传输和利用等工作的标准化，尽快出台网络环境下人事档案信息的等级划分和权限的规范标准，人事档案信息数据输入规定，软件使用标准及数据编排细则等事关基础性工作的国家标准。

（三）提高档案人员的整体水平

现阶段，许多高校的档案管理人员水平不高，这是由于人们对人事档案工作的认识还是停留在起初的收发、整理、剪裁等最基本的文秘工作的阶段，认为只要工作态度端正即可，根本不需要一些高学历、高文化背景的人去做，导致一线工作人员的业务水平偏低。但是，这种情形在实行全员聘任制的情况下，直接违背了"公开、平等、竞争、择优"的用人原则。我们应该对从事人事档案管理的人员进行培训、激励、考核机制，竞争上岗；要形成合理的人才梯队；还要保证工作的连续有效性；也可以聘请专家作专场的报告或现场的技术指导。总之，要真正选出那些有良好的服务态度和工作热情，能够胜任工作并且有活力、有热情、有条不紊地人员充实队伍，并进行合理的有计划的培训、培养，使人事档案工作成为一个培养人才的良好、有效的平台，让每一个寻求服务的人"带着困难而来，带着满意的微笑而去"，让人事档案工作在突出管理职能的同时走上正规的服务化道路。

（四）建立高校的兼职档案信息员队伍

在高校建立兼职档案信息员队伍，定期培训。高校各部门指定专人收集、整理、归档、上缴本部门的纸质、电子人事档案资料。

（五）建立长效发展机制

聘任制下加强高校人事档案管理，对档案工作者来说，是一项迫切而复杂的任务，在具体的工作中一定会遇到各种各样的问题，必须有现代化的技术和管理手段做保障。可能考虑的途径有：①培训培养一批档案部门自己的技术队伍，解决档案信息资源开发利用中的关键技术问题。②建立专家咨询委员会，对工作中出现的问题和争议提供参考意见。③实行开放式的人才管理模式，密切与技术力量雄厚的单位联合和联系，解决人事档案管理过程中的尖端技术难题。

此外，要确立服务保障机制。不断拓展服务领域，创新服务机制，变被动服务为主动服务，建立教学、科研单位与档案部门的横向联系，进一步整合相关学科科技创新人才资源，实现优势互补，共同推进人事档案建设。同时，要健全信息共享机制，联合进行档案信息资源的开发利用，促进基础研究、应用研究和科技成果的转化。

人事档案管理工作的推进显然不是一朝一夕能完成的。在其发展变革的过程中，还将涌现出许多新的问题，还要涉及更为广泛的社会领域。但是，在广大人事档案工作者的努力下，一定能集各学科人才聪明才智之大成，使人事档案工作更好地服务于高校和社会的发展。

第八章 教师资源动态配置创新研究

第一节　教师资源动态配置的内涵

一、高校教师资源的优化配置

所谓资源配置，就是社会如何把有限的人力、物力、财力和土地等资源，合理地分配到不同的地区和部门，使它们在社会运行过程中得到最有效的利用。社会资源的配置存在两种基本类型，一是物质资源的配置；二是人力资源的配置。物质资源作为物质资源配置的对象，其自身没有能动性，听从物质资源配置主体的安排；而人力资源作为人力资源配置的对象，虽然在这种资源配置中是作为配置的客体而存在，但是这个客体本身是有能动性的。正是由于这种能动性，使得人力资源配置的优化要比物质资源配置的优化困难得多。因为，物质资源的配置是单向的，要实现物质资源配置的优化，单从资源配置主体方面努力就能实现。而人力资源的配置是双向的，无论是配置的主体，还是配置的客体都是人，都有主观能动性。由此可见，实现人力资源的优化配置，是一项十分复杂而艰难的工程。高校作为社会运行的特殊主体，其人力资源之首的教师资源的优化配置更是难上加难。

任何事物都是质和量的统一，任何事物的变化都可以从量的增减和质的提高两个方面进行。教师资源的配置也不例外。从宏观角度来讲，高校教师资源配置的主体是国家和社会；从微观角度来看，高校教师资源配置的主体是高校。高校对教师资源的配置一般是先对资源进行量的配置，后对资源进行质的配置。高校教师资源的优化配置，从某种意义上讲，就是调整和改善教师资源的空间关系。这种空间关系包括两个方面的基本内容：一是教师资源与物质资源的空间关系，即以教师岗位为基础，根据专业和学生的特点、要求配置教师，达到人与物（岗位）的有机结合，从而实现能岗配置；二是教师资源之间的空间关系，以能岗配置为基础，通过调整和改善教师资源之间的空间关系，达到人与人的相互协调、互补，从而建立和谐共进的人际关系环境。

以岗位为出发点，高校在进行第一层次教师资源优化配置的过程中，要注意教师资源的文化技术素质、人格素质和职业道德素质的统一。目前，高校实现能岗配置还存在一些问题,表现为以下几个方面。

(1)教师资源具备教师岗位的文化素质(这是高校配置教师的基本要求),但不具备教师岗位的技术素质。在教师岗位上存留着大量的非师范院校的毕业生,这些毕业生有的经过岗位培训,很快掌握了教学技巧,走上了教学第一线。有的虽然也经过了培训,但还不能适应岗位的要求,并且教学技巧很难再提高。为此,必须重新进行教师资源的优化配置,使这部分教师从教学第一线上游离出来。

(2)教师资源具备教师岗位的技术素质,但不具备教师岗位的文化素质。高校的专业设置要随着时代的发展和社会的需求适时进行调整,求导致教师岗位的具体内容是变化的。因此,教师的文化知识结构和水平不总是同岗位要求相一致。这就要求一方面对教师进行再教育,给他们提供进修、学习、培训的机会;另一方面要对教师资源重新配置,高校根据具体的教师岗位选择教师,教师根据自己的特长选择具体的教师岗位。借此使教师与岗位相适应,是一条既经济又快速的高校教学管理体制改革之路。

(3)教师资源的人格素质与其岗位要求不相适应。人的个性与职业有着紧密联系。一方面,人们的性格、兴趣、能力、气质等,制约着人们职业种类和就业岗位的选择。另一方面,在一定的岗位上,由于人的个性不同,其劳动效果也大不一样。正是由于这些原因,人的个性与职业的匹配问题成为重要的研究课题,并形成一定的理论——"特性—因素匹配理论"。该理论是由职业指导领域的创始人、美国波士顿大学教授帕森斯创立的,后由著名职业指导专家威廉逊等人进一步发展成型。这一理论认为,每个人都有自己独特的人格特性与能力模式,这种特性和模式与社会某种职业的内容及其对人的要求有较大的相关度。个人进行职业选择以及社会对个人的选择进行指导时,应尽量做到人格特性与职业因素的接近和吻合。每一种类型的人都有自己的长处和短处,从全社会的角度以及从人的心理差异的角度来看,无所谓好与坏,而只有与职业类型是否协调、匹配的问题。高校在教师资源的配置中必须克服以往重文化技术素质、轻人格素质的倾向,充分考虑人格素质与教师岗位的适应问题,从而优化教师资源的空间配置。

(4)教师资源的职业道德素质与其岗位要求不相适应。职业道德是道德在职业生活中的特殊表现,它带有某种职业或行业活动的特征。由于职业或行业上的差别,人们在道德意识和道德行为上不可避免地产生一定的差别,形成特殊的道德样式。高校在进行教师资源配置的时候要尽力选择拥有与教师岗位相适应的职业道德素质的教师资源,实现其与岗位的优化配置。

在能岗配置,即在教师资源和工作岗位之间优化配置的基础上,要努力实现教师资源内部,即教师资源和教师资源之间的优化配置。结构主义的一条基本原则是结构决定功能。使用两个以上的人,存在极高的科学性与艺术性。这时他们的作用发挥和工作成效,不仅取决于每个人的知识、能力等状况,更取决于整体水平与能力状况以及他们的群体结构。所以，为了使教师资源产生结构效益，必须究人才的群体效应。对教师资源实施优化设计，实现教师资源专业结构、年龄结构、智能结构、知识结构与素质结构的合理配置，使个体资源在群体中发挥最佳的作用，从而产生 1+1 > 2 的整体效益，使教师资源的配置在更高的层次上得以优化。

二、高校教师资源动态配置的内涵

高校教师资源动态配置就是围绕高校自身的办学定位和发展目标，构建起精简高效的高校组织框架，在动态框架下优化人力资源组合，最大限度地发挥人力资源在人才培养和科学研究中的作用。高校师资动态配置主要包括三个方面的内涵：一是围绕高校的办学方向和发展目标，建立起以精简高效为特征的高校组织机构，并以此作为人力资源配置的框架。二是在精简高效的组织框架里，根据组成人力资源的各个个体的优势和特点，合理组合和调配人力资源。三是在合理组合调配的基础上，最大限度地发挥人力资源的作用，最大限度地使用人力资源，充分调动每个人工作的积极性、创造性、主观能动性和工作热情。

高校教师资源动态配置体现了以下基本含义。

（一）科学合理的人员组合是资源动态配置的基本内容

高校师资动态配置的基本内容是将师资按照所设机构进行科学合理的组合。师资动态配置的目的是使一定数量的高校师资能够对其教育产出做出尽可能大的贡献。

（二）精简高效的组织机构是资源动态配置的基本保障

高校的组织机构是支撑高校完成人才培养、开展知识创新和科技创新的系统，是高校的"骨骼"，是高校师资实现配置的框架。有了组织机构，高校工作才能运转，师资才有配置的去处。而高校科学合理地设置组织机构，建立精简高效的组织系统，则是实现资源动态配置的首要工作。

只有真正建立了精简高效组织机构系统，高校师资动态配置才有保障，才能为高校师资动态配置建构一个合适的组织框架。因此，如何根据高校的目标任务建立起科学合理、精简高效的组织机构，是高校师资动态配置的重要基础工作。

（三）最大限度地发挥每一个人的作用是高校师资动态配置的最终目标

资源动态配置的最终目标是在合理设置精简高效的组织机构和科学合理的配置人员之后，最大限度地发挥每一个人的作用。应当说，在建立了精简高效的组织机构和合理的配置教师之后，充分施展每一位教师的才干，充分挖掘每一位教师的潜能是资源动态配置的最终落脚点。

第二节　教师资源动态配置的原则

人才是当今世界经济和社会发展最宝贵的资源,是确保一个国家和地区在激烈的国内国际竞争中立于不败之地的重要保障。社会主义市场经济条件下高校教师的人才流动出现了许多新情况、新问题、新特点。做好新时期高校教师资源配置工作已成为一项紧迫的任务。

一、社会主义市场经济体制对人才管理体制的本质要求

思路决定出路,理念指导行动。教育具有先导性、基础性的地位。在新的历史时期,加强高校人才队伍建设是构建国家知识创新体系的基础。高等教育的发展水平、人才培养的质量,乃至可持续发展的后劲等,很大程度取决于教师队伍的整体素质。我们要深刻领会习近平"坚持科技是第一生产力,人才是第一资源"[①] 思想内核,树立全新的知识经济观、人才资本观、竞争引才观。各级政府和教育主管部门必须进一步解放思想,转变观念,牢固树立"人才第一"的思想,确立"只有一流的教师,才有一流的教育"的意识,"先造教师,再造教育",从战略高度重视高校人才队伍建设。应把高校人才队伍建设纳入科教兴省的社会经济发展战略的总体布局和本地区经济建设总体规划,加强领导,加大支持力度,推进制度创新,使教师队伍建设的目标、任务落到实处。

改革开放以来,许多部门和行业都在不断深化人事制度改革,改变人才终身制,建立起人才自由流动和双向选择的人力资源市场化配置机制,人才市场初步形成,这构成了人才流动的载体,使高校人才流动成为可能。但也存在一些问题,如从外部看,人事工作仍沿用计划经济体制下的管理体制和管理办法,人事管理权限过分集中在政府人事部门,人事主管部门直接包揽了许多本应由高校自主决策的微观事务,高校的法人地位没有得到真正落实,教师队伍管理缺乏应有的自主权,在制度上还未真正形成引进高层次人才的"绿色通道",一些教学、科研急需的人才难以引进。再如,以往的某些规定如不允许从企业引进人才,不允许从西北等落后地区引进人才,苏南地区不允许引进苏北地区人才等,这些限制并没有从根本上起到稳定人才的作用,也不是解决问题的有效办法。此外,目前人才引进的录用手续比较烦琐,不利于人才引进工作的开展。由于人才引进的反应速度慢、周期较长,使得一些原有可能争取到的人才抢先被其他地区、单位录用,影响了高校的人才引进工作。事实上,人才引进的效率和速度,对人才的引进有时能产生决定性影响,因为这从相当程度上反映了对人才

---

① 习近平强调,坚持科技是第一生产力人才是第一资源创新是第一动力 [J]. 国外测井技术,2022(5):28.

引进的诚意。

二、规范有序的人才流动模式是高校教师资源配置的必然要求

人才市场运行要按规则行事，做到规范化运行。然而，现阶段人才市场还处于发展阶段，法制还不够健全，执行法律的力度也还不足，人才流动总体上还处于无序状态，需要建立一种法律机制，以规范人才市场，使人才流动有序化。要进一步强化法制意识，认真贯彻执行《高等教育法》《教师法》《劳动法》等法规，完善法规体系，增强政策的统一性和透明度，有章可循、有法可依、依法管理，逐步实现以政策导向和法律监督为调控手段的人才资源管理体制，提高依法行政和按规则办事的意识和能力，促进人才流动健康有序地开展。政府主管部门可制定具体的制度、办法、措施和细则，加强高校人才资源配置工作。

拥有完善的人才市场是人才合理流动的前提。目前的人才市场、人事代理、社会保险等都处于初级阶段，规范性和可操作性都有待提高。人才引进缺乏明确的政策依据，配套措施不完善，保障机制不健全。在人才流动中，畅流是方向，依法流动更是关键。

人才市场的主体是人才和用人单位，而不是政府，因此要进一步落实高校的法人地位，要坚持"政府调控，行业指导，高校自主"的原则，强化高校在人才资源开发中的主体地位。而人才市场的经济色彩和行政色彩过于浓厚，服务功能有所弱化。人才市场的主导功能应该是服务而不是管理，应进一步完善其服务功能，改进服务手段，提高人才服务的法制化、信息化水平，提升服务质量和效率，形成机制健全、运行规范、服务周到、指导监督有力的人才市场配置体系和社会保障体系，积极为高校人才流动提供宏观指导和优质高效的服务。要打破人才的传统身份属性和阶层意识，建立超越学历、职称的"大人才观"，而不再将"一旦拥有，享用终身"的学历、职称作为高校引进人才的唯一衡量标准；要坚持因地制宜，实事求是，促进人才成就多元评价观念和体系的形成，从人才的选拔、引进、使用、流动到奖励，形成一整套综合性的吸引人才、稳定人才、遴选人才、使用人才和评价人才的有效培养机制和竞争激励制度。

追求人才的产出效益是高校引进人才的根本目标。高校对高层次人才的引进，一定要从梯队建设和学科发展的目标出发，确定发展定位，不要"小庙供大菩萨"，造成人才冗余和闲置。要树立人才的成本观念，建立引进高层次人才的成本与效益核算机制，加强人才引进的有效性和针对性。

高校要将人才的内引外联结合起来，以市场机制为导向，建立相对稳定的人才骨干层与出入有序的流动层相结合、双向复合管理模式。要保持人才队伍的良性循环和动态平衡，以活跃高校的学术氛围，不断形成新的人才组合、排列，保持队伍结构的高度适应性和合理性，促进高校人才资源的集约化配置和人才增值，提升人才资源

的能级结构,实现高校人才资源的层次结构高级化、配置分布最优化、投入产出高效益化,形成人尽其才、才尽其用的合理配置状态,最终达到人才总量充足、人才结构合理、各学科人才分布均衡,高层次人才引得进、留得住、发挥自如,人才进出通道顺畅。

三、制度创新、机制创新是积极推进高校人才队伍建设的动力

从本质上讲,高校目前的人才问题,既不是数量问题,也不是质量问题,根本的问题还在发展机制上。良好的机制是高校组织良性、有序、健康发展的物质条件和精神条件的综合体。在社会主义市场经济条件下,人才是"活"化的,机制也必须要激活。高校必须将一系列先进的、具有广泛开放性的人才开发理念积极转变成行为规则,再把规则及时转化为机制。

首先,要强化创新意识。按照有利于优秀人才集聚、有利于优秀人才发挥作用、有利于优秀人才成长的要求,突破传统思维方式,树立全新的人才开发模式,以超常规的运作方式,提供快速便捷的人才服务。根据国际国内先进科学技术的发展方向,大力培养、引进对高等教育发展具有较强适应性、支撑性意义的高层次人才,在重视人才总量增长的同时,着力提升人才的质量和效益。实行培养、引进、使用、储备并举的人才立体开发战略;在落实现有人才政策的基础上,加紧制定特殊政策,加快创新用人机制。

其次,要建立公平竞争机制,发挥市场在高校人才资源配置中的基础性作用。人才市场通过其内在的供求机制、价格机制、竞争机制作用,影响和推动人才资源的流动和调整,使人才资源在地区、高校与岗位之间的配置和供求关系能较好地趋于平衡,形成较为成熟而完善的人才流动机制。只有通过市场,才能把作为生产要素的人才,配置到最合理的地位、最能创新价值的地位、最有效率的地位。高校人才队伍建设要在遵循教育规律和人才成长规律的前提下,更好地运用市场机制,使人才市场发展成为高校人才合理、良性流动的平台,为高校的人才进入退出提供保障,使高校在竞争中不断吸引人才,在开放、流动中不断优化自身的人才结构,蓄积高质量的人才资源。要建立健全各专业性人才市场,在条件成熟时,组建教育人才市场。

四、努力营造教师队伍建设的良好环境

从小环境讲,高校作为人才实现自我价值的实体,有责任为人才的发展创造机遇,创造和谐、开放的人文生态环境。在高校内部要牢固树立"教师为高校主体"的思想观念,真正把教师放在高校建设的主人翁地位。在制定高校的发展大计和涉及教师切身利益的政策措施时,要广泛听取教师的意见,使高校的各项政策措施,能更符合教师的实际,更充分地代表教师的利益。高校各级领导要积极主动地为教师排忧解难,以政治上的关心、生活上的关怀和工作上的支持来增强对教师的感情投入,努

力创造一个使教师有"用武之地"而无"后顾之忧"的成才环境。

事业留人、感情留人、待遇留人。良好的工作条件、生活待遇是基础。我们要加大对高校人才队伍建设的投入，不断改善教师工作、生活条件，创造安居乐业的教师成长环境，进一步提高教师工资收入水平，为吸引高层次人才创造条件。特别是在为引进高层次人才所支付的违约金、大型科研设备购置、科研项目配套经费方面，政府应提供积极有效的支持和帮助。在"九五"高校师资队伍建设专项经费的基础上，增加教师队伍建设专项经费，为教师培养、人才的快速成长创造条件。

高校要以事业的不断发展和广阔的发展前景吸引人才，为教师的成长和事业发展搭好舞台、做好服务、维持好秩序，使教师能在平等、宽松、愉快的环境中工作，给人才以较大的主动权和学术活动空间，使其能最大限度地展示自身价值，实现事业追求。同时高校还应培育和保持一种自主与协作并存、求真务实的校园文化，使人才有一种安全感和归属感，能够不断地激发创新灵感，增加满意度，提高人才的活力和高校的凝聚力。

高校应制定切实可行的政策，在经费和制度上保障教师的培养、培训和学术活动。积极创造条件，让优秀青年教师走出校门，参加各种学术交流活动。通过交流，可以拓宽视野、开阔眼界，及时了解学术发展的前沿动态和最新成果，把握未来发展的趋势，使他们有机会结识老一辈的学术大师和新一代的同行学友，建立广泛的学术联系，提高他们的知名度。在聘任教师时，也应当大胆选拔优秀中青年骨干教师担任教授、副教授职务。

五、各种师资需求的轻重缓急程度

高校是培养高素质人才的地方，理应由具有高级专门知识和技术能力的人充当培养的主体。对于高校来讲，专家学者是最急需的，尤其是在紧缺的学科、专业上，其余依次为讲师、助教。

相应地，引进和培养专家对于高校来讲需要付出的代价也是很大的。例如，引进院士、长江学者大多需要100万~200万元的科研配套费和安家费，特聘教授需要年薪20万元左右，有的高校还提供住房和额外的津贴补助。而高校吸引应届硕士生和博士生以及青年教师和科研骨干也要提供较好的科研环境、再培训的机会以及在生活上相对其他高校较好的条件。

第三节　教师资源动态配置影响因素分析

教师资源是高校发展的第一资源和核心动力，教师资源优化配置是高校实现跨越式发展的前提和必备条件,也是体现高校现代化管理理念和科学管理水平的重要标志;同时,高校的改革和发展对教师资源配置的要求也越来越高。近年来,随着高校教师聘任制度和收入分配制度改革的不断深入推进,高校教师资源配置更加科学化、合理化。但是,从现状来看,高校教师资源配置还存在着许多问题,与建立现代高校管理制度的要求相比,仍有一定的差距。本文试从高校教师资源优化配置的主要特征入手,对比分析高校教师资源配置存在的主要问题和原因,并对新时期如何更好地优化高校教师资源配置提出一些建议和意见。

一、高校教师资源优化配置的主要特征

教学、科研和社会服务是高校的三大主要功能,高校教师资源配置是否优化,主要体现在高校教学、科研和社会服务的功能是否得到了充分、合理的发挥,同时也体现在是否有利于教师个人的成长和发展。总体来看,高校教师资源优化配置主要体现在以下四个方面。

(1)体现在教学上,教师资源配置应有利于培养符合社会需要的各级各类人才。人才培养是高校的主要任务之一。当前社会的分工越来越细,相互之间的联系与合作也越来越紧密,对高校人才培养提出了更高的要求。教师资源配置应与社会对人才培养的需求紧密结合起来,打破院系和专业之间的界限,科学合理地安排课程和任课教师,建立科学的课程体系,努力培养符合社会需要的专业化、宽口径人才。

(2)体现在科研上,教师资源优化配置应有利于教师充分享受学术研究自由并能平等地开展合作研究;有利于相同兴趣领域或交叉发展的学科领域教师相互合作、互相激励、取长补短,进行原创性研究工作;有利于高校的实验平台和研究资源共享。

(3)体现在社会服务上,教师资源优化配置应有利于教师的科学思想、学术理论、科研成果,以及技术性和应用性开发更好地为社会发展与进步提供技术支持、理论指导或咨询服务。

(4)体现在教师自身发展上,教师资源配置应有利于优秀人才集聚,有利于优秀人才发挥作用,有利于优秀人才成长。教师能够自主确定研究方向并开展学术研究,能够不断地激励自己提高教学水平、科研能力并因此能够得到认可与激励。高校为教师之间的学术研究合作提供平台并给予政策支持,教师有表达自己学术思想和科研成果的平台和渠道。

二、高校教师资源配置存在的问题及原因分析

近年来,高校对教师资源配置的重要性和必要性有了较为深刻的认识,但从教学、学科建设、社会服务等方面来看,还没有完全达到教师资源优化配置的要求。

（一）教师管理权限影响教师资源的优化配置

院系或科研单位是高校的基层组织单元，教师的教学安排、科研工作、个人劳酬等管理权限等属于基层单位。不同单位之间的教师合作，既存在合作过程中不同单位之间资源的使用问题，也存在科研成果的所有权区分问题。这在年终业绩考核时会影响单位以及个人的分配，从而造成矛盾，影响不同单位之间的教师合作。如在安排教学课程和授课教师时，由于存在教学工作量以及教学经费划拨等问题，教学单位一般不希望由其他学院的教师来为本院的学生授课，很少考虑本院教师是否符合课程的需要和学生的要求，影响教学水平和人才培养质量。

（二）教学培养计划影响教师资源的优化配置

大多数高校现有专业培养方案多根据学科发展需要调整，但在培养方案调整设置过程中，对人才培养的知识结构构建与能力培养需求、社会需求等主要参考因素的研究不够充分，也没能充分分析学科交叉以及相关学科领域知识的积累问题，没有处理好主要参考因素和次要参考因素之间的关系，造成学生知识结构不合理，未能达到通过教师资源的合理配置促进人才培养的目的。

（三）教师考核评估影响教师资源的优化配置

目前，国内高校教师考核大多采用的是定量评价与定性评价相结合的办法，但是如何处理好定量评价与定性评价的关系，仍然是高校在努力探索的问题。从阶段来看，有的考核评估简单笼统，流于形式；有的过多侧重于定量评价，甚至只是计件考核，如单纯地计算教学工作量和科研工作量，而大多没有考虑教学的质量效果和科研成果的真实价值；有的虽然有定性评价，但缺乏可操作的、符合实际的实施办法。考核评估结果与教师的业绩、晋升、奖励直接相关，考核评估的不科学对教师资源配置容易产生不好的影响和导向，使教师为了达到较好的考核结果，重量不重质，导致教学实际效果和真实科研水平的下降。

（四）收入分配影响教师资源的优化配置

收入分配制度具有很强的导向性作用，关系到教师每个人的切身利益，每一次变动都非常敏感。从过去的平均主义到现在的"计件"劳酬，虽体现了管理方式的进步，但还有待进一步改革和完善。现在教师的固定工资占教师个人收入的比例越来越低，具有相同资历的教师之间没有太大的差距，而占教师大半部分的收入是固定工资以外的。现行的固定工资主要考虑个人资历和工作量。这种分配制度使部分教师一味地追求量的扩张，通过各种途径来提高个人收入，而不是将自己的主要精力用于提高教学质量，专注学术研究，进行学术创作。

（五）校内资源管理影响教师资源的配置

现在许多高校缺乏校内固定资产资源共享的政策，缺乏奖励先进、激励教师不断进步提高自己的政策。或是高校的政策过于模糊，没有切实可行的操作方案和严格、合理的管理程序。

第四节　教师资源动态配置判别模型研究

高校教师资源优化配置问题日益成为高校人力资源管理的核心问题。我国的高校大多追求较大的办学规模和较高的经济效益，师生比例过高，教师质量参差不齐，难以保证教育质量，更难以产出高水平的科研成果。因此，有必要通过优化教师构成比例等途径来解决上述问题。

对于高校教师资源配置的主要特点，黄修权（2006）撰文进行了总结：人力资本丰富、具有较强主观能动性、流动性强、个体需求多样化。王斌林、孟丽菊（2005）认为，构成高校核心竞争力的资源可以是物质性的财力资源，但主要是指人力资源（教师和大高校长）和非物质性无形资源中主动性资源即动态管理能力，以及体现于"校风""校训"中的高校精神。

陈克、宋东霞、赵彦云（2007）认为，高校的核心竞争力是指影响和决定高校生存、成长和发展的关键性因素。从高校自身特点来看，其核心因素主要表现为作为高校最终产出的学生素质和科研成果、作为高校重要资源的师资队伍、作为高校发展核心的学科建设四个方面。王蔚清、张奋平（2006）认为，高校教师资源配置工作能否做好，取决于高校管理层思想上是否真正重视，认识上是否真正到位，措施上是否真正落实。

解决高校教师资源配置失调的核心是期望得出可以量化的教师构成比例。通过对高校师资配置目标进行研究，按照统计学抽样原则采集高校师资配置的数据资料，从历时和共时两个维度、宏观和微观两个层面分析我国高校师资配置的现状，基于判别模型设计出高校教师资源配置的动态分析模型并进行验证，其相关结论对高校师资配置具有一定的指导意义。

一、高校师资动态配置影响因素分析

（一）资源动态配置的外部影响因素

影响高校师资动态配置的因素是多方面的，既有外部因素，又有内部因素。其中，在外部影响因素方面，集中体现为社会经济和意识形态环境，并且这些都是定性的环境因素。

由于我国高校多以公办性质为主，影响资源动态配置的外部因素在一定程度上是趋同的。在微观层面上，影响高校师资动态配置的主要是内部因素，包括发展定位、招聘录用和培训开发、教师的构成比例等。评价教师构成比例的指标具有多样性，如生师比、高级职称比例、博士比例、专任教师比例、教师的年龄结构、专业结构和学历结构等。其中，影响最大的是生师比、高级职称比例、博士比例和专任教师比例四个因素。

在影响高校师资动态配置的因素中，发展定位、招聘录用、培训开发在各个高校具有差异化的特点，属于定性因素；教师的构成比例是定量因素，同样具有差异化的特点。资源动态配置侧重于对教师的开发与管理，从而提升资源配置的存量与流量，而可以量化的高校教师构成比例则是资源动态配置的重点。

高校要使教师资源配置增值，必须根据教师的特点进行制度安排，确定合理的生师比、高级职称比例、博士比例和专任教师比例，并且对高校的招聘录用、培训开发和发展定位给予战略操作规范，最终实现组织与个人利益相一致，从而达到提升高校教师资源配置的存量与流量的目的。其中，确定合理的生师比、高级职称比例、博士比例和专任教师比例，对高校的招聘录用、培训开发和发展定位给予战略操作规范是本文对于高校师资动态配置探讨的重点。

二、高校师资动态配置判别模型研究

（一）分析数据和样本的选取

根据《中国教育统计年鉴（2008）》，选取1982—2007年我国高校以及师资相关指标。2007年，全国共有全日制普通高校1823所。其中，985工程大学及研究型大学38所，211工程大学及教学研究型大学107所（含985工程大学38所），其余的为教学型大学。[①]

由于样本较多，数据搜集困难，只能选择抽样方式搜集相关数据进行统计分析：在38所研究型大学中随机抽取4所；按照等比例样本抽取原则，在减除38所研究型大学后的69所教学研究型大学中随机抽取8所。在教学型大学中，综合考虑与研究型大学、教学研究型大学数量的比例和所在地区拥有大学的数量的比例两个数量关系随机抽取66所。[②]

分析数据样本主要选取了全国普通高校分布、2008年"985"大学在校学生情况、2008年"211"大学在校学生情况、2008年一般本科大学在校学生情况、2008年"985"

① 刘鑫，韩宇平.基于训练大数据的水资源动态配置模型研究[J].人民黄河，2021（8）：52-57.
② 刘鑫，韩宇平.基于训练大数据的水资源动态配置模型研究[J].人民黄河，2021（8）：52-57.

大学专任教师情况、2008 年"211"大学专任教师情况、2008 年一般本科大学专任教师情况等量表。[①]

（二）数据的统计学分析方法

高校师资优化配置应当了解自身实际状况和应该达到的目标。应当建立适用的高校教师资源动态分析模型，使高校可以通过定量计算，了解自身师资配置情况、存在的问题及量化目标。判别分析通常采用判别函数对事物进行判断。

1. 常用的判别方法

（1）距离判别：通过样本得出每一个分类的重心（中心）坐标，然后对新样品求出其相对各个类别重心的距离，从而将其归入距离最近的分类。最常用的距离是马氏距离，偶尔也采用欧式距离。距离判别的特点是直观、简单，适合于对自变量为连续变量的分类，并不要求总体的协方差矩阵相等。

（2）典型判别：典型判别方法的基本思想是投影，即将原来的 R 维空间的变量组合投影到维度较低的 D 维空间中去，然后在 D 维空间中进行分类。投影的原则是各类间的距离尽可能大，类内的距离尽可能远。

具体操作中，首先提出与各组最大可能相关变量的线性组合即第一典型变量，然后提取第二典型变量，从而达到降维的目的。每个典型变量就代表了各类别在该维度的区分信息；使用典型变量计算出各类别在低维度的重心坐标，给出的判别式也用于计算各样品的坐标值，最后用各观测点离各类别重心距离的远近做出所属类别的判断。

（3）Bayes 判别：利用先验信息，认为所有的类别都是空间中互斥的子域，每个观测都是空间中的一个点。在考虑先验概率的前提下，利用 Bayes 公式，按照一定的准则构建一个判别函数，分别计算该样品落入各个子域的概率，所有概率中最大的一类可以认为是该样品的所属类别。

2. 判别函数效果验证方法

（1）自身验证：将训练样本代入判别函数，判断情况是否严重。自身验证的效果好，并不能说明该函数用来判断外来数据效果也好，实用效果不大。

（2）外部数据验证：判别函数建立后，重新收集一部分样本数据，用判别函数进行判断，理论上外部数据验证方法较好，但在实际应用中，重新收集的样本数据不能用来建立函数，浪费了较多的信息，而且很难保证两次收集的样本是同质的。

（3）样本二分法：样本二分法是外部数据验证的改进，采用随机函数将样本一分为二，一般按照 2：1 的比例拆分，多的部分用于建立判别函数，少的部分用于验证。这种做法保证了验证样本和训练样本的同质性，但要求样本量较大，否则建立的判别函数不够稳定，浪费了较多的信息。

① 刘鑫，韩宇平.基于训练大数据的水资源动态配置模型研究 [J].人民黄河，2021（8）：52-57.

（4）交互验证：交互验证是近年来逐渐发展起来的一种非常重要的判别效果验证技术，在样本二分法的基础上又大大前进了一步。具体方法是在建立判别函数时依次去掉一例，用建立的判别函数对该例进行验证。交互验证可以非常有效地避免强干扰点的影响，本文的研究使用了该方法。

基于判别模型的高校师资动态配置给我们的启示主要有两个：其一是根据判别模型可以计算预测高校的评分，评分最高的一类即为该观测相应的类别，对于判别大学的研究型或教学型等分类有着重要的指导作用；其二是对于高校而言，明确了发展定位以后，通过历时比较模型的得分可以调整教师构成比例，以制定科学的、符合发展定位的教师资源配置政策。

第五节　教师资源动态配置的操作规范

教师资源开发利用的地位取决于教师资源在高校中的地位。高校要发展，必须凭借一系列资源，如人力资源、物资资源以及财力资源，其中最主要的当属人力资源，而人力资源中，最为宝贵的是教师资源。高校教师水平作为高校教师质量和学术水平的决定性因素，在高校办学中的地位和作用已被公认。高校教师资源的"主体性"地位决定了高校教师资源开发利用在诸类资源开发利用中的核心地位，教师为本当成为高校教师队伍建设的政策导向，大力开发利用教师资源是高校教师人力资源开发的第一要务。

一、当前高校教师资源的特征分析

（一）孤岛特征

孤岛特征是指由于教育是计划体制，经济是市场体制，教师的价格和数量主要表现为政府的工资规定和计划编制，而不直接反映经济发展和就业的数量、质量的变化对其内在的要求，人为地割裂了教育与市场经济的有机联系，教师形成了一种相对隔绝和封闭的状态，就像大海里的一座孤岛。由此造成教师缺乏足够的社会实践和对社会真相的透彻剖析，经济学教师很少去企业，农学教师很少下田，医学教师很少去医院，自身素质与现实需求不相适应。教师知识结构老化，教学内容陈旧，使学生产生"学习无用"的观点。

（二）侵蚀特征

侵蚀特征是指由于市场体制和计划体制在价值观念、动力机制、收入分配等方面都是截然不同的，在信息基本通畅的前提下，教育形成孤岛也是相对的，市场经济对教师存在着高薪诱惑、失落感加剧、经济和心理压力增大、学术研究浮躁等负面效应，这会造成教师职业道德下降，人才外流，教师队伍不稳定，高校成为社会裁减冗员的避难所等问题。

（三）窒息特征

窒息特征是指由于教育计划的"道德人"的假定以及计划行政管理的体制，对影响教师素质提高发挥了负面效应，使教师的教学、科研乃至健康都失去了活力。由于高校依附于政府的身份，自身利益不能独立，内部管理缺乏按照市场经济进行运作的自主权，导致忽视了教师精神利益，并且优劳不能优酬；教师之间缺乏竞争，评估制度流于形式；各项制度不民主，教师处于被管理者的地位，官本位严重，真正做学术的无地位；教师的发展空间和机会很少，使教师丧失了进一步提高能力的动力。

（四）雀笼特征

雀笼特征是指在教师的流动上由于户籍档案、组织关系、不合理的契约等对教师形成的一个无形的笼子，使高校教师的大量流动事实上处于不公开、不合法和无序的状态，严重地阻碍了教师资源的配置。

二、优化高校教师资源配置的对策

（一）建立适应市场运行规律的岗位设置机制。

社会主义市场经济体制下的高校教师聘用，实际上是在市场经济条件下依据市场运行规则而建立起来的一种新的用人机制，它是建立在岗位成本原则和优化师资资源配置基础上的，强调的是岗位职责并坚持因事设岗，以岗择人，公开招聘，平等竞争，择优聘任，严格考核，合同管理。遵循这一规则进行岗位设置，从根本上明确了教师岗位成本原则，改变了因人设岗的做法，把岗位作为投资成本的反映。同时，各级教师岗位也反映了学科发展和教学科研任务对教师资源的需求。

首先，科学地设置教师岗位应和教师总编制的确定紧密结合。高校在设置教师岗位时，既要充分考虑当前全国高校平均生师比例的状况，又应从实际出发，按生职比8：1确定基本教育规模，并将专任教师队伍总数确定不低于基本教育规模的60%，党政管理干部总数控制在基本教育规模的18%以下。除了按照生师比例确定教师编制外，还要以教师人均工作量核定教师总岗位数额，在岗位工作量的确定上，充分考虑到办学的质量、成本和效益，达到科学、合理地确定教师工作量的目的。两种方法有机结合，既满足了教学、科研的需求，又为教师培养、进修提高和引进人才预留了一定的岗位数额。

其次，在教师岗位设置上打破了按照专业技术职务设岗的传统做法，按照岗位职责和岗位任务设立学科带头人、学术带头人、学科骨干、学术骨干、骨干教师、主讲教师、助理教师七个岗位。其中，学术骨干以上岗位为校聘关键岗位，专业技术职务仅作为教师申报各级岗位应具备的资格条件。这就从根本上实现了教师队伍由"身份"管理到"岗位"管理的转变。

最后，根据教学、科研和学科建设的需求，制定每个岗位的申报条件、聘期任务，并明确受聘后各个岗位所享受的待遇。教师可以根据自己的能力、水平选择能充分发挥自己才能的岗位。建立起科学的岗位设置机制，能够较好地把教师个人思想追求和高校事业的发展需求有机地结合起来，实现有什么能力做什么事，享受什么待遇，打破按职称"对号入座"的传统做法，这样效地解决了"教授不教，讲师不讲"的问题，激发了教师队伍的生机和活力。还有利于教师队伍年龄结构、知识结构的调整和教师的合理流动，为青年拔尖人才脱颖而出创造良好环境；在促进教学、科研进一步发展的同时，较好地解决机构臃肿、党政管理干部人浮于事的问题，促进了办学效益的提高。

（二）建立科学严密的教师考核机制。

建立以科学严密的定性评价与定量评价相结合，以定量评价为主的教师考核机制，这样可以更加客观、准确地评价教师能力、水平和绩效，同时为教师新一轮聘任上岗和受聘教师兑现待遇、奖惩提供可靠的依据。

在实施教师岗位聘任过程中，需要确定各级教师、教辅人员的岗位职责，明确聘期的任务。在教师聘期岗位任务中充分考虑教学、科研的实际及教师科研队伍的能力状况。若教师申报岗位时就已明确自己应履行的职责和所承担的任务，这就使得考核和被考核者都有所适从，从而使按岗考核有据可依。

在建立教师考核机制中应着重把握以下几点：一是在重点考核教师工作业绩的同时，注重考核教师的思想政治素质和职业道德修养。二是对聘期内的各项任务指标进行量化分解，给予合理的分值。三是对教师定量评价应切合实际，量化指标要合理适当。四是对教师岗位必须完成的任务目标应有刚性约束。

（三）建立合理的激励制度

首先，要建立合理的具有激励作用的分配机制，这是与高校教师定编设岗、岗位聘任相配套的校内分配改革制度。

鉴于目前高校分配制度改革还不能完全摆脱原有的计划经济体制下的工资模式，即职务与档案工资紧密挂钩的现实，应当建立起档案工资保留，岗位津贴为主导的分配模式，要突破按专业技术职务套定津贴标准的模式，受聘到哪一岗位即享受本岗位的岗位津贴标准。在教师岗位上设立学科带头人、学术带头人、学科骨干、学术骨干、骨干教师、主讲教师、助理教师七个等级的岗位津贴标准。根据学科建设和教学、科研任务需求,适当拉大岗位之间的分配差距,重点向关键岗位倾斜,最高月津贴和最低月津贴应相差 7.6 倍。聘期内(三年为一个聘期)按年度任务目标完成情况进行考核,各年度的岗位任务分值分别占聘期总分值 300 分的 26.7%、33.3% 和 40%。此外,还需设立业绩点奖励制度,对超额完成规定的岗位任务的教师,享受业绩点津贴,上不封顶。这种分配制度的建立,真正体现了多劳多得、同工同酬的"业绩管理"新模式,起到了双向激励的作用。

其次,"需要层次论"告诉我们:一定的需求往往必须特定的激励去满足。高校教师需求的精神性和高层次性特征,决定了教育管理中要以精神激励为主的激励需求。高校教师需求的这些特点,是由教师阶层自身的文化层次、职业特征、道德观念、审美倾向所决定的,是一种极其稳定的心理体验。因此,对高校教师的激励,不能以金钱刺激为主,而应以其发展、成就和成长为主,建立经济激励与目标激励、情感激励、竞争激励、榜样与考核激励相结合的激励方法。

(四)建立提高教师综合素质的培训机构

建立一支素质优良、结构合理、相对稳定的师资队伍,关键是逐步建立起适应新时期高校教师队伍建设需要的教师继续教育制度和培训机制,实现培训工作重点和运行机制的转变,只有实现这"两个转变",才能调动教师自觉学习的积极性,才能使教师结合本职工作学习新理论、新技术、新方法、新信息,不断提高业务技能,培养持续的创造能力,从而适应社会、经济、科技的发展,促进高校的发展。

首先,营造学习型、研究型氛围。在信息术高度发达的知识经济时代,营造学习、研究氛围,有助于教师增强学习新知识的紧迫感和自觉学习上进的需求感。

其次,建立重点带动一般的培训机制。高校师资队伍的发展是一个整体,由于受高校经费紧张制约,短期内难以有充足的经费保证师资培训工作的深入开展。因此,在教师培养、提高工作中,既要重点突出,培养中青年骨干教师,又要兼顾教师队伍整体素质的提高。在教师队伍建设规划中确定对重点培养的教师给予经费上的保证;对教师到国内外校访问、参加国内外学术交流和学术会议、短期培训等给予支持;在经费上采取校、院(系)教师个人按一定比例共同负担的方法。

最后,建立教师定期进修的约束和激励机制。《教师法》中明确规定,教师有"参加进修或者其他方式的培训的权利和不断提高思想政治觉悟和教育教学业务水平"的义务。因此,在为教师创造和提供必要条件的前提下,必须建立教师接受继续教育的约束机制和激励机制。把教师在职进修、提高学历层次与岗位聘任、提高待遇紧密挂钩,由此来调动教师自觉参加培训,不断提高自身的政治和业务素质。

第九章 多维绩效考核创新研究

第一节 绩效考核的内涵和方法

绩效考核是认识人性的重要手段，是人力资源管理中重要的一环，在国内外企业已有一定的应用并取得了一定的成效，但将其应用于我国高校教职员工的考核尚处于探索阶段。为了促进高校人力资源开发，促进高校传统的人事管理向现代人力资源管理转变，增强办学活力，提高办学水平，有必要认清人力资源管理中职工绩效考核的本质。

一、从绩效考核的内涵看高校绩效考核

目前，学术界关于绩效考核的论述主要有三种。一是绩效考核是指主管或相关人员对员工的工作做系统的评估是一种衡量、评价、影响员工工作表现的正式系统，以此来揭示员工工作的有效性及其未来工作的潜能，从而使员工本身、组织及社会都受益。它可以通过系统的方法、原理来评定和测量员工在职务上的工作行为和工作成果。二是绩效考核是在工作一段时间或工作完成之后对照工作说明或绩效标准，采用科学的方法检查和评定员工对职务所规定的职责的履行程度、员工个人的发展情况对员工的工作结果进行评价，并将评定结果反馈给员工的过程，以此判断他们是否称职，以此作为人力资源管理的基本依据，切实保证员工的报酬、晋升、调动、职业技能开发、激励、辞退等工作的科学性。从现象上来看，是对员工工作实绩的考核，但它却是组织绩效管理决策和控制不可缺少的机制。三是绩效考核是对员工的一种评估制度。它是通过系统的方法、原理来评定和测量员工在职务上的工作行为和工作效果。

从上述三种论述可以看出，三者的共同点是绩效考核是对员工的工作结果或工作行为和工作成果的评价。不同的是只有第二种认为是在工作一段时间或工作完成后的考核，体现出考核的时间性，指出是事后考核，考核的依据是工作说明书或绩效标准；同时揭示考核结果必须反馈给员工。只有第一种说明考核的主体是主管或相关人员，考核的目的是衡量、评价员工的工作表现，以此来揭示员工工作的有效性及其未来工作的潜能，从而使员工本身、组织及社会都受益。

如果我们把以事为中心的绩效考核定义为传统绩效考核,把以人为中心的绩效考核定义为现代绩效考核,两者的区别主要在:一是前者是单向考核,后者是双向的,管理者与员工是战略伙伴关系。二是在侧重点上,前者注重行为和过程,即所谓没有功劳还有苦劳,没有苦劳还有疲劳,而后者更注重结果,随着员工知识水平的提高、个性的增强,更注重员工创新和自我价值的实现。三是对考核的结果,前者注重惩罚,体现出管理者的权威性,后者注重改善,因为惩罚是手段不是目的,对员工的惩罚所得与组织所受的损失相比,受损失最大的是组织,惩罚并不能有效提高职员的绩效。四是从主管的角色看,前者主管像法官,掌握着对员工惩罚和奖励的权力,后者主管像教练,员工业绩不提高管理者更急,必须像教练一样教员工提高业绩。

高校生存和发展的关键是人员队伍建设,核心是教学、科研和管理队伍建设。高校教学、科研和管理人员以其工作的相对独立性、较强的自主性和较高的学术性、很强的成就动机等显示出该群体的特殊性。现代人力资源管理是指运用现代科学方法,对与一定物力相结合的人力进行合理的培训、组织和调配,使人力、物力经常保持最佳比例,同时对人的思想、心理和行为进行恰当的引导、控制,充分发挥人的主观能动性,使人尽其才、事得其人、人事相宜,以实现组织目标。可见,人力资源管理最关心的是人的问题,其核心是认识人性、尊重人性,强调"以人为本"。高校教师群体的特殊性显示出人力资源开发的巨大潜力。通过人力资源管理可以有效克服高校传统人事管理中出现的教职员工的工作积极性不高,工作效率低下,教学科研水平提高较慢,骨干教师流失严重等现象。因此,高校传统的以工作为中心的人事管理有必要向以挖掘人的潜能,发挥教职员工专长,加强个性培养,使教职员工与高校共同发展的绩效考核与绩效管理转变。

从绩效一词的组成来看,绩效考核中的"绩"是指业绩,主要是指工作所取得的成果,"效"主要是指效果,即工作的效果。绩效考核可以理解为是对职工工作业绩和工作效果的考核。不同的岗位有不同的职责,绩效应是履行岗位职责所取得的,绩效考核的着眼点是工作岗位,离开工作岗位谈不上绩效考核。不同的工作时间会产生不同的工作成效,工作绩效的考核应是在一定时间内的工作考核。绩效衡量标准是工作岗位的要求,体现出绩效的方向性。

效果是工作对象对工作人员工作的反映,只有与员工的工作有关的人员对该员工工作效果才能作出客观反映,所以,对高校教职员工工作效果最有发言权的考核主体应包括工作人员的上级、下级、同事、教师所教学生或职工服务对象及教职员工自己。

根据人力资源管理理论,高校绩效考核的目的主要在于人力资源的开发,即了解教职员工的工作情况,在建立有效的激励机制的同时,进一步对工作的自身因素和环境因素进行分析,寻求更高的个人业绩和组织业绩。通过培训发展员工的能力,使岗位与能力相匹配,通过岗位转换做到人尽其才等,最终达到个人绩效与组织绩效双赢的效果。

总之,绩效考核是人力资源管理与开发的手段、前提和依据。绩效考核是人力资源管理中很重要的一个环节。高校教职员工的绩效考核是"知人"的主要手段,而"知人"是用人和发展人的主要前提和依据,即它是高校工资管理、人员晋升,特别是人员合理使用和培训的主要依据,是调动员工积极性的重要环节。

二、高校绩效考核是开发高校人力资源的着力点

(一)绩效考核是为了知人

绩效考核通过对职工工作业绩和工作效果的考核,了解职工的工作能力、工作态度、特长、工作效率、工作质量以及上级、下级、同事、专家及被考核者对其工作业绩和工作效果的全面评价,从而对其工作情况有一个较为全面的了解,了解其工作中的长处和不足,了解其在工作中的个人发展和工作潜力。绩效考核是"知人"的主要手段,而"知人"是用人的主要前提和依据,即绩效考核是人力资源管理与开发的手段、前提和依据。高校教学科研和管理人员往往都具有较高的学历,本身所学专业与从事的本职工作有的存在较大的差异,即使专业对口所用的也只是所学专业领域中的很少的一部分,现任工作岗位能否发挥其专长,其特长是什么,这是用好人的关键。所以,高校要充分发挥教职员工的积极性、创造性,尤其要重视对人的深入了解,只有知人,才能善用。

绩效主要是在工作中体现出来,考核的内容由各项指标构成。指标制定的主要依据是岗位职责,不同的岗位履行职责的内容和要求不同,所以其指标体系也不一样。一岗一表的考核方法虽然能充分反映其工作实绩,但可操作性不强,考核体系能简化的尽量简化,但过于简化易使考核流于形式。目前高校教职员工考核往往都是采用统一的考核表,高校除教学科研工作岗位外,还有众多的管理岗位和教辅工作岗位,考核指标脱离具体工作岗位只能使考核流于形式。由此也不难理解,每年的评优评先进变成了一种福利,由于按比例下达名额小的部门,工作成效无论怎样好也享受不到这种"福利",这种考核对高校的发展很难起到促进作用,难以调动教职员工的积极性和创造性。同时,由于这种评优与职称晋升、暑期休养等挂钩,如此连锁的福利,对高校的发展阻滞作用可想而知。而绩效考核通过每个人工作岗位职责的履行情况对人的工作能力进行分析,一个人工作业绩突出表示其适合这一工作岗位,工作能力强,在这一工作岗位上能充分施展其才华;反之,则表示可能是人岗不相匹配,难以取得工作业绩,或工作环境抑制其才华的施展,或本身能力欠缺。需要指出的是,绩效考核是以工作岗位为视角对员工进行的考核,对于从事本职工作以外的能力则无从考核。绩效考核强调考核中的反馈,通过反馈与考核对象沟通,弥补因单向考核而导

致的片面性,以达到全面地了解人的目的。知人是用人的基础,也是发展人的基础。绩效考核是从岗位工作出发对人的考核,企业通过考核来了解员工,决定了人力资源开发的计划与政策,决定了对不同的员工采取不同的培训方法给以不同的薪金。同样,高校的绩效考核对开发人力资源具有重要意义,可以利用考核信息来激励、引导、帮助教职员工提高能力,提高绩效,端正态度,使教职员工从怕考核变成要考核,考核找差距找问题,是为了部门健康成长,能超越自我,给教职员工以更强的竞争力,给集体以更强的竞争力,所以,考核无论对个人和对集体都是一种福利。

(二)绩效考核是为了人的发展

传统人事管理的特点是以"事"为中心,实质是泰勒的"人是经济人"的思想,用的是泰勒科学管理模式,其结果是制定工作定额,增加工资、奖金,实行严格管理。要求每个职工一定要把本职工作做好,把工作摆在首位,只有工作好才表示工作能力强,才能获得高工资、津贴和奖励,考核及管理成为控制人的一种手段,考核只停留在获取考核结果上,而更深层次的对考核结果进行内因与外因的分析、制定进一步提高个人绩效和组织绩效的措施,则考虑得很少或根本没有考虑,也就是说没有通过考核来制订培训计划,忽视了促进人的发展等更高层次的工作。忽视了员工的积极性除受物质条件影响,还受到社会和心理因素的影响,如此考核只能给职工更大的压力,不利于其创造性和主动性的发挥,容易把人考死、考僵。

现代人力资源管理以"人"为核心,管理的出发点是着眼于人,目的是使单位取得最佳经济和社会效益。其实质是现代管理之父巴纳德的人本主义思想,人是社会的人,采用行为科学理论,开发人力资源。绩效考核的发展功能主要表现在两方面:一方面组织利用绩效考核过程和考核结果来帮助员工,分析绩效不高的原因,排除各种不利因素,促使员工在绩效、行为、能力、责任等方面得到切实地提高。人力资源部根据考核的结果制订培训计划,达到有针对性地提高全体员工素质的目的。以推动高校各项事业的发展同时,还可以发现员工的长处和特点,并根据其特点决定培养方向和使用办法,充分发挥个人的长处,促进个人的发展。另一方面个人通过考核了解自己的长处与不足,知道领导与同事对自己的看法,以便扬长避短,在工作中不断学习提高自己的能力。考核不单纯是决定员工奖金多少、职级升降,主要是促使每个员工奋发向上并帮助员工发展的重要手段,如同对员工的体检。

由于高校教职员工都有很强的成就动机,为提高个人的工作业绩进行的考核与培训,对加强师资队伍建设,提高高校整体办学水平具有重要意义。而传统的人事管理却往往背离绩效考核的目的,绩效考核只是用来评价员工的工作状况,已降格为只是决定工资提升与否、奖金发放多少的凭证,改善绩效功能的弱化和残缺使得考核体系存在的价值大为降低。

（三）绩效考核是为了人岗匹配

绩效考核的标准是针对岗位来确定的，而不是针对某人而言的。绩效考核是以岗位职责为依据，对员工履行岗位职责情况进行的考核，如果一个人工作能力很强，但业绩不理想，原因可能有多种，一是工作条件和其他环境不利于工作的开展，二是人际关系紧张，三是工作岗位不适合其能力的发挥，即能力与工作不匹配，通过转换工作岗位往往可以取得好的绩效。绩效考核是为了给每个岗位匹配找到最适合的人和让每个员工找到最适合的岗位。

"垃圾只是放错了地方的财富"，善于用人，是一个单位、一个部门成功的关键。绩效考核识人的目的是用人，把人放到最能发挥其专长的岗位。为了使每一个员工能在最适合自己的岗位工作，有人提出，绩效考核应对员工进行适应性评价，即对人岗匹配，可以每隔几年评价一次。尤其是对刚应聘工作的毕业生，工作一年后要进行一次适应性评价。其做法是人力资源部将适应性评价申请表下发到各部门，与有意转岗的员工面谈，根据其自身特长与潜力，做到人岗的最佳匹配。高校干部的换岗锻炼，是干部在工作中提高各方面能力的重要途径，如何使更多的人找到最能发挥其才能的工作岗位，是人事管理向人力资源管理转变的重要方面。但高校中传统的人事管理在考核中缺少与考核对象的沟通，没有建立起反馈机制，也没有根据考核结果对职工进行培训的机制，甚至在考核指标中很少涉及具体工作岗位，考核结果难以反映出工作岗位职责的履行情况，年终总结性的考核也往往流于形式。

（四）绩效考核是为了达到组织和个人发展的"双赢"

绩效考核既是一种正式的员工评估制度也是管理者与员工之间沟通的一项重要活动，其最终目的是改善员工的工作表现，在实现组织目标的同时提高员工的满意程度和未来的成就感，最终达到组织和个人发展的"双赢"。绩效考核强调组织与考核对象的沟通，更强调实现个人与组织的共同发展，所以，发展是考核的主线。

传统的高校人事管理把人作为一种成本，即作为一种完成某项工作、履行某种职责的工具，不少教师称自己为讲课机器，高校只注重投入、使用和控制；而现代人力资源管理把人作为一种资源，注重开发和保护。根据现代管理思想，考核的首要目的是对管理过程的一种控制，其核心是了解和检查员工的绩效以及组织的绩效，并通过结果的反馈实现员工绩效的提高和组织管理的改善。人力资源管理中衡量绩效总的原则在于是否使个人的工作成果最大化，是否有助于提高组织效率。个人的工作成果最大化一般都有助于提高组织效率。对个人的工作绩效评价必须以有助于提高组织效率为前提否则就谈不上好的工作绩效。

绩效考核使工作过程保持合理的数量、质量、进度和协作关系使各项管理工作能够按计划进行。对员工本人来说也是一种引导手段，使员工时时牢记自己的工作职责,从而提高员工按照规章制度工作的自觉性。

（五）绩效考核可采用各种方法实现不同的目的

绩效考核是人力资源管理中主要的评价手段和控制手段。为全面了解员工的工作绩效,人们提出了各种考核方法,如员工比较评价法、行为对照表法、关键事件法、等级鉴定法、目标管理评价法、行为锚定评价法等。这些方法各有千秋,有的方法适用于将业绩考核结果用于职工奖金的分配,但可能难以指导被考核者识别能力上的欠缺;而有的方法可能非常适合利用业绩考核结果来指导高校制订培训计划,但却不适合于平衡各方利益。所以,为了实现人事管理的各种目的可采用不同的绩效考核方法。

由于员工的绩效是多方面、多层次的,所以,绩效考核的各种方法都有其长处和不足。绩效考核各种功能的实现必须依赖于特定的考核方法,但不管何种方法,绩效考核反映的都是对员工单位所作的贡献的多少,因此,将考核的结果作为确定员工晋升与否、奖惩和各种利益分配的依据是科学合理的。但仅把考核定位于确定利益分配的依据,尽管这确实会对员工带来一定的激励,但考核在员工心目中的被看作一种管、卡、压的方式,从而产生心理上的压力,或使考核流于形式。

三、绩效考核方法

一般来讲,绩效考核工作要做到以下内容。

（一）建立绩效考核的指标体系

建立绩效考核指标体系的核心是考核内容的合理确定。本文吸收了传统的从德、勤、技、能四个方面进行考核的思想,主要从三个方面对员工工作绩效进行考核,即员工所处岗位的性质、员工在岗位上的工作业绩,以及员工的个人素质。①员工所处岗位的性质。员工的工作能力和努力程度对工作绩效的影响,在一定程度上受岗位性质和工作环境等因素的制约。工作岗位的不同会造成对员工考核的误差。为克服这一误差,本文引入了岗位重要性指标体系。对员工所处工作岗位的重要性进行测量,员工取得的成绩与其承担的工作责任和工作风险相结合,对关键岗位和对非关键岗位的评分体现出合理的差别。岗位重要性指标体系所包含的子指标主要有:对工作结果的负责程度、工作决定的影响范围、完成工作的方法步骤、直接监督人员的层次、工作风险和工作压力。②工作业绩。员工在岗位上的工作业绩考核是用计划目标水平(任务标准)去检查员工在预定期限内完成任务的情况。该项考核的重点在于产出和贡献,而不关心行为和过程。工作业绩指标体系所包含的子指标主要有:工作质量、工作量、工作效率和工作考勤。③员工的个人素质。对员工个人素质进行考核,主要是从单位长期发展的角度来考察员工对本职工作的胜任程度。考核员工个人素质,不仅可以使员工了解自身存在的不足，并不断加以改进，还可以使领导了解本单位整体的人力资源状况，并以此制定提高员工整体素质的措施。例如制订培训计划和引进人才等。对员工素质的考核主要从工作能力、个人品德和知识能力三个方面进行。工作能力考核的具体指标为：领导能力、创新能力、应变能力、协调能力、决策能力、执行能力和理解能力。个人品德考核的具体指标为：事业心与责任感、思想水平、道德品质、人际关系和遵纪守法情况。知识能力考核的具体指标：为知识支撑能力、知识运用能力、知识学习能力和知识促进其发展的潜力。

对上述的各项指标进行分析，找到各指标间的相互关系，进而建立层次结构模型，并在此基础上，确定考核指标的权重。为提高考核结果的可比性与客观性，可采用层次分析法或专家打分法。在具体确定考核指标权重的过程中，应广泛征求各类人员的意见后确定相对重要性系数，从而使这套指标体系的应用得到员工的充分认可。

（二）定性评价与定量评价结合

任何一个考核评估制度都不可能尽善尽美，有些考核标准无法量化、难以把握，特别是素质评价和工作质量评价都带有一定的主观成分。由于评分者的德、能、识存在各种各样的局限性，而考核评估制度本身又要求众人按照统一标准来评议被评议者，这样会或多或少存在某种缺陷，最终影响到考核结果的客观与公正。这个问题的解决是一个系统工程，不是任何一个单一的措施所能做到的。为此，必须处理好定性评价与定量评价的关系。一般对业绩的评价可以定量，对素质的评价只能以定性为主。定量评价比较客观且准确，而定性评价的主观性和模糊性比较明显。为了解决评价客观性及准确性的矛盾，一方面对业绩和素质二者考评，侧重于客观和准确评价的业绩考核；另一方面要采用数学工具来实现模态转换，即在素质考核中，量化各项考核指标，以提高其客观性和准确性。考绩与考质必须先分后合。业绩是短线考察项目，素质是长线考察项目，应该明确分工，先分后合。每月考察业绩，年终评定素质，最后按照一定比例综合形成员工的全年得分。这样，可以在业绩考核中克服评分者年终笼统凭印象评分所造成的主观性。定性评价方法也多种多样，而且各有利弊。一般地讲，直接上级的考评比较细致和准确，但容易失之过宽；间接上级的考评，比较客观公正，但准确性较差；自我评估有利于上级深入了解被评者的具体情况，调动员工自我管理的积极性，但也容易失之过宽；下级的评分，虽说比较准确，但一般也有过宽的弊病；同级和协作部门的考评，会造成激烈竞争的局面，但又容易失之过严；外聘权威评价部门的考评，不言而喻，客观公正性虽说较好，然而不可避免地会有隔帘问诊隔靴搔痒之弊。总之，没有任何一种考评形式是十全十美的，只能凭借数学工具，通过它们之间的一定比例的互相牵制，才能使总的评价尽可能地做到客观、公正和准确。

考核只能是定性评价，无法量化。在传统的人事管理中，员工考核不但被严重地弱化，而且，考核的方法也只限于定性的描述。如采取述职报告的方式，对员工进行"优秀、良好、称职、不称职"的评价。这只是一种非常传统的考核方法。在实际操作中，定性化的考核虽然也有它的特点，但不易区分每个员工的具体业绩情况，不容易分出优劣次序，容易造成形式化或走过场。这种考核，也只能是一种形式化的考核。经常采取这种考核方法，员工可能会产生无所谓的心理，久而久之，考核变得可有可无了。

（三）过程考核与年终考核并举

考核是为了激励与提高员工的工作积极性，所以考核结论要及时反馈给被评人。表现好的要及时给予肯定表扬，表现不好的应及时提醒。到了年终考核时，所有的评价都是根据平时的表现而定，这样不仅有说服力，而且人力资源部门的工作也不会繁杂。

（四）标准科学化

考核标准不能根据实际情况的变化而修改，而是多年沿用，一成不变，这是考核的一大缺陷，是科学考核最为忌讳的。考核标准的单一化还表现在对被考核者没有进行分类考核，不是按照个人所从事岗位的特点，采取不同的考核方式，而是运用统一的标准和统一的表格进行考核。这种考核即使能取得一定的效果，也只是侥幸得逞。

（五）正确运用360°考核

在人力资源考核中，360°考核是一种很好的考核方式。360°考核是在考核领导和员工为了自我发展及自我提高时使用。考核者是上级、下级或同事，是让某一员工熟悉的周边同事对其进行评价。其前提是考核者要熟悉被考核者。360°是周边人士要了解圆心，即被考核者的日常工作职责，了解其日常工作状况。也可由被考核者自己在周边同事中选择几个人来做评价。对于考核的结果由外面的专业机构来分析，这样可以保证结果的客观性与科学性。这种考核不用担心考核者与被考核者之间的关系如何，考核结果客观真实。因为这种考核是为了发现员工自己的不足，找到完善自己的方式。倘若让不了解该员工的人去进行评价，其结果可想而知。

（六）注意考核的经济性和效益性

在传统的人事管理中，成本观念和经济观念非常薄弱，很少有人对人事管理的效率进行投入产出的经济性分析，认为人事部门只是一种成本部门。在这种观念指导下的人事考核乃至一切人事管理活动，都没有一个效益观念。在此观念的指导下，很多单位为了考核而考核，兴师动众，花费了不少的时间，耗掉不少精力、财力和物力，却效果甚微。与此截然相反的是，现代人力资源管理引入了成本—效益观念。认为人力资源管理活动同其他各项企业管理活动一样，其最终目的都是为了创造价值，增进收益。科学考核的目的是为了增强员工的凝聚力，引入竞争机制和激励机制，从而间接地增进单位的经济效益。

（七）绩效考核结果的反馈

考核是一种手段，而不是目的。考核能提供很多有用的信息，但是决不能仅依据考核结果就对员工盖棺定论，该把考核结果作为更好地了解员工的手段。考核结果出来之后，应给员工提供持续性的反馈，使员工了解自己的业绩状况和考核结果。同时，创造一个公开的、通畅的双向沟通环境，使考评者与被考评者能就考核结果进行及时、有效地交流，并在此基础上制订员工未来事业的发展计划。一个比较可行的方式是建立评价会见机制。这样，绩效考核才能真正发挥其效用，提高员工的素质，实现组织发展目标。反之，会极大地打击员工参与考核的积极性，逐渐对考核产生一种逆反心理，消极对待考核。

总之，员工考核作为现代人力资源管理的一项重要内容，它涉及员工的切身利益，在实践操作中必须认真、严谨、科学、细致地进行，以达到员工考核的真正效果。

第二节　教师现行绩效考核的系统性缺陷分析

自 1996 年我国高校开始扩招以来，至今的十几年时间里，全国在校本专科学生人数迅速增长。2001 年我国加入 WTO 与世界接轨，各高校对教师的数量和质量的要求也在发生了变化。如何对高校的主体——教师，进行规范合理的绩效考核，为高等教育的发展提供强大动力，便成为一个突出问题。合理的教师绩效考核体制，不仅可以保证高校长期计划的实现，推动学术理论建设和人才培养，还能够挖掘教师的个人潜能，促进教师队伍结构优化等。如何在现有人力资源条件下，最大限度地调动高校教师的积极性、能动性、创造性，使人力资源的配置处于最优状态应该成为高校人力资源管理部门的根本任务。

一、我国高校教师绩效考核的现状

我国高校经过几十年的发展，其组织机构的运作程序与我国的经济体制吻合良好，但随着我国经济体制发生的根本性变化，与其吻合的组织机构也变得不再吻合。对于高校来说，如何建立科学、合理、高效的绩效考核体系，如今已显得不可或缺。在人力资源管理的各个环节中，绩效考核的地位却常被人们忽视，因为它既不如薪酬、培训那样来得直接，也不比工作分析那样简单易行。而实际上，绩效考核是人力资源管理中非常重要、复杂和关键的一环，不可轻视。

（一）现行主要的绩效考核方法

1.年度考核表法

年度考核表是由高校主管部门统一制定,分为教师和职员两种,在年终前由教职员工本人认真填写。教师根据自己完成的年度教学任务、科研工作以及参加学术团体等情况以述职报告的形式进行叙述性填写。然后交由主管领导写评语和评级,每位教师对自己的最后评价结果并不十分清楚,该结果一般是在评审职称时作为参考。

2.教学与科研两个方面考核

教学与科研两个方面考核存在一定片面性,考核形式简单,内容单一。教师的工作不只涉及教学和科研两个方面,其实还有许多是不为人知且无法衡量的,如备课的工作量、批改作业的工作量、查阅资料的工作量等。

3.上级定性为主的考核法

上级定性为主的考核法一般是由各院系的专家、领导组成一个考核小组,对该院系的所有教师的自评、学生测评的结果进行分析汇总后得出一个最后结论。

（二）绩效指标的量化

要考核绩效自然就涉及指标的问题,在大多数高校都以公开发表的论文数、课时数、专著数及科研经费等可量化指标作为对教师绩效考核的依据。在合理量化的前提下,这样做显然有利于增强考核的刚性,减少考核中的人为干扰,避免考核流于形式,体现客观、公正与公平的原则。

（三）绩效考核结果的处理

如何将绩效考核结果应用于实际,是高校教师和高校管理者共同关注的问题,最直接的表现是在薪酬上。而绩效反馈沟通上缺乏一些技巧。领导们很难把握住他所管辖下的每一位教师的心态,所以有时候虽然进行了反馈沟通,但教师的实际绩效并没有明显的改进,并且领导也没有过多的时间去再次审查是否真正有所改观。

二、我国高校教师绩效考核存在的主要问题

（一）缺乏明确的目的和正确的态度

目前我国衡量高校教师教学水平和学术水准的最主要标志之一是职称的高低,而多年来我国教师职称评定都是终身制和单一制,缺乏激励因子。原本应作为提高工作效率、加快高校发展手段的绩效考核,往往被沦为发放年终奖金的标准。

（二）时间方法不当导致结果失真

对于高校教师,可划分为教授、副教授、讲师、助教及试用期的教师等。他们有的

主要从事教学工作，有的更热衷于学术研究，有的则是两者兼而有之，还有的对行政工作更有兴趣。如果对这些教师都用一把尺子来衡量，很显然是不合理的。

（三）考核标准设计不够合理

教学和科研是对高校教师绩效考核的两大重点内容，学科性质的差异对教学方式有一定影响。艺术类和体育类课程更适合个别化的辅导式教学；社会科学和一些人文类的课程更适合自由讨论式的教学；而一些形式化程度较高的学科，往往需要课堂讲授并配合一定量的习题训练，所以对所有学科是不能采用统一标准的。

（四）反馈不当，改进不大

考核工作一旦结束之后，就应立刻着手安排"兑现"，好的要奖励，差的要改正，正所谓"趁热打铁"。另外，绩效考核的结果要与教师第二年的薪酬、培训、晋升、工作调动等挂钩，以起到持续监督的作用。

目前我国有关高校教师绩效考核的研究，主要是从企业人力资源管理的角度，结合企业管理中的一些绩效理念来构建一个基本的考核体系，强调人本管理，注重基本原则，将各种先进的管理方法和手段加以综合。

第三节　教师多维绩效考核原则

高校开展教师绩效考核对促进学科的建设和发展，提高师资队伍的整体水平具有非常重要的作用。考核的目的概括起来主要体现在四个方面：一是评价教师的业务水平和工作业绩；二是为教师的职务晋升、岗位聘任、调薪和奖惩提供依据；三是为教师的合理使用和培养提供依据；四是调动教师的积极性和创造性。随着高校岗位设置管理工作的逐步实施，将高校教师聘任制工作推向了新的阶段。其中对高校教师绩效考核提出了更高的要求。围绕着新时期加强教师队伍建设，促进学科的建设与发展，促进教育资源的整体优化，高校在国家相关政策的指导下，在教师绩效考核方面开展了有益的尝试，如设计量化考核指标体系，将教师的绩效考核与岗位聘任相结合、与收入分配机制相结合等。我们应当看到，一方面，高校在教师绩效考核过程中进行的有益尝试，在很大程度上激活了教师队伍的活力，使教师的政治素质、业务素质有了较大的提高，推动了高校的进一步发展；另一方面，在教师的绩效考核问题上依然存在不够严细的现象，甚至有些高校没有达到预期的效果，出现了"投入大、收效小"的局面。综合分析理论与实践两个方面的状况，尽管现有研究从微观操作的角度对于教师绩效考核的指标和评价方案等提出不少建议和创新，在宏观指导思想上也有所论述，但对中观层面上能够连接指导思想和考核指标方法的考核原则的研究还比较薄弱。为此,将主要利用现代人力资源管理的理论,对教师绩效考核的原则作进一步探讨。

通过对全国十余所不同类型的高校,在教师业绩考核和分配机制改革方面的实践活动和成果的走访、电话咨询或资料收集,了解其执行中的成功经验和存在的阻碍,剖析他们在实践中的共同特征,并以现代人力资源管理理论为指导,本文认为,我国现阶段实施教师业绩考核和分配机制改革应遵循以下基本原则。

一、激励与约束对等原则

按照现代人力资源管理的基本原理,任何一个岗位的义务和利益应当是对称的。因此,对教师的工作业绩考核应当同时考虑激励和约束两个方面。业绩考核的结果直接与收入分配挂钩,充分体现按劳分配、优劳优酬的原则。对考核结果优秀的教师要给予奖励,同时对不同岗位的教师也要规定其应完成的最低工作量标准。目前由于考核方式的可操作性差等原因,很多高校的业绩考核仅停留在"激励"一个方面,而对"约束"方面碍于情面等人为因素和方案的可操作性不强而不加以考虑。

二、全面考核原则与相关性原则

作为一名教师,每一个人都应当对高校负有三个方面的义务:即教学任务、科研任务和公共服务任务(包括学科建设、人才建设等)。目前大部分高校对教师工作业绩的基本考核仅仅局限在教学工作方面,而将科研工作的业绩考核按照"锦上添花"方式进行(只奖励、不约束),至于公共服务工作则根本不予考虑。这种现状在很大程度上是由于"教学""科研""公共服务"三者的定量考核依次变得困难,并且人们在它们的可比性方面没有进行足够的研究。然而,这种现状极大地影响了教师的工作积极性。对科研只奖励不约束的做法导致一些教师产生机会主义倾向:如果从高校得到的科研奖励报酬低于花费同样的精力在校外兼职工作(讲课、咨询等)所得,或者低于在校内从事教学工作的报酬,则他们将倾向于放弃科研工作,导致高校学术发展迟缓,社会和学术影响力减弱;如果对教师在公共服务工作方面没有业绩要求,则将导致一些教师不关心高校的事业发展(如学科建设、梯队建设等),使高校逐步丧失事业凝聚力。本文的基本观点是,在保证高校完成全部教学任务、不断提高教学质量的前提下,鼓励教师从事学科研究活动和公共管理服务,以全面提升高校的学术竞争力。

全面考核的另一层意思是:在教学、科研和公共服务三个方面分别考察多个侧面。对于教学,要考核数量、质量、学生指导和教学创新性等;对科研要考察科研投入(经费、立项等)、科研成果(论著、获奖、专利、鉴定等)、学术影响(担任国内外重要学术职务、主持国内外重要学术会议、担任国内外重要学术期刊编委等)等;对公共服务的考核要涉及学科建设、梯队培养、学术交流、教书育人等。

相关性原则指的是考核内容应同高校事业发展相关，业绩考核与收入分配改革的根本目的在于促进高校事业的发展，而不是仅仅停留在给教师发放福利，更不是吃平均主义"大锅饭"。通俗地说，收入分配改革只向那些对高校事业发展有所贡献的工作业绩进行倾斜，对于延缓高校事业发展甚至损害高校形象的行为不仅不能奖励，而且还要给予约束和必要的惩罚。

三、恰当地定量化原则

为了使考核活动更加具有实际可操作性，建议采用对各类业绩评分的方式来考核教师的业绩。根据全面考核原则，在对教师的业绩测算中，应当注意每一个人在教学、科研和公共服务业绩三个方面的均衡，每一方面单项业绩有一个"最低单项绩点"。这样，就不会造成某些教师只承担教学工作，从不做科研；而另外一些教师只做科研，从不承担教学工作。此外，对每一个教师都有的最低公共服务绩点要求，将增加教师对高校事业的关心程度，提高高校的凝聚力。同时，对公共服务业绩的认可，将客观地承认教师在管理工作中的付出，更好地调动他们的积极性，增强高校的凝聚力。也使专业学院院长、系部主任在管理工作中有真正到位的精力和时间投入。现代高校的基本任务一是培养人才，二是创造知识。因此无论研究型还是教学型高校，对教师的业绩要求都应当在教学、科研和公共服务三个方面是均衡的。其差异仅在于三个方面的权重不同。但是目前一些高校（即便是研究型高校）在业绩考核的过程中仅仅关注最容易定量考核的教学工作，而将量化困难的科研、公共服务工作放到不重要的地位，甚至根本不加以考核。应当指出的是，定量化能够使考核工作精确化，但并不能一定保证考核工作的科学化。因此，制定定量标准是必要的，但如何使用这种标准就需要更深入、更切合具体高校实际地研究。任何"一刀切"式的"粗暴的定量主义"行为都只能适得其反。

四、学术自由与个性化原则

对于教师各个岗位而言，上述定量考核应当仅仅规定其必须完成的各项工作（教学、科研和公共服务）的最低绩点，更重要的是应当为每一位教师预留相当大的弹性工作时间。马克思曾经说过，自由是创造的前提。在业绩考核中设计这种弹性框架的目的正是在于为教师提供必要的学术自由和灵活性，他们可以根据自己的兴趣和特长、实际工作需求等情况，在一定程度上自由地选择从事教学、科研和公共服务的任意组合，从而使自己的劳动付出获得最大的收益。现在流行的考核方式往往忽视了这种十分重要的灵活性，其原因并不在于灵活性本身不重要，而是引入灵活性后会使考核的难度增加，而人们对此普遍缺乏研究。当然，为了保证高校的教学工作的完成，还必须要求每一位教师必须服从高校对其教学工作量的合理安排，并把这种服从看作是完成最低公共服务工作的前提。

学术自由的原则还体现在考核期的长短和考核指标的时间跨度上。太短的考核周期将扼杀学术自由，使教师只重数量不顾质量；而太长的考核期又可能引发一些不那么敬业的教师的机会主义倾向。因此，参考目前国内一些高校的做法，以三年为一个考核周期比较适宜，并在每一年末进行中期业绩检查，给予提示。考核指标也主要以考核周期中的"年平均"指标来表示。这一点也是一种创新，因为国内大部分高校现行的考核期都是一年，而国外高校的考核期则比较长一些。

考虑到每一位教师都有其不同的特点，对于在同一种岗位上的不同教师，其每一个"最低单项绩点"可以略有不同，但其分项绩点总和必须是一致的。我们可以粗略地将教师分成五种类型：主要从事科研的"科研型"教师，各专业系中普通的"专业型"教师，主要承担基础性课程教学的"基础型"教师，承担有院长、系主任等行政管理工作的"管理型"教师，目前正在攻读博士学位的"在学型"教师。其各自的教学、科研和公共服务的最低分数要求应当是不同的，因为他们所从事的工作性质不同，对业绩的考核应当充分考虑到每位教师工作的特性。

一个基本的设计是：对于同样的岗位，在单项最低绩点之和相同的前提下，对上述五种不同类型的教师分别确定不同的"最低单项绩点"。对于每一位教师的单项分数要求，应当由其聘任者根据实际情况，在高校所制定的岗位职责指南的原则基础上具体确定。当实际单项分数要求与指南有显著的差异时，制定该要求的聘任者必须向有关上级给出令人信服的说明。这种具有弹性的业绩要求制定方式是一种创新，因为迄今为止，大多数高校的业绩考核方式还是"一刀切"的简单方式，没有真正考虑到个体差异和实际工作的需求，而本文的这种设计则可以在灵活性和规范性之间取得一种平衡。

五、长期和短期利益结合的原则

对教师业绩考核结果的使用应当同对教师的长期和短期的激励与约束紧密结合。与考核结果相挂钩的激励和约束的工具可以有：短期工具（岗位津贴发放、年度一次性奖励等）、中期工具（下次岗位聘任权、住房汽车购置补贴等）、长期工具（高校设立的各种退休后方可支取的长期奖励基金、职称晋升权等）。很多高校在考核业绩结果的使用时往往只考虑了岗位津贴等短期工具，容易导致教师产生短期行为。

六、学术团队建设原则

高校事业的发展主要靠具有学术竞争力的梯队。因此，任何一种业绩考核设计都应当把有利于建设若干由学术带头人所领导的精英团队作为重要目标。为了体现这种思想，第一，所设计的每一个教师岗位并不唯一地对应某个职称，每一个岗位都可以在一定程度上由具有不同职称的教师来参加竞聘,从而调动全体教师(特别是年轻教师)的积极性,有利于拔尖人才的脱颖而出;第二,对于以群体方式参与重要科研活动的教师,适当地承认那些"非第一人"的教师的工作成绩。

七、诚信原则

业绩评估的有效性取决于每一位教师申报的业绩评估材料的真实性。为了提倡学术诚信,在进行业绩考核时,应采取以下基本考核步骤:教师自己填写考核表;各个专业院、系负责审查每位教师考核表的真实性;高校有关部门随机抽查经院长或系主任签署意见的考核表,并对其真实性做出判断。在这个过程中,所有真实性审查的结果都将作为对被抽查教师、院长或系部主任的业绩考核结果的重要依据之一。

八、逐步优化原则

对教师业绩的定量考核,其基础是对不同性质的工作进行度量,使之具有相互可比性。这个工作是一项困难的任务,不可能一次性完成,需要经过实践的检验和校正,通过各类工作量的"供给"和"需求"的动态均衡来完成。在初始方案的基础上,通过征求教师的合理意见、实践检验等逐步优化各项工作量之间的相对比例关系,从而正确地引导教师优化自己的工作量组合,在获得个人最大收益的同时使高校的事业得到均衡和高速的发展。

九、可操作性原则

制定考核标准的目的是为了进行考核。过去常常发生的情况是标准制定了不少,但无法进行实际的考核操作,究其原因,大多是缺少规范、可操作的考核程序和方法。因此,在进行业绩考核时,除了制定考核标准之外,另一项更重要的工作是制定考核的操作办法、设计和建立业绩考核的组织机构并规定其各自的功能与职责和它们之间的协调合作关系。

十、特色原则

开展业绩考核,需要进行教师岗位设置、制定岗位聘任条件和岗位职责。由于各高校发展的历史和水平不尽相同,因此在制定政策和办法时要与本校的实际情况相结合,要考虑到高校本身的发展定位,特别是在教师的岗位设置方面要体现自身的特色,切忌照搬照抄;在制定岗位聘任条件、岗位职责时即不能降低标准,也不能高不可攀,要充分考虑本校现有教师队伍的实际水平。同时,由于中国现阶段还未实行高高校高层管理者和管理职员的"职业化"制度等,在制定考核标准时也应当注意到各所高校在这些方面的实践特征。

第四节　教师多维绩效考核系统

一、高校绩效考核的现实意义

作为人力资源管理的一个重要组成部分，绩效考核不仅是对员工工作实绩的考核，而且是组织进行管理、决策和控制不可缺少的机制。绩效考核指的是对工作行为的测量过程，即对照工作目标或绩效标准，采用科学的定性评价和定量评价的方法，评定员工的工作目标完成情况、员工的工作职责履行程度、员工的发展情况等，并且将上述评定结果反馈给员工的过程。

教师考核能够较全面地了解教师的实际状况，反映教师队伍的整体素质和水平。同时，也是对教师管理水平和效益的鉴定，使管理人员更加清楚地知道工作中的问题和差距，及时采取相应措施，解决各个工作环节中暴露的问题，不断改进和完善管理工作。通过考核，教师管理部门能够了解教师岗位需求与教师个体水平是否相适应，教师队伍整体结构组合是否优化合理，教师的工作质量是否符合要求，教师的培训计划是否收到理想的效果等。

教育的投资再大，硬件再好，如果没有高质量的教师，高校的办学质量也无法提高。加强教师队伍建设，是提高高校教学、科研水平和人才培养质量的关键，就高校而言，其教师个体素质的高低和整体水平的强弱，直接关系到办学效益的优劣。提高教师素质，加强队伍建设，要采取各种措施，运用各种方式，而通过科学、公正、严格的考核，客观地、准确地、权威地评价教师个体的和整体的能力和水平，则是一切工作的前提。

二、我国高校绩效考核工作中存在的问题

（一）考核评估制度存在不足

目前高校普遍在进行人事制度改革，针对教师的考核体系正处于探索阶段，这样就造成了高校在考核过程中只重过程忽视结果、只重量而忽视质；而且考核者缺乏明确的考核目的，主要是为了年底发放津贴，考核评估制度发挥不出预期的激励作用，发挥不出其在管理方面应有的效能。教师对绩效考核工作的意义和作用缺乏认识，对待考核缺乏认真的态度，应付考核，缺乏主观能动性，使绩效考核失去应有的作用。

（二）缺乏科学、明确的绩效考核指标体系

虽然绩效指标体系在考核评估中具有十分重要的作用和意义，但在实践中要科

学地设计一套合理指标体系却是一个不容易实现的目标。考核指标的制定应该与高校自身特点和高校的发展战略目标相结合，这样才能将教师的发展与组织的发展结合起来，有些高校设计的指标体系太简单，并不能全面考察教师的综合绩效；有些高效设计的指标体系又过于烦琐，要求过于苛刻，使得教师只注重完成任务，而在创新和提升自身方面顾及不多。这样就造成了考核指标体系不能与实际工作情况相适应，缺乏全面性与可操作性。

（三）考核周期设置不合理

目前我国各高校的绩效考核多是一年一次，而从所考核的绩效指标来看，不同的绩效考核指标需要不同的考核周期。对于任务绩效的指标，可能需要较短的考核周期。由于在较短的时间内，考核者对被考核者在短时间的工作效果上有较明确、清晰的记录和印象，如果等到年底再进行考核的话，就只有凭主观印象了。同时，对工作的效果及时进行评价和反馈，有利于及时地改进工作，提高工作效率。对于素质绩效的指标，则适合于在相对较长的时间进行考核。因为这些关于个人表现的指标具有相对的稳定性，需要较长时间才能得出结论。

（四）绩效考核重数量轻质量

各高校的绩效考核体系都在进行量化工作，希望制定出量化程度高，甚至是全部量化的绩效考核指标体系，这应该说是一个进步，因为量化的考核指标在很大程度上可避免人为因素，相对来说比较公平。但过高的量化标准使得教师单纯地追求数量而忽视质量。教师的薪酬是根据教师本人当年所完成的教学课时数发放的，教师更多地关注教学数量的完成，较少关注教学质量的提高和教学方法的改进，这样就失去了绩效考核的作用。

（五）对考核结果缺乏反馈和合理运用

绩效考核工程应该是双向的，甚至是多向的，应该及时地沟通与反馈。考核的最终目的并不仅仅是为了制定各项人事决策，更重要的是要发现问题、找出不足，明确今后改进方向。但目前各高校考核信息不能及时、准确地反馈，造成教师对考核体系缺乏理解，甚至产生抵触，很少真正对绩效考核的结果进行认真、客观的分析。

考核部门不对教师进行考核结果的反馈或反馈的很简单，不运用反馈结果来对教师进行奖惩、激励和师资的优化配置，考核结果的反馈大多只体现在课时量的奖金上，没有真正利用考核过程和考核结果来帮助教师在绩效、行为、责任、能力等方面得到切实有效的提升，片面地追求考核的形式，考核结束后有问题的教师仍然没有改进，业绩突出的教师得不到及时的激励，那么教师就会产生消极、懈怠的心理，从而影响整体高校健康的发展。

三、构建科学、系统的高校绩效考核体系的研究

（一）对高校教师的评估要做到定量评价与定性评价相结合

一般对业绩的考核可以定量，对素质的考核只能以定性为主。定量评价比较客观准确，而定性评价的主观性和模糊性比较明显。为了解决考核的客观性及准确性的矛盾，一方面对业绩和素质二者进行考核，侧重客观和准确的业绩考核；另一方面要采用数学工具来实现模态转换，即在素质考核中，量化各项考核指标，以提高其客观性和准确性。考绩与考质必须先分后合。业绩是短线考察项目，素质是长线考察项目，应该明确分工，先分后合。每月考察业绩，年终评定素质，最后按照一定比例综合形成教师的全年得分。这样可以在业绩考核中克服评分者年终笼统凭印象评分所造成的主观性。

（二）对不同学科的教师应采用不同的业绩考核办法

一所高校往往包含许多学科，由于各学科存在差异性，其研究探索的途径、方法、研究周期的长短，获得成果的形式都各不相同。因此，不能用统一的标准去考核所有学科的教师，这样有失公平。当然也不可能每个学科都制定一个评估指标体系，这样无法统一。对人文社会科学的考核要侧重于研究成果的质量，要正视其客观存在的研究周期。否则，论文或著作要求的数量越多或赋予每本书籍字数的分值越高，都会引导教师一味追求出书和数量而放弃质量。所以，对人文社会学科教师的绩效考核不应要求其在短期内必须出多少成果，要给予他们充分的积累时间。

（三）对不同的教师采用不同的考核期限

大多数高校教师事业心强，对自己的教学和科研孜孜不倦，特别是一些连续几年考核都是优良，且长期从事教学、科研岗位工作并取得一定成果的教师，应为他们提供一个比较宽松的科研环境。因此，可采用三至五年考核一次的办法。当然，对于一些事业心不强，不刻苦钻研业务知识的教师或不思进取的平庸者，要加强考核力度。对连续三年平均教学或科研达不到本学科同类教师平均工作量者，采用低聘岗位或不聘的办法。

（四）在考核教学科研数量的同时更加重视教学科研工作的质量

考核教师教学工作时，除应有一定的数量要求外，应把学生对教师授课质量的评价和教师从事的教学改革工作及教学方法的好坏作为重要指标，而不只以课时数的多少来评价教学成绩的好坏；评估论文、著作，不能仅看刊物或出版社级别的高低，还要看引用率、转载率；评估科研项目，不能只看课题级别的高低和项目经费的多少，更要看项目本身有多大的意义及所产生的社会效益和经济效益。

（五）及时有效地反馈绩效考核结果

考核是一种手段，而不是目的。考核能提供很多有用的信息，但是决不能仅依据考核结果就对教师妄下定论，应该把考核结果作为更好地了解教师的手段。考核结果出来之后，应给教师提供持续性的反馈，使教师了解自己的业绩状况和考核结果。同时，创造一个公开的、通畅的双向沟通环境，使考核者与被考核者能就考核结果进行及时的有效的交流，并在此基础上制定教师未来事业发展规划。一个比较可行的方式是建立评价考核全面机制。这样，绩效考核才能真正发挥其效用，提高教师的素质与道德修养，实现组织发展远景目标。反之，会极大地打击教师参与考核的积极性，逐渐对考核产生一种逆反心理，消极对待考核。

第五节 基于指标集成的多维绩效考核方法

绩效考核是高校教师人力资源管理的核心环节。是否具有完整的考核指标体系和科学的考核方法直接决定着高校能否取得客观、全面的绩效考核结果，进而影响奖酬方案的公正与合理，与教师群体工作积极性和人力资源效能的发挥息息相关。更重要的是，绩效考核这一"执牛耳者"在根本上牵制着高校教师人力资源多元功能的发挥方向和发挥程度，因此，深入研究高校教师的绩效考核方法便显得尤为重要。

但是，绩效考核方法的建立和选择并非是单纯的工具的确定过程，而在深层依赖于对考核对象主体属性的正确认识以及考核、评价所遵从的价值标准。对此，有学者曾提出了"事业人"的概念体系并阐述高校教师作为典型事业人群体的人力资源属性和需求特征，本文在此基础上，将进一步探讨应用指标集成对高校教师绩效进行综合考核的方法。

一、高校教师资源属性及绩效考核的原则

高校教师作为典型的事业人群体，其人力资源属性具有以下特征：①从事人格教育与科学研究工作，事业目标没有客观极限，因此具有持续的工作欲望和动机。②教育效果和资源效益显现周期较长。(3)典型的脑力劳动者，工作投入程度和工作成果难以测量。(4)自主性需求较高。(5)人力资源具有多元功能。

鉴于上述特征，高校教师的绩效考核遵从以下原则，才能避免现有考核体系的片面、僵化与主观臆定的不足，从而调动考核对象的工作积极性，激发高校教师作为事业人的巨大潜能。

1.量化考核原则

绩效量化是保证考核公正的重要途径。通过量化目标绩效为教师明确工作要求，

利于目标管理制的推行；量化实际绩效便于统计与考核以及教师间的横向比较，为评优、职称晋升、奖酬发放甚至解聘提供客观凭证。高校教师所从事的脑力劳动具有不可视性和重复程度低的特点，决定了其工作投入程度、工作量、工作成果难以测量，为绩效考核的定量化带来了困难。但这绝非是否定定量考核的理由，相反，要通过深入、细化高校教师教学量、教学效果、科研量、科研等级、科研实效等绩效指标，逐一量化，进而集成考核，来避免绩效简单量化所产生的不足，保证定量考核的合理性。

2. 全面考核原则

高校教师除了具有教学、科研等直接功能外，还肩具教育行业所潜在要求的育人、社会服务等功能，尤其在知识经济时代，高校教师应该担当道德教化、文明传承和科技普及的角色。考核对象具有全面行使多重职责的能力和意愿，考核体制应该相应设计多元化的指标体系，统筹考评，引导并鼓励高校教师创造全方位的社会效益。当然，对于各考核模块及考核指标在综合考核中的比重和地位，可以通过合理设置模块或指标权重来协调，以便突出重点或服务于高校或院系特定的发展战略。

3. 集成考核原则

分项指标考核在全面评价教师工作绩效的同时，必须经过考核结果集成转化为反映教师总体水平的绩效考核值，才便于为奖酬、评优、培训等后续人力资源管理实践所利用。分项考核值的向上集成模型多种多样，不同模型适用于分项指标间的不同关系，应选用不同的集成方法用于不同的考核结果。

4. 动态考核原则

动态考核原则体现在三个方面：①考核指标为开放性体系，可以根据特定高校或院系的实际状况与发展战略添加或增减考核指标项。②各子系统、要素、指标在上级考核系统中的权重根据实际情况适时更新。③通过指标集成绩效考核的电算化，缩短考核数据处理周期，加快考核频率，以提高绩效考核结果对教师实际绩效的响应性。但在某一考核周期内要保证考核体系的确定和统一。

高校教师绩效考核的四个基本原则并不是相互独立的，在指导考核体系的建立与考核方法选择过程中要彼此结合，恰当处理分项指标与集成考核的关系、指标量化与主观打分的关系、权重确定与动态调整的关系，真正做到高校教师绩效考核效率与公平的兼顾。

二、高校教师绩效考核指标体系

根据大多高校（尤其是研究型大学）的实际情况，并遵从高校教师事业人群体的基本属性和上述考核原则，将其绩效考核体系划分为考核系统、绩效子系统、绩效模块、绩效指标四个层次。其中绩效子系统划分为显性绩效子系统和隐性绩效子系统。显性绩效子系统可划分为教学模块和科研模块，隐性绩效子系统可划分为育人模块和服务模块。教学模块可进一步细分为教学量指标、教学效果指标。科研模块可进一步细分为科研量指标、科研等级指标、科研效果指标。育人模块可进一步细分为育人活动投入时间指标、育人活动效果指标。服务模块可进一步细分为社会服务投入时间指标、社会服务效果指标。

在这样的考核指标体系中，底层的指标项还可以更深入地细分，如教学量包括课时量、学生数量、课程等级、课程难度等要素；教学效果包括学生平均成绩、学生对课程的认可程度、学生对课程的反馈意见等要素；科研量包括科研经费量、科研投入时间、科研投入人数等要素；科研等级考虑科研项目属于国家级重大、重点项目，或省部级项目，或服务地方、企业的应用型研究项目，或自选项目等要素。

上述有关教学和科研的考核是近年高校教师绩效考核的重点，具有丰富的细化考核经验。但对于隐性绩效中的育人和服务模块的考核相对不足，大多未列入教师绩效考核的主流体系，而只作为专项评优的考核内容。因此，将育人和服务绩效纳入教师考核的综合体系中，是针对高校教师作为典型事业人所表现出的资源属性，通过绩效考核体系的重构，深入挖掘事业人人力资源潜能的尝试。

高校教师隐性绩效中的各个指标也分别包括众多可供考虑的要素，如育人活动指标涵盖单位周期内教师参加师生文化、体育活动的次数、时间，举办或参加人文讲座、生活沙龙等活动的频率，具体指导、帮助研究生或特定学生的时间，教师与其他师生的合作关系，同事或学生对教师接人待物、工作作风的评价等；社会服务指标涵盖教师从事科技普及、企业咨询等公益性活动的时间、频率及其社会效果等。这些指标在考核的初始会面临组织困难、数据难以统计等问题，但是当信息收集渠道和方式确立之后，会逐步走向程序化，并成为激发事业人全面价值、促进教育伦理回归的实践切入口。

三、赋值与集成模型

（一）指标层业绩值确定

指标层业绩值可以通过制定全面、详细的指标级目标业绩和指标业绩折算方案，统计或搜集教师各业绩指标上的实际业绩情况，按折算方案确定该指标业绩值。其中，对于教学量、科研量、育人活动投入时间、社会服务投入时间等客观项目进行直接统计；对于科研成果价值、企业咨询服务社会价值等要素可由学术分会或专家打分确定；对于教学效果、育人效果、教师工作作风等要素可通过系统化的学生评价表、教师互评获得定量数据。各指标包括的可考核要素多种多样，且为开放性的系统，因此，不一一列举其折算方案。

（二）层级权重确定考核体系

层级权重确定考核体系中各层级的权重分派反映教师管理部门对各项目的重视、鼓励程度，是其学科、教育功能发展战略在实践中的体现。各层级内的权重划分要根据高校或学院的学科特点、师资现状、近远期战略由管理者和教师群体协商确定，也可以借鉴集成考核应用成功单位的经验，使得管理者的教育改革目的和高校教师主业突出、多元服务的意愿有机结合起来。

四、应用及说明

上述基于指标集成的高校教师绩效多维考核方法是一个系统的逐层绩效考核过程，最终综合绩效值的取得依赖于从指标层到模块层再到子系统层各层绩效的明确测评和集成，这一特点使其避免了以往评价"由底至顶"跳跃测评、掩盖中间层级绩效差异的弊病，并为后续人力管理环节应用考核结果提供了便利。

基于指标集成考核绩效所带来的多元应用功能总结如下：

（1）经过全面、量化考核所得到的综合绩效值，成为薪金分配、职称晋升、整体评优等人力资源管理实践必需的前提数据。

（2）丰富的指标分布为促进高校教师发挥事业人群体多元潜能奠定了基础，促进其多样化价值体现点的形成。

（3）各层次、各项目绩效的完备性为高校教师的专项评优准备了客观条件，并为特定教师绩效瓶颈的反查提供了平台，进而开展有针对性的培训活动。

同时，该机制也有利于统计、研究教师群体逐层绩效的分布规律，实现"对症下药"的有效管理。但必须说明的是，本节内容仅从促进事业人多元功能发挥的角度提出了全面、量化、集成考核高校教师绩效的思路和方法框架，尚有一些具体的问题需要进一步探讨，如各层级中项目权重的分派除了文中提及的"成功经验借鉴"之外，是否考虑聘请专业的咨询委员会，仿照 elphi（即德菲法，也称专家调查法）进一步加强权重赋值的权威性和合理性；底层指标项绩效值的量化，能否逐步降低主观打分的比例，寻求更加科学、客观的计算方法等，都是基于指标集成的高校教师绩效考核方法继续研究的课题。

参 考 文 献

[1] 彭良平.人力资源管理 [M].武汉：湖北科学技术出版社,2021.

[2] 郎虎,王晓燕,吕佳.人力资源管理探索与实践 [M].长春：吉林人民出版社,2021.

[3] 彭剑锋.人力资源管理概论（第 3 版）[M].上海：复旦大学出版社,2021.

[4] 金艳青.人力资源管理与服务研究 [M].长春：吉林人民出版社,2021.

[5] 杨群编.人力资源管理实务与量化分析实战（案例版）[M].北京：中国铁道出版社,2021.

[6] 刘长英.旅游企业人力资源管理 (第 2 版)[M].北京：中国财富出版社,2021.

[7] 祁红梅,田莉莉,林健.人力资源管理风险规避研究 [M].长春：吉林人民出版社,2021.

[8] 孙鹏红,王晖.现代人力资源管理优化研究 [M].长春：吉林人民出版社,2021.

[9] 马燕.人力资源管理与区域经济发展分析 [M].长春：吉林人民出版社,2021.

[10] 叶晟婷,孔冬.企业人力资源管理操作实务：本土企业人力资源管理之道与术 [M].上海：上海财经大学出版社,2021.

[11] 陈秋萍,马勇.普通高校旅游管理专业类十三五规划教材 旅游人力资源管理 [M].武汉：华中科技大学出版社,2021.

[12] 宋典,华冬萍.高校管理专业教材：人力资源管理 (第 2 版)[M].苏州：苏州大学出版社,2021.

[13] 李修伟.企业战略管理视角下的人力资源管理探究 [M].长春：吉林人民出版社,2021.

[14] 刘善仕,王雁飞.华章文渊管理学系列：人力资源管理 (第 2 版)[M].北京：机械工业出版社,2021.

[15] 薛丽红,丁敏,宗娜.战略性人力资源管理对组织效能的影响研究 [M].长春：吉林科学技术出版社,2021.